성, 사랑, 폭력

몸문화연구총서 No. 8

# 성, 사랑, 폭력

몸문화연구소 편

쿠북

몸문화연구총서 No. 8

# 성, 사랑, 폭력

1판 1쇄 찍은날 2016년 5월 25일
1판 1쇄 펴낸날 2016년 5월 30일
지은이 김종갑 외
펴낸이 송희영
펴낸곳 쿠북 (건국대학교출판부의 패밀리 브랜드입니다.)
등록 / 제 4-3 호(1971. 6. 21)
주소 / 05029, 서울특별시 광진구 능동로 120 건국대학교 출판부
전화 / (02)450-3891 ~ 3
팩스 / (02)457-7202
홈페이지 / http://press.konkuk.ac.kr
e-Mail / press@konkuk.ac.kr

책임편집 박명희
찍은곳 ㈜동화인쇄공사

정가 15,000 원



ISBN 978-89-7107-600-2 94110
ISBN 978-89-7107-544-9 (세트)

머리말

# 왜 사랑이 폭력을 부르는가? 어떻게 성이 사랑이 되는가?

I

사랑과 폭력은 자리를 같이할 수 없는 개념으로 보인다. 사랑하는 사람을 폭행한다는 생각만 해도 등골이 오싹하지 않은가? 상대를 보살피고 배려하는 마음이 없으면 그것을 사랑이라고 할 수 있을까? 한마디로 사랑은 교감과 배려에 있지 않은가. 폭력이 주먹이라면 사랑은 다정한 손길이고, 폭력이 시퍼렇게 날이 선 칼이라면 사랑은 상대의 스테이크를 썰어 주는 나이프이지 않은가. 폭력이 있는 곳에는 증오가, 사랑이 아니라 기껏해야 짐승 같은 성욕이 있지 않은가. 그렇다면 왜 몸문화연구소는 2015년 연구의 주제를 '성, 사랑, 폭력'으로 잡았을까? 왜 세 개념이 같은 자리를 하고 있을까?

사랑과 폭력을 생각하기 전에 주위에서 자주 접하는 가정 폭행, 부부 강간, 성희롱, 성폭행 등을 떠올려 보기로 하자. 통계청이 발표한 ≪2015 한국의 사회지표≫에 따르면 2014년에 발생한 범죄 약 51만 건 가운데 성폭력이 약 3만 건으로 그 전해에 비해서 10.9% 증가하였다. 헤어지자는 말에 격분한 남자가 애인을 폭행하거나 살해하고 집에 불을 지르는 것과 같은 흉악한 사건이 낯설지 않다. 그리고 최근에는 데이트 폭력이라는 새로운 용어가 그러한 범죄 목록에 추가되었다. 사랑한다는 구실로 연인에게 물리적, 언어적, 정신적 폭력을 행사하는 것이다.

우리는 폭력이 사랑과 무관하다고 생각하고픈 유혹을 느낀다. 사랑은 소유가 아니라고 에리히 프롬은 말하지 않았던가. 아름답다고 꽃을 꺾는 것이 아니라 행여 다칠까 봐 만지지도 못하고 바라만 보는 자세가 사랑이다. 그런데 헤어진 연인을 스토킹하거나 폭행하는 남자가 그녀를 진정으로 사랑한 적이 있다고 말할 수 있을까? 만약 사랑 자체에 폭력이 내재한다면 그러한 세상은 얼마나 끔찍하고 삭막할 것인가! 우리는 사랑 없는 세상을 상상할 수 없듯이 사랑과 폭력이 손을 잡는 세상도 상상하고 싶지 않다. 폭력에 상처를 입지 않은 사랑의 순수성을 유지하고 싶은 것이다.

그러나 모든 사랑이 이상적이지는 않다. 사랑이 언제나 감미로운 미풍으로 불어오지는 않는다. 폭풍우처럼 연인을 날려 보내는 격한 사랑도 있다. 애무하는 손길도 너무나 힘이 많이 들어가면 폭력이 되기도 한다. 사람의 생김새처럼 사랑도 각인각색이다. 스펙트럼이 너무나 넓은 것이다. 그래서 한쪽 극단에 에로스가 있다면 다른 쪽 극단에는 아가페가 있다. 어머니의 아가페적 사랑과 남녀의 에로스 사이에는 건널 수 없는 심연이 있는 듯이 보인다.

그런데 잠시, 우리가 왜 '사랑의 불길'이나 '사랑의 블랙홀'과 같은 표현을 사용하기 좋아하는지 이유를 생각해 볼 필요가 있다. 식상할 정도로 인구에 회자되는 '불 속에 뛰어드는 불나방'의 비유도 있다. 그리고 사랑의 스위치를 켜면 반짝하고 가장 먼저 떠오르는 것은 로미오와 줄리엣, 트리스탄과 이졸데와 같이 비극적인 연인들의 모습이다.

이와 같이 신화가 된 연인들은 사랑의 정상에서 행복이 아니라 죽음과 포옹을 한다. 우리 존재를 송두리째 날리는 죽음만큼 폭력적인 것이 세상에 또 어디에 있을까?

우리는 로미오와 줄리엣처럼 비극적인 사랑, 말하자면 너무나 뜨거워서 불나방처럼 타 죽는 사랑을 원하지 않는다. 열정이 부족한 사랑이 바람직하지는 않지만 그렇다고 해서 격정이 넘치는 과잉의 사랑이 좋다고 생각하지도 않는다. 한편으로 열정이 없이 시작하는 중매결혼이 있다면, 다른 한편으로는 목숨을 건 야반도주의 사랑도 있다. 양자가 적절하게 중용을 이루면 좋겠지만 세상의 모든 이치가 그러하듯이 사랑은 언제나 너무 모자라거나 너무나 넘치는 한쪽으로 기우는 듯이 보인다. 그러나 부족한 사랑(냉담, 무관심)은 이 글의 주제와 무관한 것이다.

사랑의 과잉이나 도착(사디즘과 매저키즘)은 폭력으로 흐를 수 있다. 여기에서 내가 말하려고 하는 것은, 사랑과 폭력이라는 짝패가 예외적인 사건이 아니라 사랑의 근원에서 발원한다는 사실이다. 그 근원이라는 것이 따지고 보면 성욕이라는 본능으로 거슬러 올라간다는 것이다. 다른 생명체와 마찬가지로 인간에게도 식욕과 성욕이라는 두 개의 본능이 있다. 전자가 개체 유지에 필수 불가결하다면 후자는 종의 유지에 필수적인 욕망이다. 모든 생명체는 먹는 것만으로 사는 것이 아니라 짝짓기도 해야 하며, 먹이를 선택할 뿐 아니라 성도 선택해야 한다. 다윈에 의하면 자연선택과 성선택이 있다. 한편에 먹어서 건강해지는 음식이 있고 그렇지 못한 음식이 있다면, 다른 한편에는 결합해서 번식이 가능한 성과 그렇지 않은 성이 있다. 음식을 잘못 먹으면 배탈이 날 수 있듯이 상대와 잘못 결합하면 위험해질 수도 있다. 그리고 동물들이 먹이를 가지고 싸울 수 있듯이 짝을 차지하기 위해서 목숨을 건

싸움이 벌어질 수도 있다.

왜 짝짓기를 위해 생명의 위험을 감수하지 않으면 안 되는 것일까? "용감한 사람이 미인을 차지한다."는 옛말도 있지만 텔레비전에서 〈동물의 왕국〉을 한 번이라도 본 사람이라면 짝짓기에서 전쟁을 연상하게 된다. 특히 일부다처제인 사자나 고릴라의 왕국에서 행해지는 수컷의 짝짓기 경쟁을 보라. 싸워서 이기지 못하면 짝짓기의 기회는 찾아오지 않는다. 목숨을 걸고 끝까지 싸울 각오가 되어 있지 않은 수컷은 그와 같이 위험한 짝짓기의 경쟁에 뛰어들 수도 없다. 이때 노름판의 판돈처럼 감수해야 하는 위험이 크면 클수록 보다 많은 짝짓기의 기회를 움켜잡을 수가 있다. 승리한 수컷은 성경의 한 구절처럼 "바닷가의 모래알"처럼 번식할 수가 있는 것이다.

그러나 모든 수컷이 동성 간의 치열한 경쟁을 뚫어야만 짝짓기의 자격을 획득하는 것은 아니다. 이성의 수컷과 경쟁에 참여하지는 않는 대신에 암컷의 환심을 사기 위해 공작처럼 노심 참담하는 동물도 있는 것이다. 꼬리가 길면 길수록 공작이 여우와 같은 포식자에게 잡아먹힐 위험이 커진다. 그렇지만 감수하지 않으면 안 되는 위험이다. 또 사마귀나 금파리처럼 암컷에게 잡아먹힐 위험을 무릅써야 하는 동물도 있다. 암컷의 등에 올라탄 수컷이 자칫하면 교미를 채 끝맺기도 전에 머리부터 통째로 아작아작 씹혀 먹이가 될 수 있다. 이경의 〈정사〉라는 시는 다음과 같이 시작된다. "암 사마귀는 강하다 교미하는 순간/ 제 사랑을 먹어버리기 때문이다."

동물의 왕국을 소개한 이유는, 사랑은 본질적으로 과잉과 극단으로 흐를 수밖에 없다는 것을 말하기 위해서였다. 여기에 역설이 있다. 동물들은 개체의 죽음을 넘어서 종으로서 영원하게 살아남기 위해서 짝짓기를 한다. 그렇지만 그러한 짝짓기 경쟁에서 자칫 실패하면 때

이른 죽음을 맞이할 수도 있다. 사랑은 죽음과 삶 사이에 아슬아슬한 줄을 타는 곡예라고 해도 과언이 아니다. 우리에게 친근한 창조 신화들도 그러한 죽음과 삶의 변증법을 보여주지 않은가. 아담과 이브를 생각해 보라. 에덴동산에서 아이처럼 순진무구했던 아담과 이브는 죽음과 고통을 알지 못했다. 그러다가 선악과를 따먹는 순간에 성적 욕망의 포로가 되었다. 아담과 이브에게 성적 욕망은 곧 죽음과 고통이었다.

II

그러나 사랑의 기원이 짝짓기에 있다고 해서 사랑이 곧 짝짓기라고 말하려는 것은 아니다. 사랑과 짝짓기 사이에는 인간과 침팬지 사이처럼 건널 수 없는 깊은 심연이 있다. 침팬지와 사자, 사마귀의 교미가 사랑이라고 주장하는 것은 엄청난 비약이다. 그것은 네안데르탈인이나 자바원인이 푹신푹신한 침대가 갖춰진 아파트에서 살았다고 말하는 것만큼이나 시대착오적인 발상이다. 사랑이란 무엇인가? 어떻게 짝짓기가 사랑의 격을 갖추게 된 것일까? 결론부터 말하기로 하자. 짝짓기가 문명화 이전 사랑의 기원이라면 사랑은 승화된 짝짓기이다. 짝짓기는 그냥 짝짓기일 따름이다. 그러나 거기에 시와 노래가 더해지면 사랑이 된다. 사랑에 대해 많이 노래하면 할수록 더욱 사랑다워진다.

세상의 모든 시와 노래, 이야기는 사랑의 주제와 변주라고 말해도 과언이 아니다. 그것을 다 담아서 보관하기 위해서는 이 세상에서 가장 큰 미국 국회도서관도 부족할 것이다. 누군가 "사랑이라는 말이 없으면 사랑도 존재하지 않을 것이다."라고 말했다. 나는 이 경구에 100% 동감한다. 낭만적인 사랑, 순수한 사랑, 이와 같이 이념적인 사랑의 경우에는 두말할 나위가 없다. 문학작품처럼 사랑은 만들어지는 것이다. 그래서 사랑이 발명되는 시기를 중세로 잡는 학자들이 많다. 시기를 늦춰서 근대로 잡는 의견도 있다. 중세 유럽 최대의 연애담은 트리스탄과 이졸데, 랜스로트와 귀네비어의 사랑을 생각해 보라. 그것은 몸과 영혼을 불태우는 비극적 사랑이다. 그리고 르네상스의 밤하늘을 빛나게 했던 단테의 베아트리체를 생각해 보라. 그의 사랑에는 일점일획의 성욕이 없는, 이슬처럼 순수하고 투명한 정신적 사랑이다. 사랑은 짝짓기와 생식이 아니라 영혼의 구원에 이르는 길이다.

그런데 왜 21세기의 우리는 트리스탄과 이졸데, 로미오와 줄리엣과 같은 비극적 사랑의 이야기에 마음이 끌리는 것일까? 정작 우리 자신은 해피엔딩으로 끝나는 로맨스를 바라고 있지 않은가. 그럼에도 왜 우리는 달콤해야 할 사랑의 입맞춤이 죽음(의 폭력)을 포옹하는 이야기에 가슴이 뛰는 것일까? 그리고 단테의 순수한 사랑에는 결정적으로 중요한 무엇인가 결여되어 있다는 생각이 드는 것일까?

그 이유를 짐작하기는 어렵지 않다. 짝짓기와 사랑, 동물과 인간의 경계에 있기 때문이다. 먼저 우리는 단테의 사랑을 진정한 사랑이라고 할 수 있는지 자문해야 한다. 혹시 욕망이 초래할지 모를 죽음이 두려워서 정신적 사랑으로 도피한 것이 아닐까? 만약에 트리스탄과 이졸데가, 로미오와 줄리엣이 정신적 사랑으로 우회전했다면 죽음의 계곡으로 떨어지지 않았을 것이다. 정신적 사랑이 사랑의 뇌관을 제거한 사랑이 아니라면 무엇이란 말인가. 육체적 사랑이 거세되면서 정신적 사랑으로 윤리화된 것이다. 그것은 결혼한 연인이 아니라면, 남편이나 아내가 아니라면 '사랑하지 말라'는 명령에 자발적으로 복종한다. 십계명의 돌판에는 '간음하지 말라' 그리고 '부모를 공경하라'는 규율이 적혀 있지 않았던가. 로미오와 줄리엣은 부모를 공경해야 했으며, 무엇보다 부모가 금하는 사랑의 맹세를 하지 않았어야 했다. 그렇지만 사랑으로 눈먼 두 연인의 귀에는 그러한 규율이 들리지 않았다. 부모의 아들과 딸이기를, 귀족 사회의 구성원이기를 포기하고 거부한 것이다. 이러한 거부의 결과로 남은 것은 순수한 사랑의 행위였다. 도덕과 관습에 매이지 않은, 그래서 인간적 사랑과 동물적 짝짓기의 경계가 무너진 사랑이었다.

비극적인 사랑은 문화와 자연, 문명과 야만, 규범과 구속이 충돌하는 지점에서 발생한다. 홉스가 "만인의 만인에 대한 투쟁"으로 정의한 자연의 무질서에서 벗어나기 위해서는 법과 제도, 관습이 필요하다. 일부일처제에서 남자와 여자는 결혼한 다음에서야 성관계가 허용이 되며, 부부는 일평생 결혼 서약을 지키지 않으면 안 된다. 그래야만 힘이 센 장사나 권력자가 성을 독차지하지 않고 평등하게 배분될 수가 있다. 그런데 문제는, 사랑의 열정이 이러한 법의 명령에 고분고분하게 복종하지 않는다는 사실에 있다. 더구나 가축처럼 그렇게 쉽게 법의 규범에 길들여지고 자연적 열정을 상실한다면 그러한 사랑은 우리의 욕망을 자극하지도 않으며 지고한 가치가 부여되지도 않을 것이다. 말하자면 법의 명령에 순응하는 사랑은 진정한 의미의 사랑이 아니다. 너무나 과도한 사랑도, 너무나 미약한 사랑도 바람직하지 않다. 여기에서 우리가 과연 로미오와 줄리엣과 같이 비극적인 사랑을 원하는가 아닌가는 논의의 핵심에서 벗어나는 질문이다. 중요한 것은 우리가 이상적인 사랑에 대해서 가지고 있는 관념이다. 사랑이 진정한 사랑이기 위해서는 법이나 관습과 충돌해야 하는 것이다.

자연과 문화, 자유와 구속의 갈등 관계 속에서 사랑의 불꽃이 더욱 거세게 타오른다면 사랑은 폭력과 뗄 수 없는 국면으로 접어든다. 이때 폭력은 두 가지의 양상을 띠게 된다. 하나는 국가와 제도가 개인의 사랑에 가하는 억압과 폭력이다. 잘 알고 있듯이 허버트 마르쿠제는 사회가 유지되기 위해 어느 정도 억압의 필요성을 인정하였다. 그렇지만 그는 대부분의 사회가 불필요할 정도의 과잉 억압surplus repression을 하고 있으며, 그와 같이 억압된 에너지는 국가의 권력을 강화하는 역할을 한다고 주장하였다. 피를 빨아먹고 살아가는 드라큘라처럼 국가는 개인의 사랑을 억압함으로써 자신의 권력을 유지한다는 것이다. 우리나라의 '남녀칠세부동석'이라는 유교적 규범도 그러하지만 유럽에서는 특히 19세기에 유난히 성적 억압이 심했다는 사실을 염두에 두면 그가 왜 그러한 주장을 했는지 이해하기가 쉬울 것이다. 우리가 아침 식사로 즐겨 먹는 시리얼도 처음에는 청소년의 성욕을 감소시킬 목적으로 만들어진 음식이다. 기업이 개인으로부터 더욱 많은 노동을 필요로 하던 시기에는 성욕도 생산력으로 전환되어야 했다.

성에 가해지는 사회적 폭력 가운데 가장 잔인한 것이 수단과 같은 아프리카 국가에서 행해지는 여성 할례나 인도에서 자주 일어나는 명예 살인이다. 아직도 과거의 관습이 잔존하는 인도의 일부 농촌은 금지된 사랑을 하는 연인들, 특히 여자를 끔찍하게 처벌한다. 마을의 원로들이 나서서 문제의 여성을 남자들이 집단으로 강간하라고 지시하기도 하며, 심한 경우에는 집단으로 살해하도록 시키기도 한다. 여성 할례는 앨리스 워커의 작품 ≪칼라 퍼플≫을 스필버그 감독이 동명의 제목으로 영화해서 일반 대중들에게도 널리 알려지게 되었다. 중국의 전족도 그와 같이 제도적인 폭력의 하나임은 두말할 나위가 없다.

국가가 성을 억압한다면 그와 같이 억압된 성적 에너지는 흔적도 없이 사라지지는 않는다. 끓어넘치다가 나중에는 폭발하는 밀폐된 용기처럼 억압된 것은 되돌아온다. 폭력적인 형태로. 프로이트는 이것을 "억압의 귀환"이라는 용어로 정리하였다. 성적으로 억압된 개인이 국가를 상대로 화풀이를 하는 것은 아니다. 성추행이나 강간과 같은 사건은, 성욕을 억제하지 못한 남성이 자기보다 약한 여성을 상대로 성욕을 발산하는 폭력적인 행위이다. 그런데 이 지점에서 다음과 같은 의문이 있을 수 있다. 성적인 억압이 없으면 성폭행도 없어질 것인가? 성적 억압과 성폭행은 반비례하는 것일까? 나는 그렇지 않다고 생각한다. 과거의 어느 때보다도 현재 우리는 성적으로 개방된 사회에 살고 있지만 성추행은 오히려 증가 추세에 있는 듯이 보인다. 요즘 이슈가 되고 있는 데이트 폭력도 그 중의 하나이다.

성은 왜 억압과 폭력을 동반하는가? 하는 질문은 쉽게 대답될 수 있는 성질의 것이 아니다. 인류학자 마가렛 미드는 사모아 섬의 청소년을 대상으로 한 연구를 통해서 완벽하게 성적 자유가 실현되면 성적 범죄와 폭력도 사라지게 된다고 주장하였다. 앞 문단에서 말하였지만 그녀의 주장은 옳지 않다는 사실은 20세기의 역사가 증명하였다. 여기서 우리는 무엇보다도 완벽한 성적 자유란 불가능한 환상에 지나지 않는다는 사실을 지적할 필요가 있다. A라는 개인이 B를 보고 성적으로 자극된다고 해서 B도 마찬가지로 자극을 받는 것은 아니다. 욕망의 시간과 대상이 일치하지 않는 것이다. 그럼에도 불구하고 A가 B를 취한다면 그것은 성폭력에 다름이 아니다. 성적 자유에 앞서서 상대의 사유와 인격이 존중되어야 하는 것이다.

이러한 이유로 성적 억압은 개인과 개인의 평화로운 공존을 위해 필수 불가결하다. 분노와 마찬가지로 욕망도 개인이 스스로 조절하고 억제하지 않으면 안 된다. 성적 욕망을 길들여야 하는 것이다. 이때 자발적인 절제는 미덕이 된다. 그렇지만 성적 에너지도 그러한 절제의 요구에 물러설 만큼 나약하지는 않다. ≪노트르담의 꼽추≫의 주인공의 하나인 클로드 프롤로 신부를 보라. 아니 굳이 허구적인 인물을 예로 들 필요가 없다. 사도 바울은 '고자로 태어난 사람'을 축복받은 사람이라고 칭했다. 성욕을 억제할 수 없어서 채찍으로 온몸을 때리며 고통을 가해야 했던 프란체스카 성자를, 아예 거세를 해 버렸던 오리게네우스 성자를 생각해 보라. 우리는 그러한 욕망은 사랑이 아니라 다만 정욕에 지나지 않는다고 생각할 수도 있다. 그렇지만 성욕과 사랑의 차이는 세워지는 순간에 다시 무너지지 않는가.

## Ⅲ

이제 이 책에는 8편의 글이 실려 있다. 이 책은 성과 사랑, 폭력이라는 주제를 바라보는 8개의 시각으로 구성되어 있다. 전반은 이론적인 접근을, 그리고 후반에는 문화 텍스트의 분석을 통한 접근을 보여준다. 아래에서 각 글의 내용을 간단히 요약하겠다.

현대사회에서 사랑은 무엇인가? 로미오와 줄리엣의 사랑처럼 죽음까지 무릅쓰는 사랑이 현대사회에서는 사라졌다는 말이 심심치 않게 들린다. 최근에 한병철은 ≪에로스의 종말≫에서 그러한 주장을 거리의 소멸의 관점에 입각해서 철학적 · 사회학적으로 정당화하였다. <거리의 소멸과 에로스, 그리고 시각과 촉각>은 김종갑이 한병철의 주장을 반박하기 위해 쓴 글로, 그는 주체와 타자의 거리의 소멸은 시각적인 현상에 지나지 않는다고 주장한다. 그는 성해방 이후로 현대인들이 섹스를 자유롭게 즐기게 되었다는 사실을 인정한다. 그렇지만 한병철의 논지와는 반대로, 그는 바로 그러한 이유로 인해서 현대인은 과거의 어느 때보다도 진정한 사랑, 진정한 영혼의 결합을 갈망하게 되었다고 주장한다. 사랑은 주체와 타자의 경계를 소멸함으로써 성취하려는 융합의 에너지이다. 사랑의 양상과 표현은 시대에 따라서 달라질 수가 있지만, 그러한 경계 소멸과 융합의 에너지 자체는 변하지 않는다.

인류의 역사에서 쇼펜하우어만큼 사랑을 혐오하고 경멸한 사상가를 찾을 수는 없을 것이다. 여성에 대한 그의 비난은 인신공격에 가까울 정도로 원색적이며 적나라하다. 이근세는 〈사랑, 성의 가면〉에서 그러한 쇼펜하우어의 관점에서 성과 사랑의 관계를 고찰한다. 쇼펜하우어의 입장은 한마디로 사랑의 탈낭만화, 탈이상화, 그리고 동물화로 요약될 수 있다. 그에게 사랑의 정체는 성행위에 있으며, 성행위는 철저하게 종족의 번식이라는 본능에 따르고 있다. 확인해 보지는 않았지만 리처드 도킨스의 ≪이기적 유전자≫는 그러한 쇼펜하우어의 영향을 받아서 쓰인 책으로 보인다. 이 글에서 필자는 여성의 행동 양식을 살펴본 다음에 그것과 관련해서 사랑의 본질을 논하고, 마지막으로 성과 사랑의 철학적 관계를 밝힌다.

위와 같이 지독하게 여성 혐오적인 쇼펜하우어를 페미니즘은 어떻게 받아칠 것인가? 비록 그를 직접적으로 겨냥하고 있지는 않지만 윤지영은 〈신체적 에토스와 변신의 윤리학〉에서 지금까지의 역사는 여성을 희생하는 대가로 얻어진 남성 중심적 사회였다고 진단한다. 쇼펜하우어가 그러했듯이 여성이라는 성에 폭력을 행사함으로써 가부장적이고 이성애 중심적인 사회구조가 유지될 수 있었다는 것이다. 이 글에서 필자가 노리는 것은, 여성과 폭력, 사랑의 연결 고리를 절단하고 해체하는 것이다. 이를 위해 그녀는 무엇보다 폭력에 대한 심층적인 사유가 전제되어야 함을 주장하면서 발터 벤야민의 "신적 폭력"이라는 개념을 도입한다. 그리고 필자는 남성과 여성이라는 고정된 범주를 중심으로 이루어지는 윤리에 대한 대안으로 그러한 틀을 흔들고 전복하는 변신의 윤리학을 제시한다. 그녀를 그것을 트랜스 에티카라고 이름 붙인다.

장밋빛 미래를 약속하는 듯이 보이는 사랑이 갈등과 싸움, 증오, 트라우마로 끝을 맺는 사례가 적지 않다. 사랑에 내재한 폭력이 그와 같은 형태로 가시화되는 것이다. 그렇다면 어떻게 그러한 사랑 폭력의 상처를 치유할 것인가? 폭력으로 얼룩진 사랑의 트라우마로부터의 치유를 모색하는 서길완의 <폭력적인 과거를 수용하는 능동적인 방편>에서 필자는 트라우마의 전형적인 패턴에서 트라우마의 피해자가 그 원인을 제공했던 사건의 발생 당시가 아니라 사후적으로 과거를 되살이를 한다는 점에 논의의 초점을 맞춘다. 경험의 당사자가 사건을 능동적으로 경험하는 것이 아니라 무의식적으로 사건을 겪는(당하는) 처지에 있다는 것이다. 그만큼 무방비 상태로 과거와 조우하기 때문에 과거는 언제나 폭력적으로 재경험된다. 이 글에서 필자는 그와 같이 전형적인 트라우마의 악순환으로부터 빠져나와 어떻게 피해자가 트라우마를 자기 것으로 능동화할 수 있는지, 이에 대한 대답을 모색한다.

불행하게도 이상적인 사랑의 이념이 현실의 옷을 걸치는 순간에 사랑의 거칠고 폭력적인 측면이 간혹 드러난다. 법적인 관점에서 사랑과 폭력의 관계를 타진하는 <데이트 폭력>의 서두에서 서윤호는 데이트 상대로부터 성폭력을 비롯한 폭행 피해를 입은 사람이 연평균 7천 명에 달하고, 이로 인해 목숨을 잃은 사람도 상당수에 달한다는 사실을 상기시킨다. 그는 성폭력이나 신체적 폭력 외에 언어적, 정서적, 경제적 폭력까지 고려하면 데이트 폭력의 피해는 훨씬 더 심각한 상황이라고 진단한다. 그런데 문제는, 이러한 현실에도 불구하고 그동안 데이트 폭력은 연인 사이의 사적인 문제로 치부되어 우리 사회가 진지하게 풀어야 할 사회적인 문제로 파악하지 않았다는 점에 있다. 사회적인 문제로서 부각되는 데이트 폭력을 어떻게 바라보아야 하는가? 데이트 폭력은 어떻게 일어나며 어떻게 은폐되는가? 데이트 폭력의 피해자들이 계속 연인 관계를 유지하는 이유는 무엇인가? 데이트 폭력의 문제를 둘러싸고 어떤 법적 논의들이 이루어지고 있는가? 데이트 폭력의 문제를 해결하기 위해서는 어떠한 접근 방식이 필요한가? 이 글에서는 이러한 물음들에 대한 해답을 모색하고 있다.

앞의 글의 필자들은 사랑과 성, 폭력이 얽혀 있는 삼각관계를 이론적으로 접근하려는 시도를 보여주었다면, 그 뒤를 잇는 글의 필자들은 이 삼각관계가 전경화前景化된 문학 텍스트와 대화하면서 주제를 고찰하고 있다. 흥미롭게도 이와 같이 구체적인 텍스트 분석의 하나는 레너드 코언의 유명한 〈할렐루야〉(1984)를 대상으로 하고 있는데, 최하영의 〈성聖스러움과 성性스러움〉이 그것이다. 필자는 조르주 바타이유의 《에로티즘》으로부터 에로티시즘과 폭력의 이론적 관계를 추출한다. 바타이유에게 에로티시즘의 본질은 자연과 단절된 문화가 아니라 자연과의 유기적 연속성에 있다. 필자는 "인간의 불연속성"에서 유래하는 '발작적'인 구원의 순간으로 에로티즘을 규정한 바타이유를 통해 레너드 코언의 〈할렐루야〉를 설명할 수 있다고 본다. 이 노래는 미국에서 애국가처럼 중요한 행사의 자리, 특히 재해 희생자의 추모 현장에서 자주 울려 퍼지는 노래이다. 그런데 그것의 가사는 폭력으로 가득 찬 내용이라는 사실이 필자의 문제의식을 자극한다. 어떻게 "차갑고 상처 입은 할렐루야"가 〈어메이징 그레이스〉를 대체하여 21세기의 국가적 영가가 되었는지를 사랑과 폭력의 관점에서 살펴보자는 것이다.

'사랑'하면 약속이나 했다는 듯이 떠오르는 말이 '낭만적 사랑'이다. 인구에 자주 회자되는 만큼 그것에 대해 각자 생각하고 있는 내용도 다양하다. 그러나 낭만적 사랑이 안고 있는 딜레마를 알고 있는 사람들은 많지 않다. 〈낭만적 사랑의 딜레마와 '둘' 차이의 진리절차〉에서 최은주는 결혼과 낭만적 사랑의 관계를 케이트 쇼팬의 《각성》을 중심으로 검토한다. 사랑이 주제인 대부분의 작품이 험난한 역경을 극복하고 결혼에 성공하는 커플에 초점을 맞춘다면, 이 작품은 결혼 이후의 사건에 시선을 돌린다. 이 작품에서 낭만적 사랑의 주체는 상대방이 자기의 이상적 이미지에 일치한다고 생각하면서 사랑에 빠지는 자아 중심적인 나르시스적 주체이다. 이러한 이유로 결혼 이후 상대의 숨겨진 모습이 드러나면서 사랑은 파탄으로 치닫기 시작한다. 필자는 이 작품이 '사랑의 자유를 확대하면서 사랑의 안전성을 확보할 수 있느냐'에 관한 문제를 사색하게 해주는 소중한 작품이라고 평가한다. 이 작품은 사랑의 현대적 전망을 제시하고, '둘'의 차이를 경험하는 절차를 통해 사랑이 단순히 정념이 아닌 진리를 구축한다는 것이 필자의 주장이다.

푸치니의 유명한 오페라 <나비 부인>을 모르는 사람은 없을 것이다. 이만큼 눈물겹고 애절하며 서러운 사랑 이야기가 어디에 있을까? 눈에 넣어도 아프지 않을 만큼 아름다운 여인이 사랑하는 남자를 위해서 모든 것을 바치고, 그에게 버림받는 순간에 자결을 하다니! 이 작품은 남자의 자존심을 만족시키는 이야기이기도 하다. 사랑이 죽음으로 완성되는 것이다. 그런데 이 작품의 플롯을 뒤엎어서, 사랑하는 여자에게 버림받는 남자가 분노를 참지 못하고 그녀를 살해하는 내러티브로 바꾼다면? 이 질문에 대한 대답이 데이비드 황의 유명한 작품 ≪M. 나비≫이다. 이 작품에서 주인공 갈리마르는 자신이 끔찍하게 사랑했던, 그리고 20년 동안 행복하게 함께 살았던 'M. 나비'가 알고 보니 여자가 아닌 남자라는 사실이 밝혀지는 순간에 분노의 칼로 그녀의 심장을 찌른다. <성, 사랑, 폭력의 노래>에서 윤소영은 이 작품을 중심으로 '성, 사랑, 폭력'의 상관관계를 논하였다.

## Ⅳ

몸문화연구소는 몸과 관련된 다양한 문화 현상들을 학문적으로 연구하기 위해서 2007년 설립된 연구소이다. 본 연구소는 인간 주체의

'몸된embodied' 정체성, 그리고 그러한 주체가 사회와 맺는 관계, 몸을 만들고 만들어지는 과정에 관심을 가지고 있다. 본 연구소는 "나는 생각한다. 그러므로 존재한다."라는 관점으로부터 "나는 입고 먹고 마시고 일하므로 존재한다."의 관점으로 인간을 바라보는 시각을 전환함으로써, 우리가 몸된 존재라는 사실을 전경화하고 이론화하려는 지향성을 가지고 있다.

연구소는 그동안 매년 총서와 기획서를 출판해 왔다. 연구소는 매년 몸과 관련된 주제를 정하고 그 결과를 총서로 펴내는데, 이 책은 여덟 번째 총서이다. 2015년의 연구 아젠다를 '성, 폭력, 사랑'으로 잡았던 본 연구소는 바타이유와 크리스테바의 저서를 필두로 해서 사랑과 죽음의 관계를 다룬 이론서와 문학작품을 매달 개최되는 세미나에서 읽고 토론하는 과정에서 이 책을 만들게 되었다. 이 책을 위해 글쓰기의 험난한 길을 마다하지 않았던 필자들에게 감사의 마음을 전한다. 그리고 이 책의 출판을 흔쾌히 허락한 건국대학교 출판부와, 거친 원고를 이와 같이 멋진 책으로 편집하고 완성한 박명희 선생님에게도 감사의 뜻을 표한다.

몸문화연구소

소장 김종갑

차 례

# 거리의 소멸과 에로스, 그리고 시각과 촉각[1]

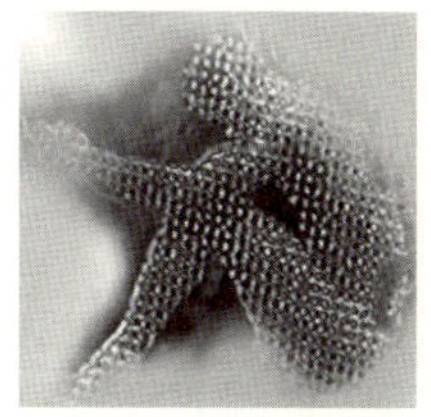

현대사회에서 사랑은 무엇인가? 로미오와 줄리엣의 사랑처럼 죽음까지 무릅쓰는 사랑이 현대사회에서는 사라졌다는 말이 심심치 않게 들린다. 최근에 한병철은 ≪에로스의 종말≫에서 그러한 주장을 거리의 소멸의 관점에 입각해서 철학적 · 사회학적으로 정당화하였다. 한병철의 주장을 반박하기 위해 쓴 이 글에서 필자는 주체와 타자의 거리의 소멸은 시각적인 현상에 지나지 않는다고 주장한다. 그는 성해방 이후로 현대인들이 섹스를 자유롭게 즐기게 되었다는 사실을 인정한다. 그렇지만 한병철의 논지와는 반대로, 그는 바로 그러한 이유로 인해서 현대인은 과거의 어느 때보다도 진정한 사랑, 진정한 영혼의 결합을 갈망하게 되었다고 주장한다. 사랑은 주체와 타자의 경계를 소멸함으로써 성취하려는 융합의 에너지이다. 사랑의 양상과 표현은 시대에 따라서 달라질 수가 있지만, 그러한 경계 소멸과 융합의 에너지 자체는 변하지 않는다.

**김종갑**

## 사랑의 종말

사랑이란 무엇인가? 보들레르Charles Baudelaire는 삶의 원인이자 목적은 사랑이라고 말했다. 우리가 즐겨 듣는 가요의 100%가 사랑의 변주곡이라고 말해도 과언이 아닐 것이다. 사랑을 제거하면 우리의 눈빛이 꺼지고 하늘에서 별은 빛나지 않으며 노래는 시들시들해진다. ≪사랑에 대하여*De l'Amour*≫에서 뤽 페리Luc Ferry는 "사랑 혁명" 이후로 사랑은 단순한 열정이 아니라 이전과는 다른 방식으로 삶을 조직하는 "새로운 의미의 원리"라고 주장하였다.[2] 사랑은 인습과 습관에 묶였던 삶에 새로운 비전과 새로운 지평을 약속해 준다는 것이다. 그렇다면 사랑이 없는 삶은 무미건조하고 판에 박힌 일상의 반복에 지나지 않을 것이다. 그런데 사랑이 없는 삶이 과연 가능할 것인가? 사랑을 보편적 삶의 원리로 이해했던 보들레르는 흥미롭게도 "섹스는 대중의 시"라고 야유하였다. 그에게는 시가 대중소설이 아니듯이 사랑은 섹스가 아니다. 그럼에도 대중은, 인기소설이 시라고 착각하듯이 섹스와 사랑을 혼동한다는 것이다. 시 없는 대중문학이 사랑 없는 섹스와 단짝을 이루는 것이다. 그런데 섹스와 사랑은 다른 것일까? 적어도 진화론자들은 그렇게 생각하지 않는다. 궁극적으로 따지고 보면 사랑도 종족 보존을 위한 짝짓기에 지나지 않기 때문이다. 이 점에서 꾀꼬리의 노래와 매미의 악다구니도, 연인이 부르는 사랑의 이중창과 크게 다르지 않다.

운문으로 쓰인 것이 모두 시는 아니듯이 사랑처럼 보이는 모든 것이 사랑은 아니다. 이처럼 사랑과 사랑 사이에는 괴리가 있다. 이러한 거리가 눈에 밟히면 연인들은 그들의 사랑이 충분치 않다고, 어쩌면 진정한 사랑이 아니라고 느끼게 된다. 한 발자국 더 나가 현대사회에는 참된 사랑은 없다고 장담할 수도 있다. 최근에 ≪에로스의 종말≫에서 한병철은 "사랑의 종말"을 선언하였다.[3] 종말의 테제에 걸맞게 묵시론적 어투가 강하게 배어나는 이 책에서 그는 사랑을 "불가능한 타자와의 대면"으로 정의하였다. 과연 사랑은 불가능한 타자와의 만남으로 이해될 수 있을까? 이 글은 이와 같은 질문과 더불어 시작한다. 혹시 "불가능한 타자"라는 정의 자체가 수사적 질문처럼 이미 사랑의 불가능성을 전제하고 있지 않은가.

한병철은 역설적으로 '가능한' 사랑은 진정한 의미의 사랑이 아니라고 주장하였다. 불가능한 관계가 불가능한 관계로 남아 있어야만 사랑이 보존될 수 있다는 것이다. 이러한 주장은 부정신학의 어법과 맞닿아 있는 듯이 보인다.

"불가능한 타자"라는 개념은 레비나스Immanuel Levinas의 철학에서 온 것이다. 그의 타자성의 윤리는 한병철의 에로스 종말론과 떼어놓을 수가 없다. "에로스는 [나르시시즘이 아니라] 강한 의미의 타자, 즉 나의 지배 영역에 포섭되지 않는 타자를 향한 것이다. 따라서 점점 더 동일자의 지옥을 닮아 가는 오늘의 사회에서는, 에로스적 경험도 있을 수 없다."[4] 여기에서 주체는 타자와 대립하고 있으며 '동일자의 지옥'이 타자의 반대 명제가 된다. 사랑이 성립하기 위해서는 주체가 다가설 수 없는 타자와의 거리가 전제되어야 한다. 이러한 절대적 거리가 지워지는 순간에 사랑도 불가능하다는 것이다. 그렇다면 에로스에 대한 물음은 과연 우리 사회에서 그러한 절대적 거리가 유지되고 있는가?라는 질문으로 대체될 수 있다. 그의 대답은 부정적이다. 모든 것이 규범화되고 정보화되는 사회적 과정은 거리의 소멸과 더불어 진행이 되기 때문이다. 사진과 전화, 인터넷은 주체와 타자의 거리를 지워 버렸다. 그 결과 가까이 다가온 타자는 성적 욕망의 대상으로 변질된다.

과연 에로스에 대한 한병철의 진단이 옳을까? 이 글은 그의 "에로스의 종말" 테제를 반박하려는 의도로 시작되었다. 먼저 이 글에서 나는 그의 '거리 소멸론'의 오류를 지적할 것이다. 객관적 거리가 단축된다고 해서 심리적 거리까지 가까워지지는 않는다. 시각적 거리와 촉각적 거리도 마찬가지이다. 시각적으로 가까워진다고 해서 촉각적으로도 가까워지는 것은 아니다. 짐멜이 대도시의 인간관계에 대해 지적하였듯이 오히려 양자는 반비례의 관계에 있을 수 있다.[5] 그럼에도 한병철은 시각을 제외한 다른 감각을 거리에 대한 논의에 끌어들이지 않는다.

이 점에서 그의 관점은 지극히 시각 중심주의적인 한계를 가지고 있다.[6] 이러한 논의가 끝난 다음에 나는 레비나스의 에로스관으로 시선을 돌릴 것이다. 그리고 레비나스의 에로스는 심미적이 아니라 지극히 윤리적이라는 사실을 강조할 것이다. 그것은 에로스가 아니라 아가페에 가깝다. 이러한 이유로 그의 철학은 에로스를 설명하기에 좋은 모델은 아니다. 이 글의 말미에서 나는 에로스는 불가능한 타자와의 만남이 아니라 '불가능하지만 이미 가능해진 타자와의 융합'으로 정의할 것이다.

## 거리와 타자

본격적인 논의를 시작하기 전에 사랑[7]이 불가능하다는 명제에 맥락을 잡아 줄 필요가 있다. 그러한 주장이 하나의 테제로 제시된 것은 아도르노Theodor Adorno와 호크하이머Max Horkheimer의 ≪계몽의 변증법*Dialectic of Enlightenment*≫이었다. 이 기념비적 저서에서 아드로노는, 모든 것을 규범화하고 균질화하는 근대의 합리주의를 강한 어조로 비난하였다. 그에게 합리주의는 자본주의적 대량생산과 자기복제의 논리와 맞물려 있다. 만약 이러한 자본의 생리가 상품의 영역에만 머물러 있었다면 ≪계몽의 변증법≫도 탄생하지 않았을 것이다. 아도르노는 뉴욕과 같은 대도시에서 문화는 물론이고 인간도 각자 개성을 잃고서 규범적으로 동일화되고 있다는 사실을 발견하였다. 예를 들어 재즈는 진정한 음악이 아니라 판에 박힌 몇몇 기법의 반복과 변주에 지나지 않는다. 그는 사랑도 예외가 아니라고 보았다. 과거에 사랑이 십인십색이었다면 현대의 사랑은 대중문화의 영향으로 다양성을 잃고 로맨스로 전락하고 말았다. 그에게 로맨스는 두 사람이 만나서 마침내 사랑에 골인하고 결혼하기까지의 과정이 매뉴얼에 따라서 진행되는, 패턴화된 사랑을 말한다. 젊은 남녀는 <티파니에서의 아침Breakfast at Tiffany's> 의 주인공들처럼 멋지게 사랑에 빠지기를 원한다. 그리고 결정적인 순간에 연인이 "죽을 만큼 사랑한다구요. 날 바라봐 주면 안 되나요?"와 같은 대사를 속삭여 주기를 원한다는 것이다. 아도르노는 이와 같이 모방적으로 반복하려는 현대인의 생리에서 문화의 위기를 감지하였다. 개인과 개인의 차이가 사라진 "동일자의 지옥"이 되는 것이다.

만약 아도르노의 진단처럼 사랑이 로맨스에 지나지 않는다면 진정한 의미의 사랑은 존재하지 않는다고 개탄할 수 있다. 자본화된 사회가 인간의 차이를 소거하고 소비자로 대량생산하는 것이다. 그러나 과연 그러할까? 일찍이 사회학자 짐멜Georg Simmel도 아도르노에 앞서서 그러한 우려를 표명하였다. 그에 의하면 개성이라는 것도 그러한 대량생산의 논리에서 크게 벗어나지 않는다.[8] 재즈가 그러하듯이 개성도 기존의 패턴에 가벼운 변주를 가미한 것에 지나지 않기 때문이다. 그럼에도 그는 자본주의가 개성을 말살하는 한편 역설적으로 개성화를 자극한다는 점을 간과하지 않았다. 과거 전통 사회에서는 개인이라는 것이 아예 존재하지 않았다. 이러저러한 공동체와 토지, 전통에 매인 존재로서만 의미를 가졌기 때문이다. 사랑과 결혼도 인습과 전통의 패턴을 따랐음은 두말할 나위가 없다. 이러한 맥락에서 보면 아도르노가 탄식했던 동일화라는 현대의 증상은, 서로 동일하지 않게 된 개인의 등장과 분리해서 생각할 수 없다. 자기가 타자와 다르다는 자의식에서 생기는 불안감을 해소하기 위해 현대의 개인들은 대중문화와 유행과 보조를 맞추는 것이다.[9]

사랑도 동일성과 차이의 변증법에서 벗어나지 않는다. 간단한 예로 슈미트Eric-Emmanuel Schmitt의 희곡 ≪수수께끼 변주곡*Enigma Variations*≫이라는 작품이 있는데, 그것은 사랑이라는 주제에 관한 일련의 대화로 구성되어 있다. 주인공 에릭Eric은 진정한 사랑은 이 세상에 존재하지 않는다는 생각으로 절망에 빠져 있다. 인간은 본질적으로 개별적이고 고독한 존재이기 때문에 사랑의 묘약도 그러한 고립을 충분히 보상해 주지 못한다는 것이다. "밤낮으로 섹스를 하고, 또 서너 시간 계속해서 섹스를" 하는 연인 사이에도 넘을 수 없는 벽이 있다. 그럼에도 그는 참된 사랑에 대한 미련을 버리지 못한다. 그에게 진정한 사랑은, 자신이 고독하다는 자의식을 녹일 정도로 강렬한 사랑의 불길에 안겨 있는 것이다. 연인과의 거리가 사라질 정도로 완벽하게 융합되기를 바라는 것이다.[10]

한병철도 사랑의 불가능성에 괴로워하는 에릭의 처지에 공감할 것이다. 그러나 우리는 여기에서 에릭이 그의 주장과 대립되는 지점에 있다는 사실을 발견할 수 있다. 에릭에게 진정한 사랑은 주체와 타자의 거리가 아니라 그러한 거리의 소멸, 타자의 타자성이 아니라 타자와의 융합에 있다. 그럼에도 그의 욕망은 번번이 좌절하고 만다. 연인을 품에 안고 있어도 그녀와의 거리가 좁혀지지 않는 것이다. 그는 연인과 섹스를 하는 와중에도 그러한 거리를 날카롭게 의식하면서 괴로워하는 자신을 발견한다. 거리의 소멸은 타자의 타자성을 지우는 것이 아니라 그것을 더욱 증폭시킬 따름이다. 그리고 그에 비례해서 진정한 사랑에 대한 에릭의 갈망은 더욱 커져만 간다. 에릭은 불가능한 타자와 대면하고 있다는 점에서 거리의 소멸이 곧 사랑의 소멸로 귀결되지 않는다.

그렇다면 사랑의 조건으로서 거리의 정체가 무엇일까? 왜 그는 에릭과 반대로 거리가, 그것도 절대적인 거리가 유지되어야 한다고 주장하는 것일까? 이 질문에 대답하기 위해서는 그가 현대사회를 바라보고 진단하는 관점을 살펴보아야 한다. ≪에로스의 종말≫의 결정적인 대목에서 그는 다음과 같이 진술한다.

> 오늘날 사랑은 긍정화되고 그 결과 성과주의의 지배 아래 놓여 있는 성애Sexualität로 변질된다. 섹시함은 증식되어야 하는 자본이다. 전시가치를 지닌 신체는 상품과 다름이 없다. 타자는 성애화되어 흥분을 일으키는 대상으로 전락한다. 우리는 이질성이 제거된 타자를 사랑하지 못한다.[11]

이러한 그의 주장의 정당성을 부정하기는 어려울 것이다. 1960년대 후반에 성해방의 물결이 온 유럽을 휩쓸고 지나가면서 사람들은 과거의 성적 금기와 억압에서 벗어나 자유롭게 성을 즐기기 시작하였으며, 많으면 많을수록 좋다는 다다익선의 분위기도 팽배했다. 1989년에 출시된 영화 <해리가 샐리를 만났을 때When Harry met Sally>는 그와 같이 자유로워진 성 풍속도를 잘 보여준다. 그렇지만, 에릭의 입을 빌리지 않더라도 섹스가 곧 사랑을 의미하지는 않는다. 자유로운 섹스는 사랑이 아니라 즉각적인 성적 욕구의 만족을 추구한다. 그 결과 자신의 욕망을 채우기에 급급한 자유연애주의자는 타자의 타자성에 관심을 가지지 않는다. 한병철의 주장처럼 섹스가 즉 사랑을 의미하는 것은 아니다.

현대사회에서 사랑이 성애로 변질되고 있다는 주장에 이의를 제기할 수는 없을 것이다. 그런데 타자와의 거리가 상실되면 과연 사랑도 소멸하는 것일까? 에릭은 물론이고 샐리도 섹스가 곧 사랑이라고 생각한 적이 없다. 오히려 그들은 사랑이 없는 섹스가 가능하다면 섹스 없는 사랑도 가능하다고 믿는 편이다. 그럼에도 한병철은 성애가 지배하는 사회라는 명제로부터 현대에 성애가 사랑이 되었다는 논리로의 비약을 감행한다. 성애가 사랑을 대치하는 현실에서 사랑은 더 이상 존재하지 않는다는 것이다. 그리고 그는 성애=사랑의 등식을 설명하기 위해서 마틴 부버Martin Buber의 "근원거리"라는 개념을 빌려 온다. 그것은 주체가 타자를 욕망의 대상으로서 전유하지 못하도록 양자 사이에 존재해야 하는 거리를 의미한다. 그것은 물리적인 거리가 아니라 윤리적인 거리임은 두말할 나위가 없다. 그렇다면 연인과 성애를 즐겼던 에릭과 샐리는 상대와의 근원거리를 파괴하고 또 상대를 욕망의 대상으로 전유할 수 있었던 것일까? 물리적으로 말해서 섹스는 거리를 최소화함으로써 연인과 연인의 몸이 합체되는 행위이다. 그렇지만 에릭은 그러한 거리가 완벽하게 소멸되는 섹스에서도 에로스의 불길 대신에 다가설 수 없는 연인과의 거리감과 소외감을 느껴야만 했다. 심리적인 거리와 물리적인 거리, 에로스의 거리와 섹스의 거리는 일치하지 않는 것이다. 이러한 비정합성의 문제가 가장 극적으로 가시화되는 것이 포르노의 가상공간이다.

## 포르노와 거리의 소멸

포르노는 매우 다루기 어려운 주제이다. 페미니스트도 찬성과 반대의 두 진영으로 나뉘어 혈전을 거듭하고 있는 형편이다. "포르노는 이론이고, 강간은 실천이다."고 주장하는 로빈 모건Robin Morgan이 있는가 하면,[12] 포르노를 사실이 아닌 환상으로 바라보는 로라 킵니스Laura Kipnis도 있다.[13] 그리고 아감벤Giorgio Agamben은 포르노의 정치적 역할을 높이 평가하였다.[14] 신비화됨으로써 권력에 예속되었던 성을 세속화함으로써 탈권력화에 기여할 수 있다는 것이다. 나는 <실재를 향한 열정으로서 포르노>에서 포르노는 실재를 대체하는 것이 아니라 오히려 실재의 부재를 드러냄으로써 실재에 대한 욕망을 더욱 부채질한다고 주장하였다.[15] 포르노의 시각적 공간과 실재의 공간은 혼동될 수가 없는 것이다. 이어지는 논의에서 나는 한병철이 포르노를 실재로 착각하는 경향이 있다는 사실을 지적할 것이다. 이 점에서 포르노는 그의 에로스 종말론을 새롭게 접근할 수 있는 좋은 단서가 되어 준다. 그는 포르노를 통해서 거리의 소멸과 에로스의 종말이라는 명제를 재천명하기 때문이다.

포르노는 타자의 실종과 거리의 파괴를 증명하는 구체적인 예시가 된다. 과거에 포르노물을 접하기가 어려웠던 시절이 있었다. 집을 나서서 음란물을 판매하는 서점이나 가판대를 찾아야만 했다. 그렇지만 인터넷의 시대에 우리는 언제 어디서든 원하기만 하면 포르노와 접할 수 있게 되었다, 저 멀리 있었던 포르노가 우리의 방으로, 손바닥에 쥐여진 핸드폰이라는 근거리로 우리를 찾아온 것이다. 너무나 가까이 다가오면 타자와 주체 사이에 있어야 할 거리가 소멸하고, 그러한 거리의 소멸과 더불어 비밀과 신비도 달아나게 된다. 이 점에서 한병철은 포르노를 숨김없는 노출로서 정의한다.

> 포르노는 전시의 대상이 된 벌거벗은 삶과 관련된다. 비밀도, 표현도 없이 구경거리로 전시된 벌거벗음은 포르노적 노골성에 가까워진다. 포르노적 얼굴 또한 아무것도 표현하지 않는다. 그러한 얼굴에는 표현성도, 비밀도 없다. 에로틱한 것에는 언제나 비밀이 곁들어 있게 마련이다. … 근대적 자아는 자신의 소망과 감정을 점점 더 상상적인 방식으로, 즉 상품과 매체 이미지를 통해서 지각한다. … 오늘날 예술과 문학이 직면한 위기의 원인은 환상의 위기, 타자의 소멸, 즉 에로스의 종말에서 찾을 수 있다.[16]

두말할 나위 없이 포르노는 알몸을 노골적으로 보여준다. 관음증적 관객은 조그만큼의 숨김도 용납하지 않는다. 거기에는 양파처럼 모델의 옷이 벗겨지고 속살이 드러나는 단계적인 드러냄의 과정이 있다. 침실에서 애인을 유혹하는 여자도 그렇게 노골적으로 자신을 노출할 수는 없다. 우리가 맨눈으로 보이지 않는 몸의 은밀한 부위를 샅샅이 찾아내어 관객에게 들이밀기 때문이다. 그래서 포르노에는 성의 신비도, 어둠도, 비밀도 없다. 상상할 필요가 사라진 것이다. 더 이상 드러낼 것이 없을 정도로 육체가 해체되는 지점에 도달해서야 카메라는 시선을 거둔다. 이러한 사실을 지적하면서 한병철은 비밀과 거리의 소멸, 타자의 소멸을 에로스의 종말과 접목시킨다. 그리고 포르노에 대한 분석을 사회 전체로 확대한다. "성애는 포르노그래피에 의해 위기에 빠진다. 가상공간에서 섹스만이 포르노인 것은 아니다. 오늘날에는 실제 섹스 역시 포르노로 변질된다." "[현대의] 사랑은 결국 포르노에서 완성된다."[17] 이와 같은 그의 주장은 "악화가 양화를 구축한다."는 토머스 그레셤Thomas Gresham의 법칙을 상기시킨다. 물론 여기에서 그가 염두에 두고 있는 이론은, 보드리야르Jean Beaudrillard적인 의미에서의 가상현실이다. 가짜 섹스와 진짜 섹스, 포르노와 사랑의 구별 자체가 희석되는 것이다.

포르노에 대한 논의에서 한병철이 간과한 것이 있다. 너무나 당연하기 때문에 언급할 필요를 느끼지 못했는지 모르지만, 그것이 현대사회의 에로스를 이해하는 데 결정적인 중요성을 가진다. 거리의 소멸이 어디까지나 시각적 사건이며 또한 가상공간을 넘어서지 못한다는 점이 그것이다. 포르노가 보여주는 성은, 엄격하게 말해서 성이 아니라 시각화된 성, 시각적으로 재구성된 성의 이미지이다. 우리는 프레드릭 제임슨Fredric Jameson의 유명한 주장, "시각적인 것은 근본적으로 포르노적이다."를 상기할 필요가 있다. 시각문화는 모든 것을 볼거리의 스펙터클로 만들어 버린다. 우리는 원한다면 언제 어디서든 그러한 포르노와 쉽게 접속할 수가 있다. 보고 보이는 시각의 장으로만 제한한다면 욕망하는 주체와 욕망의 대상 사이의 거리가 소멸하였다고 할 수 있다. 그럼에도 우리 몸과 그(녀)의 몸 사이에 엄청난 거리가 있다는 사실은 변하지 않는다. 시각적 거리의 소멸이 육체적 거리의 소멸을 의미하지는 않는다. 오히려 그러한 거리의 소멸은 육체적 거리의 증가를 초래한다고 말해야 옳다. 포르노는 거리를 지우는 것이 아니라 이전에는 없었던 새로운 거리, 그러면서 접근 불가능한 거리를 만들어 낸다. ≪계몽의 변증법≫에서 아도르노도 그러한 역설에 주목한 바 있다. 끊임없이 성적으로 자극되지만 쾌락과 만족의 시간은 결코 도래하지 않는다.[18]

이 대목에서 우리는 한편으로 거리를 지우면서 다른 한편으로 거리를 생산하는 시각의 이중성에 주목해야 한다. 이러한 이중성이 의미하는 것은 무엇인가? 그것은 촉각을 무시하면서 시각을 "가장 고귀한 감각"으로 이상화하였던 서양철학의 전통과 무관하지 않다.[19] 그러한 전통은 몸과 마음의 이원론에 입각해서 인간을 설명하였던 로고스중심주의의 또 다른 얼굴이기도 하다. 육체를 이성이나 마음, 영혼의 타자로서 경원시하였던 것이다. 그렇다면 왜 시각은 철학자들이 선호하는 '고귀한 감각'이 되었던가? 푸코Michel Foucault가 지적하였듯이 촉각에 비해서 시각이 인식론적이며 탈육체적이기 때문이었다. 보는 것voir은 곧 아는 것savoir이며, 아는 것은 곧 힘pouvoir이다. 촉각이 근거리 감각이라면 시각은 원거리 감각이며, 촉각이 부분적인 접촉에 지나지 않는다면 시각은 파놉티콘처럼 전체를 조망하는 지각의 경제성을 보장해 준다. 더구나 대상의 영향에 민감하고 주관적인 촉각과 달리 시각은 중립적이며 객관적인 특징을 가지고 있다. 예컨대 강 건너 불을 구경하는 우리의 눈이 불기운으로 뜨거워지지는 않는다. 그렇지만 가까이에서 불길과 접촉하면 몸이 화상을 입는다. 이러한 이유로 진리를 추구하는 철학자는 대상과의 접촉을 멀리해야만 했다.[20] 이론theory이란 보고 아는 것이지 않은가.

보는 것이 접촉하는 것보다 더 진리에 가까운 것이다. 보드리야르의 가상현실hyper-reality도 그러한 시각의 이중성과 밀접한 관련을 지니고 있다. 현실은 아니지만 현실보다 더욱 현실적인 효과를 발휘하는 것이 가상현실이다. 마찬가지로 대상을 알기 위해 직접 손으로 만지지는 않지만 시각은 그것에 대해 더욱 많은 지식을 알려준다. 포르노도 그러한 시각 효과의 연장선에 있다. 포르노는 성애보다 더한 성애의 효과를 보여준다.

그런데 포르노가 범람하는 현실이 에로스의 종말을 의미한다고 말할 수 있을까? 시각은 대상으로부터 떨어진 거리를 자신의 장점으로, 지식의 승리로 전환한다. 포르노에서 성은 철저하게 대상화된 응시의 대상으로서 스펙터클이다. 그렇지만 그러한 포르노적 시선에 에로스가 깃들지는 않는다. 그리고 대상에 대한 완벽한 지식이 에로스로 발전하지도 않는다. 에로스는 거리의 확보가 아니라 거리의 소멸을, 원거리 감각으로서 시각이 아니라 근거리 감각인 촉각을 지향하기 때문이다. 그렇다면 포르노는 에로스의 부재를 현시하는 무대라고 할 수 있다. 우리는 대상을 가상공간에 제한한다면 한병철이 주장하는 거리의 소멸에 동의할 수는 있다. 그러나 몸으로 관점을 전환하는 순간에 우리는 과거의 어느 때보다도 멀어진 거리를 발견하게 된다.

## 불가능한 타자와 에로스, 그리고 아가페

그런데 왜 한병철은 에로스를 불가능한 타자와의 관계로 설명해야 하는 것일까? 왜 가능한 타자와의 만남을 에로스가 아니라 '성애'로 폄하하는 것일까? 그에게 사랑의 조건은 성공이 아니라 실패, 온사랑이 아니라 짝사랑, 해피엔딩이 아니라 비극이다. 그는 ≪에로스의 종말≫의 한 인상적인 구절에서 에로스를 "할 수 있을 수 없음Nicht-Können-Können"이라고 재규정하였다. "할 수 있음의 절대화는 바로 타자를 파괴"하기 때문이다. 이와 같이 할 수 없음을 강조함으로써 그는 성과주의에 매몰되어 있으며 사랑의 완성을 섹스에서 찾는 현대인에게 일침을 가하고 싶었을 것이다. 그것은 문화비판적으로 충분히 의미를 가지고 있다고 할 수 있다. 우리는 타자를 지배하고 성적 욕망의 대상으로 삼는 대신에 그(녀)의 타자성을 충분히 존중해 주어야 한다. 이것은 윤리적인 요구이다. 그렇지만 그러한 윤리적 요청이 에로스의 본질로부터 발원하는 것일까? 나는 이와 같이 정의되는 에로스는 에로스가 아니라 아가페에 가깝다고 생각한다. 그는 사랑의 열정을 열정의 윤리로 재해석한 것이다. 그는 성적 욕망이 헤겔적인 의미에서 주체와 노예의 변증법으로 변질될 가능성을 방어하기 위해서 '할 수 있을 수 없음'을 사랑의 윤리로 제시하였다. 사실상 남녀 관계의 역사는 그러한 지배와 복종의 역사였다는 것을 우리는 페미니스트들의 연구를 통해서 잘 알고 있다. 한병철에게 그러한 위험에서 벗어나는 탈출구는 레비나스의 타자의 윤리학이었다.

레비나스의 ≪전체성과 무한성*Totality and Infinity*≫을 보면 우리는 왜 한병철이 레비나스를 논의의 중심으로 끌어들였는지 짐작할 수 있다. 레비나스는 전체성과 무한성의 대립각을 세우면서 주체와 타자의 관계를 설명하였다. 그는 서양철학이 주체를 중심으로 한 철학, 주체가 타자의 '전체'를 파악할 수 있다는 확신의 철학이라고 비난하면서 그러한 총체적 욕망의 대안으로 타자의 무한성을 제시하였다. 그는 주체와 타자 사이에는 가로지를 수 없는 절대적 거리가 있다고 보았다. 그런데 전통적 형이상학은 그러한 거리를 제거함으로써 타자를 자기의 것으로 전유하고 동일화하려는 성향을 지닌다. 그는 바라보고 판단하는 능동적 주체로서 타자를 수동적 대상으로 바라보는 것이다. 그는 그러한 능동과 수동, 주체와 대상의 위계에 입각한 인식론적 모델을 윤리학적 모델로의 전환을 꾀하였다. 주체는 "모든 수동성보다 더한 수동적 수동성"[21]으로서 자기를 타자의 시선에 무방비 상태로 노출한다. 레비나스에게 에로스는 그러한 주체의 수동성의 대표적 사례라고 할 수 있다. ≪에로스의 종말≫에서 레비나스의 윤리학은 다음과 같이 요약된다.

> 쾌락의 강렬함 역시 감각의 공유 속에서도 타자가 부재한다는 사실에서 나온다. 오늘날 사랑은 욕구, 만족, 향락 이상의 의미를 지니지 못하기에 타자의 결핍이나 지체를 받아들이지 못한다. 검색 엔진이자 소비 엔진으로서의 사회는 찾을 수 없고 붙잡을 수 없고, 소비할 수 없는 부재자를 향한 모든 갈망을 폐기한다. 그러나 에로스가 깨어나는 것은 '타자를 주면서 동시에 빼앗는' 얼굴들에 직면할 때이다.[22]

여기에서 한병철은 레비나스를 빌어서 소비문화에 익숙한 현대인이 타자도 욕망의 대상으로 성급하게 소비하려는 성향을 비판하고 있다. 현대인은 타자를 상품화한다는 것이다. 성적 욕구의 대상은 필요할 때 상점에 가서 구매할 수 있는 상품과 크게 다르지 않다. 만나고 싶은 연인을 당장 만나지 않으면 직성이 풀리지 않는다. 욕망도 즉석에서 소비되어야 하는 것이다. 레비나스는 이와 같은 쾌락jouissance으로 소비되는 에로스에 대해서 지극히 비판적이다. 그가 대안으로 제시하는 것은 "타자를 주면서 동시에 빼앗는dérobe 얼굴"과의 만남이다. 무한성으로서 타자는 보이면서 보이지 않고, 스스로를 드러내면서 동시에 감추는 이중성을 가진다. 메를로-퐁티라면 애매모호성ambiguity이라고 했을 것이다. 여기에서 주체가 알고 있다고 생각하는 타자는 진정한 타자가 아니다. 마찬가지로 연인을 애무하고 있는 손길도 연인을 애무하고 있지 않다. "애무는 달아나는 것과의 놀이"이기 때문이다. 키스나 포옹, 섹스로도 연인은 소유되지 않는 것이다. 만약 소유물로 전락한다면 그것은 더 이상 에로스가 아니다.

절대적인 타자성이 과연 에로스의 진정한 얼굴일까? 레비나스에게 타자는 진리의 말씀이면서 무한성의 기호이다. 그리고 그는 그러한 무한성은 먼 곳이 아니라 "가장 가까운 이웃의 얼굴"에 있다는 것을 강조한다.[23] 즉 가장 가까운 타자는 가장 멀리에 있는 타자인 것이다. 이때 우리는 눈에 보이는 타자에게서 눈에 보이지 않는 타자의 무한성을 발견해야 하는 윤리적 책임의 주체가 된다. 에로스의 본질은 가장 가까이 있는 연인으로부터의 무한한 거리를 유지하는 행위에 있다. 진정한 사랑은 보이는 연인의 얼굴이 아니라 그(녀)의 보이지 않는 무한성에 깃드는 것이다. 그렇다면 사랑은 원칙적으로 불가능할 수밖에 없다. 그런데 우리는 타자와의 이러한 관계를 에로스라고 할 수 있을까?

이러한 질문에 대답하기 위해서 한병철이 자신의 에로스관을 설명하기 위해 많은 지면을 할애하는 플라톤의 ≪향연*Symposium*≫을 살펴보기로 하자. 그가 관심을 가지는 ≪향연≫의 대목은 당시 아테네에서 미남으로 유명한 뤼시아스Lucias와 파이드로스Phaidrus가 첫눈에 반하는 장면이다. 두 사람이 서로를 바라보는 시각은 앞서 말한 '고귀한 감각'과 거리가 멀다. 그들은 이미 포옹하고 있듯이 뜨겁게 몸이 달아서 서로를 바라보고 있다. 아니 서로의 몸을 탐하고 있다. 그들의 눈에서 뿜어 나온 불꽃이 만나서 하나로 결합하는 것이다. 그러나 그들의 성적 욕망은 그러한 육체적 단계에만 머무르지 않는다. 육체적 결합이 곧 영혼의 결합이라는 다음 단계로 성숙하기 때문이다. 이제 두 사람은 각자의 몸을 바라보던 시선을 거두어 내면을 응시하기 시작한다.

> 그다음에 그는 육체적 아름다움은 영혼의 아름다움에 비하면 아무것도 아니라는 사실을 깨달아야 한다. 그래서 비록 외모는 형편없지만 영혼이 아름다운 사람을 보더라도 그의 영혼의 아름다움을 발견하고 사랑에 빠져야 한다.[24]

이 장면에서 뤼시아스와 파이드로스의 시선의 레비나스적 의미에서의 타자의 무한성을 응시하는 시선으로 바뀌기 시작한다. 보이는 아름다움이 보이지 않는 아름다움, 즉 이념에게 자리를 내주는 것이다. 이때 시선의 성격은 지극히 역설적이 된다. 즉 보이지는 않는 영혼이 보이는 외모보다 훨씬 아름답게 된다. 레비나스의 표현을 빌리면 "타자를 주면서 동시에 빼앗는dérobe 얼굴"이 되는 것이다. 외모에만 시선이 머무는 사람은 상대에게서 초월성과 무한성을 박탈하고 얼굴을 지우는de-faced, 비윤리적 주체가 된다.[25]

뤼시아스와 파이드로스의 에피소드를 통해서 한병철은 보이는 타자의 몸이 아니라 보이지 않는 영혼이 에로스의 본질이라는 것을 재천명한다. 만지고 애무할 수 있는 성적인 몸은 진정한 에로스가 출현하기 위한 계기에 지나지 않는다는 것이다. 에로스의 장에서 성적 매력과 유혹, 몸과 몸의 접촉은 기껏해야 이차적인 중요성만을 가지고 있다. 주체와 타자의 거리를 좁히는 촉각은 저급한 감각으로 취급되는 것이다. 그런데 이 대목에서 우리는 한병철에게 다음과 같은 질문을 던질 수가 있지 않을까? 왜 그는 주체와 타자를 무한한 거리로 떼어놓으려고 하는 것일까? 혹시 그는 헤겔의 주인과 노예의 변증법처럼 사랑하는 연인들도 정복하고 정복당하는 목숨을 건 투쟁에 임하고 있다고 생각하는 것일까? 왜 그는 주체와 타자의 거리가 해소되어서는 안 된다고 생각하는 것일까? 왜 ≪향연≫에서 거리가 아니라 접촉, 주체와 타자의 분리가 아니라 원초적 결합에서 에로스의 기원을 찾는, 그래서 소크라테스와 대척점에 있는 아리스토파네스Aristophanes의 에로스론을 거부해야 하는 것일까? 왜 우리는 연인의 아름다운 몸을 보는 대신에 아름다움 자체로 시선을 돌려야 하는 것일까?

## 시각에서 촉각으로

에로스의 예시로서 레비나스와 ≪향연≫은 에로스—이것이 에로스라면—의 탈육체적 운동을 보여준다. 거리의 상실을 애도하는 한병철의 입장도 그러한 탈육체적 운동을 반영하고 있다. 포르노에 대한 그의 설명만큼 그러한 탈육체적 성향을 잘 보여주는 대목도 찾기 어려울 것이다. 포르노에서 거리가 제거되어 있다면, 그것은 육체적 거리가 아니라 시각적 거리이다. 그럼에도 그는 거리의 상실을 증명하기 위해 포르노를 논의의 중심으로 끌어들였다. 그럼으로써 그는 가상적 거리의 단축을 몸뒨 거리의 단축과 동일시할 수 있었다. 가상의 공간에서도 타자의 절대적인 타자성은 보호되어야 하는 것이다. 왜 주체와 타자의 경계가 사라지는 몸의 결합에 대해서 그렇게 방어적이 되어야 하는 것일까? 나는 그의(혹은 레비나스의) 에로스론이 아리스토파네스와 정반대의 지점에서, 기원적으로 결합될 수 없이 분리된 두 주체라는 전제에서 출발하기 때문이라고 생각한다. 아리스토파네스에게 에로스는 주체가 타자와 분리되지 않고 일체를 이루었던 기원으로 되돌아가려는 운동, 고향으로의 귀환의 운동이다. 에로스는 먼 거리로 분열되고 분리되어 있던 나와 내가 그러한 거리를 좁히면서 일체를 지향하는 충동, 원거리감각인 시각이 아니라 근거리의 촉각적 충동이다. 그렇지만 한병철에게 그러한 거리의 소멸은 폭력이자 에로스의 죽음에 다름이 아니다. 그에게 진리와 에로스의 자리는 결코 주체로 환원될 수 없는 타자의 타자성에 있는 것이다. 아리스토파네스에게 에로스가 주체와 주체의 주이상스jouissance적 관계라면 한병철에게 에로스는 주체와 타자의 윤리적 관계이다. 나는 에로스의 기원을 주체와 타자의 관계가 아니라 주체와 주체의 관계에서 찾아야 한다고 생각한다. 에로스에 대한 논의에서 빼놓을 수 없는 이론가인 바타이유Georges Bataille와 크리스테바Julia Kristeva도 아리스토파네스적 입장에 있다.

바타이유와 크리스테바에게 중요한 것은, 분절과 대립이 아니라 연속성이다. 니체가 그러했듯이 바타이유도 사랑을 죽음까지 긍정하는 삶의 축제로 생각한다. 이러한 긍정을 에토스를 이해하기 위해서는 그가 이항 대립적으로 구분한 제한 경제와 일반 경제를 언급할 필요가 있다. 제한 경제는 유기체가 생명 유지에 도움이 되는 것은 수용하고 그렇지 않은 것은 배척하는 성향을 일컫는다. 유기체는 피부를 경계로 외부와 내부를 분리함으로써 최대한의 항상성을 유지하려고 한다. 반면 일반 경제는 개체의 보호를 위한 방어의 울타리를 허물고 모든 타자를 향해 존재의 문을 열어 놓는다. 삶의 외부인 죽음까지도 긍정하는 것이다. 죽음은 삶의 연속으로 간주되기 때문이다. 바타이유는 종의 유지에 기여하는 제한 경제에 갇힌 성적 충동을 극한으로 밀어붙이면 죽음과 만나게 된다고 주장한다. 그러면서 의식과 자의식, 주체와 타자, 인간과 자연으로 분열되었던 가름막이 해체되고 융합의 움직임이 시작된다. 이러한 융합의 운동이 에로티시즘이다. 그것의 텔로스는 "경계의 제거와 상호 융합", "안정된 존재의 와해"에 있다.[26] 그가 안정성을 거부하는 이유는, 그것이 내부와 외부를 구분하고 내부로부터 외부를 배제함으로써 유지되기 때문이다. 자신의 집단성과 무의식, 동물성, 자연성을 거부해야 하는 것이다. 그에게 문명, 혹은 앞선 논의의 연장선에서 윤리학은 존재의 분열이라는 값비싼 대가를 치르고 이루어지는 결과이다. 에로티시즘은 문명화되는 과정에서 상실되었던 존재의 연속성을 회복하려는 운동이다.

바타이유와 마찬가지로 존재의 연속성을 강조하기는 하지만 크리스테바는 인류학이 아니라 정신분석을 통해 사랑의 본실을 건드린다. 그녀의 논의의 중심에는 성욕을 가진 어른이 아니라 유아와 어머니[27]의 원초적 관계가 있다. 그녀는 프로이트적 의미의 오이디푸스 콤플렉스를 재해석함으로써 모자 관계를 에로스의 원천으로 재조명하였다. 세상에 태어나기 위해서 신생아는 그때까지 자신이 일부였던 어머니와 밀착된 유대와 단절되어야 한다. 그리고 이유기와 오이디푸스 콤플렉스를 거치면서 그러한 단절은 더욱더 강화되고 공고해진다. 이전에는 아이=어머니였던 통합적 존재가 이제 아이는 아이이고 어머니는 어머니인 개별화와 분리의 축으로 이동하지 않으면 안 되는 것이다. 자신으로부터 소외되고 분리된 존재로서 아이는 한편으로는 모성적 유대를 갈망하는 자아와 다른 한편 그것을 억압해야 하는 자아로 분열되는 것이다. 이와 같이 분열된 주체는 그전에 향유했던 존재론적 일체감을 더 이상 경험하지 못한다. 그러한 욕망을 포기하지 않으면, 즉 분리의 불행을 감수하지 않으면 그는 나르시시즘적 주체로 거듭날 수가 없다. 어머니를 타자화하지 않으면 안 되는 것이다. ≪공포의 힘*Power of Horror*≫에서 크리스테바는 주체가 자신의 개별성을 위협하는 모든 것을 비체화abjectification한다고 지적하였다.[28] 어머니의 살이 비체화되는 것이다. 여기에서 우리는 주체가 등장하는 순간에 반명제인 비체abject도 함께 출현한다는 사실을 알 수 있다. 사랑은 실현 불가능한 욕망인 이유가 여기에 있다. 크리스테바에게 사랑은 주체가 자신으로부터 분리된 모성과의 원초적 유대감을 유지하려는, 혹은 대체하는 감정이다. 연인은 주체의 결핍을 "보완하는 조각"인 것이다. 이때 사랑은 치명적 딜레마를 안고 있다. 사랑을 위해서 주체는 연인에게 존재의 세포막을 열고서 자신을 개방해야 하지만 그렇게 할 수가 없다. 그것은 주체의 죽음을 의미하기 때문이다. ≪사랑의 이야기*Tales of Love*≫에서 그녀는 이와 같이 불가능한 사랑의 궤적을 추적하였다.[29]

바타이유와 크리스테바에게 사랑은 하나이면서 둘인 역설적 위상을 갖는다. 사랑에 빠지는 순간에 주체의 경계가 와해되면서 나는 더 이상 내가 아니게 된다. 바타이유는 "사랑은 연인에서 출발하지만 일종의 해방과도 같은 존재의 연속성에 이르게 된다."고 주장하였다.[30] 그러한 개별적 존재의 와해, 즉 에로틱한 관계가 우주론적 연속성으로 확대되는 것이다. 반면 크리스테바에게 에로스는 어머니와의 일체감과 떼어 놓고 생각할 수 없다. 나는 하나(동일성)이면서 둘(차이)인 이러한 사랑의 역설은 메를로-퐁티의 "살flesh"이라는 개념으로 설명될 수 있다고 본다. 살은 메를로-퐁티가 주체와 타자의 이원론에 입각한 형이상학의 전통을 거부하고 또 그것으로부터 벗어나기 위해 제시한 개념이다. 개념이라기보다는 데리다적 의미의 의疑개념에 가깝다고 할 수 있다. 충분히 논의할 지면이 없기 때문에 여기에서는 "몸과 정신이 주체와 대상이 사실상 하나의 덩어리에서 파생한 것임을 역설"[31]하는 개념이라는 정의로 만족하기로 하자. 초기에 메를로-퐁티는 몸을 중심으로 주체와 세계의 관계를 설명하였다. 몸이 없으면 어떻게 세계를 지각하고 경험하며 알 수가 있겠는가! 이때 몸은 정위의 원점으로 작용한다. 나중에 그는 ≪보이는 것과 보이지 않는 것*The Visible and the Invisible*≫에서 그러한 몸의 의미를 더욱 심화하면서 주체와 타자의 상호관계를 강조하기 위해서 살의 철학을 제안하였다. 몸이 시각적이라면 살은 촉각적이고, 몸이 안정된 형상이라면 살은 비정형적이고 유동적이다. 그리고 몸과 달리 살은 주체의 개인적 경험으로 환원되지 않는 익명성과 애매모호성을 가진다.

## 사랑의 지속

사랑이란 무엇인가? 인간은 자연의 본능에서 벗어나 문명화되면 될수록 자신을 정신, 마음, 혹은 문화로 규정하기 시작한다. 몸이 아니라 정신과 문화와 동일시하는 것이다. 그러면서 몸은 동물적 몸이 아니라 정신화된 몸, 의미가 각인된 사회적 몸이 된다. 그러한 의미화의 과정에서 주체와 다른 존재로서 타자, 그리고 타자의 시선의 역할은 결정적이다. 타자의 눈에 비치는 자신의 몸을 의식하면서 우리는 에티켓, 공중예절, 식사 매너 등을 익히는 것이다. 이때 그러한 예절과 규범이 만들어지는 과정에서, 보여도 좋은 몸의 부위와 그렇지 않은 부위의 구분이 절대적인 중요성을 갖는다. 여기에서 숨겨야 하는 부위는 항문이나 생식기와 같이 구멍과 관련된 기관들이다. 그러한 구멍은 타자의 침입에 가장 취약한, 그래서 주체의 경계가 무너지는 지점이다. 에로스는 타자를 향해서 그러한 구멍을 열어 놓는 움직임이다. 이와 같이 우리가 타자를 향해서 열린 존재라는 사실에서 에로스의 운동이 시작되는 것이다. 이것을 메를로-퐁티적 맥락에서 살과 살의 만남이라고 말할 수 있다. 에릭이 꿈꾸던 사랑이 그러한 살의 융합이 아니라면 무엇이겠는가? 바타이유는 에로티시즘의 절정에 머리 없는 몸을 올려놓았다. 그것은 자의식이 없는 몸, 혹은 몸이 없는 살이다.

한병철에게 에로스의 조건은 타자와의 절대적 거리이다. 타자의 타자성을 무시하고 그(녀)를 상품처럼 소비하는 세태는 그의 주장의 당위성에 무게를 실어 준다. 그는 타자와의 절대적 거리가 사라지는 순간 사랑은 섹스로 변질된다고 보았다. 1960년대 후반 성해방의 물결이 성적 금기와 규율의 방파제를 무너뜨리고 도래하였던 성적 자유는 에로스의 종말을 재촉했다는 그의 주장에도 일리가 있다. 바타이유도 에로스는 금지되고 억압되면 될수록 더욱 증가한다고 주장하였다. 거리가 에로스의 필수 조건이라는 것이다. 이 점에서 포르노는 에로스의 종말을 시연하는 무대가 된다. 그러나 과연 거리가 소멸하였다고 말할 수 있을까? 한병철은 너무나 시각적 거리에만 치중한 나머지 그에 비례해서 증가하는 촉각적 거리를 보지 못하였다. 그 결과 시각적 거리의 소멸이 모든 감각적 거리의 소멸로 확대되어 버렸다. 그는 몸이 없는 가상공간을 몸된 공간과 착각하였던 것이다.

현대사회에서 시각적 거리와 촉각적 거리는 반비례의 관계에 있다. 시각적 거리의 축소와 더불어서 그에 대한 반작용으로 촉각적인 거리가 확대되기 시작하였다. 신체적 접촉은 문명화되지 못한 야만적 행동으로 간주되었던 것이다. 시각인eye-man인 유럽인에 비해서 비문명인은 피부인skin-man으로 폄하되지 않았던가.[32] 촉각은 1970년대 이후로 등장한 성폭력과 성추행이라는 개념과 더불어서 범죄화되었다. 이제 옷깃만 스쳐도 성희롱의 혐의에서 자유로울 수 없게 되었다. 현실은 보기만 하고 만질 수는 없는 포르노의 가상공간과 동일한 구조에 있지 않은가. 그렇다면 한병철의 진단처럼 현대사회에서 에로스가 마지막 숨을 몰아쉬고 있는 것일까? 아니다. 프로이트적 '억압의 회귀'처럼 금지되고 억압되면 될수록 촉각에 대한 욕망은 더욱 강렬해진다. 그것은 소멸하는 대신에 사랑의 이름으로 귀환한다. 그리고 포르노는 에로스를 추방하는 것이 아니라 그것에 대한 열정을 더욱 강화시킨다.

불가능한 타자와의 대면을 강조하는 한병철과 레비나스는 주체와 타자의 원초적 분리라는 전제에서 출발한다. 레비나스는 가까우면서도 멀고, 멀면서도 가까운 이중적 관계에서 에로스의 윤리적 이상을 발견하였다. 그와 같이 불가능한 타자를 피와 살을 가진 개별적 존재로 볼 수 있을까? ≪향연≫의 에로스의 사다리를 생각해 보자. 거리가 멀어지면 멀어질수록, 보이지 않으면 않을수록 타자는 탈육체화되면서 이념으로 바뀌기 시작한다. 레비나스의 에로스는 에로스라기보다는 아가페에 가깝다고 할 수 있다.

이 글은 한병철과 레비나스가 에로스의 장에서 배제하였던 몸을 다시 중심에 위치시키려는 시도였다. 시각과 촉각이라는 두 지각은 서로 다른 거기의 논리와 기능을 가지고 있다. 시각적 거리의 소멸이 촉각적 거리의 소멸을 동반하지 않으며, 더욱이 에로스의 종말의 원인이 되는 것도 아니다. 에로스는 시각적 거리가 아니라 촉각적 거리의 소멸을 지향하는 운동, 거리의 미학이 아니라 몸의 주이상스를 지향하기 때문이다.

# 사랑, 성의 가면

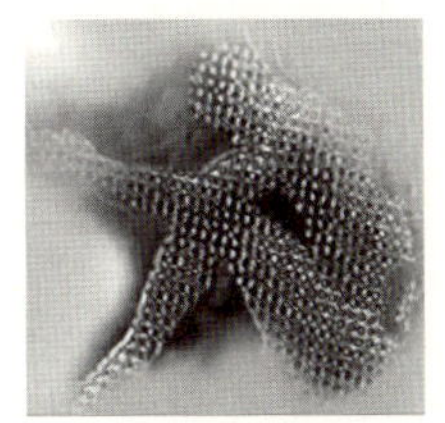

이 글은 독일 철학자 쇼펜하우어Arthur Schopenhauer(1788~1860)의 관점에서 성과 사랑의 관계를 고찰한다. 사랑과 성교 없이 인류 종족種族은 존속할 수 없다. 종족의 이해利害라는 관점에서 쇼펜하우어는 인류의 존속에 참여하고 있는 남녀의 역할과 관계를 규정한다. 사랑 및 사랑과 관련한 인간의 행동방식을 가차 없이 성性 본능으로 환원시키는 그의 관점은 성에 대한 위선적이고 애매한 태도에 일침을 가할 수 있다고 판단된다. 이 글의 논의는 세 부분으로 이루어진다. 첫째, 여성의 행동 양식을 살펴본다. 둘째, 여성의 행동 양식이 함축하는 사랑의 본질을 논의한다. 셋째, 성과 사랑의 철학적 함의를 밝힌다.

**이근세**

"삶은 불쾌한 것이다."

_ 쇼펜하우어

이 글은 독일 철학자 쇼펜하우어Arthur Schopenhauer(1788~1860)의 염세론을 토대로 성과 사랑의 관계를 고찰한다.[1] 사랑과 성교 없이 인류라는 종족種族은 존속할 수 없다. 종족의 이해利害라는 관점에서 쇼펜하우어는 인류의 존속에 참여하고 있는 남녀의 역할과 관계를 규정한다. 그의 입장은 때로는 엉뚱하리만치 극단적이며 여성에 대한 폄하를 거리낌 없이 드러내기도 한다. 그러나 사랑 및 사랑과 관련한 인간의 행동 방식을 가차 없이 성性 본능으로 환원시키는 그의 관점은 성에 대한 위선적이고 애매한 태도에 일침을 가할 수 있다고 판단된다. 인터넷에 잠시만 접속해도 성적인 묘사들은 쏟아진다. 특히 여성 연예인들의 '엉덩이', '가슴', '허벅지' 사진은 "아찔한 뒤태", "착한 가슴", "꿀벅지" 등의 애매하지만 민망한 성적 표현들과 함께 넘쳐 난다. 또한 많은 걸그룹들의 다양한 몸짓은 가사와 무관하게 성을 노골적으로 암시하고 있다. 온라인 공간 사방에 깔려 있는 포르노 사이트는 더 말할 것도 없다. 여성의 권리가 증대되고 페미니즘은 날로 번성하고 있지만, 실질적으로는 남성의 시선하에 여성의 성이 배치되고 있는 것이다. 남자의 엉덩이 사진을 게시하고 "볼륨감 넘치는…" 어쩌고 표현하는 기사는 없다. 성의 관점에서 볼 때 여성 비하는 교묘하게 은폐되어 있는 만큼 더욱 광범위하게 만연되어 있다. 이런 현상 밑에 깔린 성의 역할을 적나라하게 드러낼 때 역설적으로 성에 대한 반성적 고찰이 뒤따를 것이라고 생각된다.

쇼펜하우어는 사랑의 배후에 성이 있고 성의 배후에는 종족 보존 본능이 있다는 관점을 일관되게 역설한다. 프로이트S. Freud가 줄기차게 물었듯이 우리 현대인은 성에 대해 과연 솔직한가? 물론 여성 폄하와 관련된 전통적 관점을 모두 정당화하는 쇼펜하우어의 극단적 입장은 오늘날 여러 비판의 표적이 되거나 일고의 가치도 없는 것으로 배척될 수도 있다. 그러나 사랑을 일관되게 성과 관련시키는 그의 관점이 수많은 문화적 기호로 뒤덮인 성에 대한 위선을 고발하는 데 기여한다는 점은 분명하다. 나아가 사랑, 성, 종족 보존 본능으로 이어지는 환원의 연속은 거대한 형이상학적 원리에 근거하고 있기 때문에 쇼펜하우어의 사랑론에 대한 판단은 깊은 철학적 논의를 필요로 한다. 사랑과 성에 대한 그의 관점은 〈여성에 대하여>와 <사랑에 대하여>라는 두 논문에 잘 나타나 있다.[2] 이 글에서는 이들 두 논문과 그의 주저 ≪의지와 표상으로서의 세계≫[3]를 중심으로 쇼펜하우어의 사랑론을 규명할 것이다. 논의는 세 부분으로 이루어진다. 첫째, 여성의 행동 양식을 살펴볼 것이다. 둘째, 여성의 행동 양식이 함축하는 사랑의 본질을 논의할 것이다. 셋째, 성과 사랑의 형이상학적 함의를 밝힐 것이다.

## 여성의 행동 양식

쇼펜하우어는 여성의 폄하자로 불리기에 충분하다. 그는 여성에 대해 온갖 폄하와 독설을 서슴지 않는다. 물론 염세론의 창시자인 그가 인간의 삶 전반에 퍼붓는 독설은 익히 알려져 있지만, 현대 여성이 그의 여성관을 접하면 때로는 어이없어 할 것이고 때로는 분노를 금할 수 없을 것이다. 쇼펜하우어에 따르면 여자는 유치하고 어리석고 근시안적인 "큰 어린아이"다. 또는 "어린아이와 남자의 중간적 존재"[4]다. 이런 유치함 덕분에 여성은 유아들의 보육자나 교육자로서 적합하다. 그렇다고 여성이 아이들처럼 순수하다는 것은 아니다. 여성은 작은 키, 좁은 어깨, 큰 궁둥이, 짧은 다리로 남자의 눈을 어지럽히며 성욕을 자극할 수 있는 선천적인 간교함을 지니고 있다. 특히 성에 관해서 여인은 무척이나 이중적이다. 여인은 처음 성관계에는 놀라고 부끄러워하지만 일단 임신하게 되면 부끄러워하기는커녕 대단한 목적을 달성한 것처럼 의기양양하게 여러 사람들 앞에 나타난다.[5] 사실 남성도 성에 관해 이중적이다. 대부분의 연인은 밀실에서 숨어서 성교를 나눈다. 사랑이 아름답고 고귀한 것이라면 왜 밀교가 필요한 것일까? 이 글의 끝부분에 가서 드러나겠지만,

남녀에게 공통으로 발견되는 성에 관한 부끄러움은 형이상학적 의미를 가지며, 이 점에 대한 남녀의 구분은 정도나 방식의 차이일 뿐이다. 쇼펜하우어에 따르면 성에 대한 이중성은 막대한 함의를 가지고 있다. 그 의미를 밝혀내기 위해 이제부터 사랑과 성에 대한 여성의 태도를 분석하면서 논의를 이어가자.

우선 전제가 되어야 하는 것은 자연의 통칙이다. 자연은 비약이나 낭비를 하지 않으며 모든 생명체에 생존 수단을 부여했다.[6] 사자 같은 맹수에게는 강한 발톱과 이빨이, 멧돼지에게는 굵은 주둥이가, 황소에게는 뿔이, 그리고 오징어에게는 묵즙이 자연적 생존 수단으로 제공되어 있다. 여성에게 주어진 무기는 흉정하는 수법[7]이다. 간사하고 거짓말을 잘하는 것은 여성의 본능이다. 따라서 여인은 "불의不義"라는 근본적 결함을 태생적으로 지닌다. 속임수를 잘 쓰는 능력이야말로 자연이 여성에게 베푼 최고의 선물이다.

> 그녀들이 기회 있는 대로 이 능력을 발휘하려고 하는 것은 자연스러운 일로, 마치 동물이 적의 공격을 받았을 때 이빨이나 발톱을 쓰는 것과 다름없다. 그녀들은 암암리에 그렇게 하는 것이 일종의 권리행사라고 생각하고 있는 것이다. 따라서 진실하여 허위를 일삼지 않는 여인이란 거의 없으며, 또한 그 때문에 그녀들은 손쉽게 남의 허위를 간파한다. 그러므로 그녀들의 앞에서 위선이나 가장을 하는 것은 현명한 일이 못 된다. 여인의 이런 근본적인 결함과 그 부수적인 결함에서 허위, 불신, 반역, 망상 등 여러 가지 악덕이 발생하는 것이다.[8]

그런데 여성의 선천적 연약함에서 비롯된 불의는 특정 시기에 집중적으로 발휘된다. 이는 자연의 통칙 가운데 하나인 절약주의 때문이다. 생존을 위한 여인의 무기가 큰 효용성이 있는 것은 그것을 사용할 필요가 있는 기간에 국한된다. 즉 '인류'라는 종족을 구성하는 개체들 중 가장 유용한 대상인 남자를 지배할 수 있는 기간이다. 남자의 눈길을 받을 수 있는 기간, 남자를 사랑과 성욕의 본능으로 유인할 수 있는 기간이다. 요컨대 선천적으로 연약하게 태어난 여자는 모든 것을 직접적으로 지배하려는 남자와 달리, "간접적 지배, 즉 남자를 통하여 지배"[9]하려고 한다. 이렇게 볼 때 쇼펜하우어는 남자는 세상을 지배하고 여자는 남자를 지배한다는 등의 사회적 통념을 철저하게 정당화하고 있는 것이다. 그런데 여성이 남자를 지배할 수 있는 때는 여성적 매력이 발산되는 젊은 시절이다.[10]

> 수캐미가 일단 교접을 마치면 알을 깔 때에 이미 불필요한 것, 방해가 되는 날개를 상실하는 것과 같이 여자도 두서너 번 해산을 하면 아름다움을 상실하는 것이 보통인데 모두가 같은 이유에서 비롯되는 현상이다.[11]

여성의 무기는 사랑이 결실을 맺기 적당한 시기에 집중적으로 사용되며 여성 특유의 간교함과 거짓이 맘껏 발휘되는 것은 남자의 성욕이 사랑의 환상으로 은폐될 수 있는 때이다.

이런 전제들이 이해되면 쇼펜하우어의 관점은 점차 분명해진다. 남녀 모두 본능의 지배를 받지만 여성의 본능 충족은 남성보다 간접적이며 그래서 더 복잡하다. 선천적 연약과 이에 따른 불의, 그리고 짧은 기간 내에 많은 것을 이루어야 하는 조급함이 여성에게 내재되어 있기 때문에 여성은 멀리 볼 수가 없다. 하루빨리 남자의 사랑을 차지하는 것이 능사다. 여성들이 작은 것들, 가까이 있는 것들을 잘 간파하는 것도 이 때문이다. 반대로 남성은 지적 허영으로 먼 곳에 한눈을 팔아 발밑을 못 보는 경우가 있는데, 가끔 여인의 조언이 도움이 될 수 있다. 그러나 여성의 정신은 결코 객관적일 수 없다. 결국 "그녀들은 선천적으로 모든 것을 다만 남자를 손에 넣기 위한 수단으로 보고, 그 밖의 일에 관심을 갖는 것은 다만 외관상 그렇게 보일 뿐이며, 하나의 우로愚魯, 즉 애교를 파는 원숭이의 흉내에 불과하다."[12] 여성이 가장 효과적으로 자기 목적을 실현할 길은 화장, 춤 등을 통해 꼬리를 치거나 남자의 공명심을 자극하는 등의 비열한 수단을 쓰는 것뿐이다. 따라서 여성은 객관성, 사물의 본질 또는 이데아를 파악할 능력을 요청하는 예술적 정신과 고도의 이성적 능력이 결핍되어 있다.[13] 그러므로 여성은 사회에 내보내면 안 되며, 정치나 시에도 손을 못 대게 해야 한다. 여성은 종교서적과 요리책이나 읽고, 소일(논밭 일, 청소, 젖 짜기 등등)을 하며 지내야 한다. 나아가 일부일처제는 가엾은 매춘부들을 양산하는 제도이기 때문에, 남자가 많은 첩을 먹여 살릴 수만 있다면 일부다처제가 더 합리적이다. 또한 거의 모든 재산은 남성이 모은 것이고 여성은 낭비하는 습성이 크고 재산 관리 능력도 없기 때문에 유산을 상속 받아서도 안 되며, 혹시 상속 받더라도 마음대로 처분하도록 허용해서는 안 된다.[14]

여성이 치르는 고통이 없는 것은 아니다. 여성의 몸 구조를 보아도 나타나는바, 여성으로서 겪어야 하는 고통, "생존의 죄과"[15]에 대한 값이 존재한다. 해산의 고통, 유아에 대한 걱정, 인내성 등 남성이 치르지 않는 고뇌를 짊어진다. 여성은 무엇 때문에 남성을 지배하려 하며, 그 대가로 여러 고통을 달게 받고 있는가? 결국 여자에게는 젊어서는 남자 애인이 필요하겠지만, 늙어서는 참회승이 필요할 테니 말이다. 여성이 남성에 바라는 것은 무엇인가? 이 문제에 답하려면 남성과 여성을 연결시켜 주는 고리인 사랑의 의미를 살펴보아야 한다.

## 사랑의 본질

쇼펜하우어의 관점에서 여성의 행동 양식은 선천적 연약과 그에 따른 본능적 간교를 원리로 전개되고 또 이렇게 타고난 무기는 생존을 위한 도구이며 그것도 극히 짧은 기간 내에 사용되어야 한다. 그러나 여성의 생존 가치는 구체적으로 무엇인가? 무엇을 위해 여성의 선천적 무기는 집중적으로 발휘되는가? 물론 여성은 남성의 사랑을 차지하고 성욕으로 유인하는 것을 목적으로 삼는다. 그러나 사랑과 성교의 목적은 무엇인가? 이 문제는 사랑의 본질과 관련된 것으로서 남녀 모두에게 공통되는 문제이다.

우선 사랑은 흔히 생각하는 것처럼 아름답고 환상적인 것이 아니다. 사랑은 성욕이라는 본능에 근거한다. "남녀의 사랑은 이 본능이 특수화되고 한정되고 개체화된 것이다."[16] 아무리 애정을 상대방에 대한 찬미라거나 이지적인 정서라고 치장해도 결국 사랑은 육체관계를 향하고 있다. 이루어지지 않은 사랑에 대해 순수한 정신적 관계였다고 위로를 하는 것도 다 육체관계의 아쉬움이 무의식적으로 전제되고 있기 때문이다.

진정한 문제는 성교의 목적이다. 남녀의 성교는 오직 감각적 쾌락을 위한 행위인가? 성적 쾌락이 인간 존재의 궁극적 원리인가? 그러나 성교가 음락淫樂을 위한 것일 뿐이라면 상대방의 미추를 고려하는 태도는 불가사의가 된다. 아름다움을 추구하는 마음이 없는 연애는 "하나의 진절머리 나는 성적 욕구"[17]일 뿐이다. 성교의 진정한 목적은 종족의 보존이다. 사랑과 성교의 목적을 2세의 산출이라고 보는 것은 결코 형이하학적이고 저차원적인 관점이 아니다. 미래 인류의 성격을 규정하는 것보다 더 고상한 목적이 어디 있는가? 무엇보다도 종족 보존의 목적에 대한 고려 없이는 정열적인 사랑, 사랑을 위한 희생, 사랑으로 인한 비탄, 변절, 배반 등 심각한 인간사人間事의 의미를 이해할 수가 없게 된다. 애정사가 장구한 역사를 통해 언제나 누구에게나 흥미로운 주제로 다가오는 것도, 연인들이 사랑에 목숨을 거는 것도, 사랑으로 인해 수많은 중대 변화가 일어나는 것도 모두 종족 보존, 더 나아가 나와 상대방의 아름다움을 통해 종족의 가장 순수한 형태를 보존해야 한다는 것이 모든 이에게 보편적이고 근본적 욕구로서 무의식적으로나마 내재되어 있기 때문이다.

더욱이 두 연인의 사랑이 싹트는 순간 이미 새로운 개체가 현상계에 나타나려고 애쓰는 이데아로서 생명력을 발휘한다. 미래 개체의 생명력이 두 연인이 서로 품고 있는 연정인 것이다.[18] 나아가 종족 보존은 자연의 섭리 또는 "자연의 의도"[19]다. 개체들의 모든 활동은 "종족의 혼령"[20]의 수족手足이다. 물론 개체가 자연의 의도를 깨닫지 못하거나 자연의 의도에 저항하는 경우도 있다. 그래서 성욕을 고결하고 낭만적이고 우아한 사랑이라고 장식하거나 혼외정사를 일삼는 자들도 있다. 그러나 전자는 사랑에 성공할 경우 결국 2세를 얻기 위해 성욕 앞에 굴복하기 마련이며, 후자는 정욕을 만족시키고 감각적 쾌락만을 추구한 자신을 질책하며 급속한 실의에 빠지게 마련이다. 개체는 종족을 위해 희생하게 되어 있는 것이다.

자연은 종족 유지를 위해 많은 번식을 원한다. 이는 성행위에 관한 남녀의 구분되는 태도에 의해서도 드러난다. 남자는 성교 직후 사랑이 식고 곧바로 다른 여자가 더 아름다워 보여 언제나 여자를 바꾸고 싶어 하지만, 반대로 여자의 사랑은 성교 직후 증가한다.

아닌 게 아니라 남자는 여자만 있으면, 1년에 100명도 더 되는 아이를 낳게 할 수가 있는 것이다. 그러나 여자는 아무리 많은 남편을 갖고 있다고 하더라도 쌍둥이를 제외하면 1년에 어린애 하나 이상은 낳을 수 없다. 남자는 언제나 다른 여자를 탐내는데 여자 측에서는 한 사람의 남편에게 충실히 의지하려고 하는 것은, 자연이 본능적으로 그렇게 시키는 것이며 여자는 미래의 아기에 대한 부양자를 자기편에 남겨 두려고 하는 것이다.[21]

사랑이 종족 보존을 위해 탈을 쓴 본능이라는 점은 이성의 선택 조건으로 내세우는 것을 보면 잘 드러난다. 남자가 이성을 택할 때 젊은 여자를 선호하는 것은 생식과 수태에 적합한 시기를 무의식적으로 떠올리기 때문이다. 건강과 골격은 물론 이빨의 미추도 고려하는데 이는 "음식 영양에 관계가 있고 유전되기도 쉽기 때문이다."[22] 풍성한 머리칼은 체내의 식물성 기능의 원활한 작용을 표현하므로 역시 태아의 영양 섭취와 관계를 갖는다. 지나치게 마른 여자가 성적 매력이 없어 보이는 것도 역시 무의식적으로 태아의 영양이 고려되기 때문이다. 반대로 지나치게 뚱뚱한 여자는 병적 상태와 자궁의 위축으로 인한 임신 불가능성에 대한 우려로 혐오감을 주는 것이다. 끝으로 반듯한 이목구비, 특히 '아름다운 눈과 높은 이마'는 정신적 특징, 즉 "어미로부터 유전되는 지적 특성"[23]을 나타내기 때문에 중요하다.

그러면 여자가 남자에게 요구하는 특징은 무엇인가? 역시 체력과 용기다. "이것은 건강한 자식을 낳을 수 있는 증거가 되며 앞날의 용감한 보호자를 가질 수 있기 때문이다."[24] 여성 자신이 가질 수 없는 남성적 골격 구조, 넓은 어깨, 근육의 힘 등이 그 징표이다. "여자가 여자다운 남자를 사랑하는 일은 절대로 없지만, 바람둥이 사나이를 사랑하는 경우가 흔히 있는 것은 이러한 여성적인 결함은 여자의 능력으로 메울 수 없기 때문이다."[25]

남녀의 타고난 특징 때문에, 지극히 다른 성향을 가진 남녀가 서로를 배우자로 택하는 경우가 많은 것은 놀랄 만한 일이 아니다. 예를 들어 아버지에게서 유전되는 것은 지력이 아니라 용기, 의지, 성격 등이기 때문에 여자들은 무식한 남자도 좋아한다. "여자가 간혹 남자의 재능에 반했다고 말하는 경우도 있는데 그것은 가소로운 거짓이 아니면 성적 타락에서 오는 잠꼬대이다."[26] 반대로 지능은 여자에서 유전되므로 남자는 지적인 여인을 선호한다. 물론 생식과 직접적으로 연관된 육체미에 압도되기는 해도 말이다. 지력은 이렇게 성적 위력을 가진다. 경험 많은 어머니들이 딸에게 그림이나 외국어를 배우게 하는 것도 사실은 인위적인 방법으로 궁둥이나 젖가슴을 유난히 발달시키게 하는 것과 다를 바 없다.[27]

지금까지 사랑의 절대적인 조건을 말했다면, 서로를 보완하려는 남녀의 욕구가 종족 보존의 파생적 형태인 개체적 조건을 구성한다는 측면도 언급되어야 한다. 개체를 목표로 하는 사랑은 연인들의 기형적 결함을 서로 보충하여 훌륭한 종족을 남기고자 하는 것이다. 이런 점이 바로 정열적 사랑의 조건이다.

> 인간은 상대방으로부터 자기에게 결핍된 점이 있을 때, 이를 더욱 존중하며 이러한 각도에서 상대방을 선택할 때에는 앞에서 말한 절대적 조건만을 염두에 두고 상대를 선택한 때보다 훨씬 엄밀하고 결정적이고 배타적이다. 흔히 찾아볼 수 있는 일시적 사랑은 절대적인 고려에서 이루어지며 진정한 정열인 사랑은 성립되기 어렵다. 정열에 불을 붙이려면 반드시 단정하게 생긴 아름다운 용모가 필요한 것이 아니며 오직 하나의 조건, 즉 화학적 작용에 비유해서 말하면 두 사람의 애인이 '산'과 '알칼리'가 중화되는 것처럼

피차에 유무상통되어야 하는 것이다.[28]

그래서 체력이 약한 남성이나 여성은 체력이 강한 여성이나 남성을 원하고, 키가 큰 남성은 작은 여성을 원하고 키가 작은 남성은 큰 여성을 원하며, 날카로운 남성이나 여성은 둥근 여성이나 남성을 원한다.[29] "즉 누구나 자기와 반대되는 성격을 가진 이성을 좋아하며 구애의 열정은 자기가 갖고 있는 성격의 강도에 비례한다."[30] 상호 보완성이 완벽할 정도로 강할 경우 사랑은 초인간적이고 고귀한 사랑이 된다.

사랑은 종족 혼령에 의해 무의식적으로 지배되고 있는 것이다. 사랑은 종족의 이해利害다. 남녀가 서로를 예리하게 관찰하고 파악하고 마음에 들어 하는 것도, 그리고 애정과 욕정의 정도가 결정되는 것도 종족 혼령의 대사업에 속하는 것이다. 사랑의 시초에는 보이지 않던 결함이 발견되어 파탄에 이르는 경우도 있지만, 이런 사소한 일이 종족 전체의 영원한 작용을 멈출 수는 없다.

> 종족의 혼령과 개인의 관계는 불멸한 자와 사멸하는 자와의 관계와 같으며 양자의 이해에는 무한과 유한의 차이가 있는 것이다. 그리하여 종족의 혼령은 개인의 이해에 대해서보다 한층 중대한 임무를 위해 전란의 불바다이건 분주히 사무를 집행하는 중이건, 페스트가 유행하는 때이건, 혹은 한적한 절간이건 개의치 않고 태연히 할 일을 수행한다.[31]

사랑이 종족의 이해라는 점이 파악되면, 혼란, 갈등, 파탄 등 사랑의 격렬한 특성도 납득할 만한 것이 되며, 과장되어 보이는 수많은 표현의 의미도

문자 그대로 이해될 수 있다. 영원한 사랑이니 하는 표현은 사실 과장된 것이 전혀 아니다. 그것은 종족 보존이라는 보편의지의 불멸성과 관련되기 때문이다. 예를 들어 어떤 희생도 달게 받으며 쏟아붓는 남자의 연정은 "그 남자 속에 깃들어 있는 영원한 불멸의 영역에 속하며, 그 밖의 모든 것은 허망한 생멸의 영역에 관련되어 있기 때문이다."[32]

사랑으로 인한 사건들이 그토록 격렬하게 느껴지는 것은 "개체는 종족 의지가 어떤 대상에 작용하고 있는 무한한 의지를 받아들이기에는 너무나 작고 연약한 그릇"[33]이기 때문이다. 또한 상대방의 결함을 알고도 사랑을 단념하지 못할 경우, 이는 개체의 이익이 망각된, 종족만을 위한 사랑이기 때문에 "장엄하고도 위대한 징표"[34]이다. 이런 사실들 때문에 사랑은 수많은 시인과 문학의 주제가 되는 것이다. "종족의 혼령은 언제나 개인의 수호신과 싸워서 그를 박해하는 강적으로 군림하며, 자신의 목적을 달성하기 위해서는 여지없이 개인의 행복을 짓밟아 버린다."[35] 사랑은 종족의 이익을 위해 개체의 행복이라는 미궁 속에 갇혀 움직일 뿐이다. 온전하게 종족의 이익을 보존한 경우, 개체의 행복은 곧바로 행복이 아닌 것, 즉 비천한 감각적 만족이 되어 버린다. 결국 사랑은 함정이다. 개체들은 자신을 위해 사랑을 한다고 생각하며 모든 노력을 기울이지만, 사실 종족의 존속이라는 형이상학적 목적에 가담하고 있을 뿐이다.

## 사랑의 형이상학과 형이상학적 죽음

사랑은 본능을 망각 또는 은폐하고 있는 개체의 일시적 상태이며, 개체의 본능은 종족의 이익에 봉사하도록 되어 있다. 후세의 존속은 이데아가 현상으로 드러나는 것과 같다. 이렇게 종족이 존속하려는 내재적 본성이야말로 형이상학적 원리다.

> 그것은 의식의 근저에 있으며 따라서 의식 자체보다도 더 직접적인 것, 즉 개개의 원리에서 떠난 물자체로서 일체의 개체 속에서 아무리 시간적으로나 공간적으로 곳곳에 흩어져 있을지라도 영원히 동일무이同一無二한 것으로 항존하는 것이다.[36]

여기서 쇼펜하우어는 사랑의 궁극적 근거인 종족의 내재적 본성을 자신의 철학 체계의 본질적 원리인 '의지'와 동일시한다. 그뿐 아니라 이 보편적 의지가 개체 속에 구현될 때는 고뇌와 죽음으로, 즉 현상으로서 드러나며, 따라서 불행에서 벗어날 수 있는 유일한 길은 살려는 의지를 포기함으로써 종족 속에 있어서의 존재를 단멸斷滅하는 것이라고 말한다. 결국 사랑의 형이상학은 형이상학적 죽음으로 연결된다. 쇼펜하우어의 사랑론은 염세론과 본질적인 관련을 맺는다. 따라서 그의 사랑론을 궁극적으로 해명하기 위해서는 염세론적 철학 체계의 인식이 필요하다. 쇼펜하우어에 의해 체계적으로 정립되었다고 평가되는 염세론 혹은 비관론의 본질은 무엇인가?

쇼펜하우어의 체계는 일정한 진화 과정을 거쳐 완성된다.[37] 그에게 가장 큰 영향을 미친 것은 칸트Kant의 철학이다. 더욱이 그는 칸트와 자신 사이에는 아무도 없다고 선언함으로써 독일관념론의 세 거두인 피히테Fichte, 셸링Schelling, 헤겔Hegel을 무로 환원시켜 버린다. "참되고 진지한 철학은 칸트가 남긴 채로 그대로 있다. 여하간 나는 철학에 있어서 칸트와 나 사이에 그 어떤 진보가 일어났다는 것을 전적으로 거부한다."[38] 그러나 그의 사상 형성 초기에 쇼펜하우어는 칸트철학의 쟁점 가운데 하나인 물자체를 인정하지 않았다. 칸트가 현상의 원인으로서의 물자체, 인식주체와 독립적으로 존재하는 물자체의 실재성을 인정했다는 것은 불가해한 일이기 때문이다. 그러나 플라톤 철학, 특히 이데아 이론을 접하면서 쇼펜하우어는 물자체를 인정하기 시작한다. 이데아는 감각 및 주관성과 무관한 객관적 본질이기 때문이다. 급기야 그는 칸트의 물자체와 플라톤의 이데아를 동일시하게 된다. 물자체와 이데아 모두 시간과 공간, 복수성, 변화, 시작과 끝으로부터 자유롭기 때문이다. 그러나 플라톤의 이데아는 복수성을 통해 유類들의 차이를 나타내므로, 단일한 형이상학적 원리가 되기는 힘들다. 결국 쇼펜하우어는 물자체를 '의지'로 간주하고 이데아들은 의지의 가장 직접적인 객관화의 결과로 봄으로써 결정적으로 자신의 철학 체계를 건립한다. "플라톤의 이념과 칸트의 물자체는 전혀 동일한 것이 아니다. 오히려 … 이념은 물자체의 직접적이고 또 그러므로 적절한 객관성인 것이다. 그런데 물자체 그것은 '의지', 즉 아직 객관화되지 않고 표상으로 되지 않은 의지인 것이다."[39] 즉 세계의 궁극적 원리는 만물에 깃들어 있는 유일한 보편의지다. 인식주체와 관계없이 객관적으로 존재하는 자연력, 광물, 식물, 동물, 인간에 이르기까지 우주 전체의 근원적 생명력을 구성하는 힘이 바로 의지다.

그러나 세계는 두 얼굴을 가지고 있다. 의지가 객관적 실재라면, 인식주체와 관련하여 나타난 세계, 즉 현상으로서의 세계는 주관성의 결과다. "세계는 나의 표상이다."[40] 내가 경험하는 세계는 인식 작용을 통해 나타난 상대적 실재, 즉 현상이다. 언뜻 보기에 외부 세계는 감각을 통해 우리에게 들어오며 따라서 외부 세계의 실재를 인정해야 할 것처럼 보인다. 그러나 외부 세계가 우리의 의식에 현상으로 존재할 수 있는 것은 이미 인식주체가 외부 세계를 시간과 공간이라는 주관적 형식 속에 설정하고 인과성을 부여했기 때문이다. 즉 세계는 표상으로서 존재하는 것이다.

> 왜냐하면 모든 존재하는 것은 주관에 의해서만 존재하기 때문이다. 모든 사람은 그러한 주관으로서의 자기 자신을 발견하는 것이지만, 그러나 그것은 그들이 인식하는 한에서만 그런 것이고, 인식의 대상인 경우에는 그렇지 않다. 따라서 우리 신체는 이미 객관이기 때문에 우리는 신체 그 자체를 이러한 입장에서 표상이라 부른다. 왜냐하면 신체는 다른 객관들과 같은 객관이며, 비록 직접적 객관이라고는 하더라도, 역시 객관의 법칙에 지배되고 있기 때문이다. 신체는 모든 대상과 마찬가지로 다수성을 일으키는 모든 인식의 형식, 즉 시간과 공간 속에 있다.[41]

이런 식으로 쇼펜하우어는 칸트와 플라톤의 영향을 받아 이분법적 세계관을 구축했다. 그는 '의지'를 세계의 궁극적 원리로 보는 동시에, 감각 세계에 대한 칸트의 개념을 플라톤의 현상 개념과 접근시킴으로써 '표상'을 의지의 객관화(대상화)로 보는 것이다.[42] 나아가 그는 표상 세계를 인도 전통의 마야Maya, 즉 환상의 베일과 동일시한다. 의지는 세계의 본질이며 표상은 의지의 대상화이다. 이렇게 세계는 의지로서의 세계와 표상된 세계의 두 얼굴을 가지고 있다. 의지와 표상, 물자체와 현상, 자유와 필연의 두 얼굴이다. 이런 이중적 세계에서 인간의 존재 방식 역시 두 얼굴을 가진다. 인간의 육체는 살려는 의지인 동시에 필연적 법칙들을 따르는 다른 물체들과 같은 육체이다. 의지 행위와 육체의 행동은 동일한 것이다.

의지 행위와 신체의 동작은 인과의 유대로 결합되고 객관적으로 인식된 서로 다른 상태가 아니고, 원인과 결과라고 하는 관계에 있는 것도 아니며, 그들은 동일한 것으로 단지 전혀 다른 두 가지 방법으로 주어질 따름이다. 즉 하나는 순전히 직접적으로 주어지고, 또 하나는 오성에 대해 직관 속에 주어지는 것이다. 신체의 동작은 의지의 객관화된 행위, 즉 직관 속에 나타난 행위에 불과하다. 또한 이것은 신체의 모든 운동에도 해당되고 동기에 의해서만 생기는 운동뿐만 아니라 자극에 의해 생기는, 자기도 모르는 운동에도 해당되며, 그것뿐만 아니라 모든 신체는 의지가 객관화된 것, 즉 표상으로 된(지각 가능한) 의지에 불과하다.[43]

결과적으로 육체는 의지의 인식에 필수 불가결하며 의지는 표상의 존재 조건 자체다. 그러나 이런 이분법적 세계에는 심각한 결과를 내포한다. 우선 의지는 물자체로서 인과율에 속하지 않는다. 의지는 원인 없이 원할 따름이다. 의지는 의지를 멈추게 할 결정적인 목적을 가지고 있지 않다. 의지의 본질은 단지 원하는 것이다. "왜 원하는가?"라는 질문은 의지의 인간에게는 불합리한 질문이다.

오히려 이러한 질문은 그에게는 우습게 여겨질 것이다. 그리고 바로 이 점이야말로 정말 그 자신이 의지 이외의 아무것도 아니라는 의식을 나타내고 있는 것이다. 따라서 이 의지 작용은 본시 자명한 것으로서, 그때그때 그 개개의 행위에 있어서만, 즉 동기에 의한 세세한 규정을 필요로 하는 것이다. 실제로 아무 목표와 한계가 없다는 것이 무한의 노력인 의지 자체의 본질인 것이다. (…) 목표가 달성되면 모두들 또다시 새로운 진로의 기초가 되고,

이렇게 한없이 계속된다.[44]

의지는 영원한 생성이고 끝없는 흐름일 뿐이다. 의지의 목적이 무엇인지는 중요치 않다. 원한다는 사실 자체만이 중요하다. 그러나 의지의 삶을 좀 더 깊이 살펴보면, 의지는 영원히 결정적으로 만족할 수 없다는 것이 드러난다. 살려는 의지는 끊임없이 자신을 원하도록 선고 받았지만 의지 행위의 무용성은 계속될 수밖에 없다. 이렇게 우리는 서서히 자신의 존재, 즉 자신의 의지 자체에 의심을 가지게 된다. 그러나 우리가 존재론적 숙명에 대해 의식하기 전까지 현 상황에서 느끼는 위기감은 고통의 서막에 불과하다. 이제부터는 비관론자의 영혼에 어떤 식으로 고통과 무無의 찬가가 울려 퍼지는지 들어보아야 한다.

개체의 의지가 원하는 것은 무엇인가? 그것은 의지의 순수 발현을 통한 객관화다. 달리 말하면 의지가 원하는 것은 자기의 거울로서의 이 가시적 세계다. 의지는 삶 속에서 실현되기를 원한다.

> 의지는 물자체이고, 세계의 내적 실질이며, 본질적인 것이지만, 생, 가시적 세계, 현상은 의지의 거울에 불과하기 때문에, 마치 육체에 그림자가 따르는 것처럼, 의지에는 생, 세계, 현상이 불가분으로 수반하는 것이다. 그리고 의지가 있는 곳에는 또한 생과 세계도 있을 것이다. 따라서 생에의 의지에는 생은 확실한 것이며, 우리들이 이 생에의 의지로 충만되어 있는 한, 아무리 죽음을 직면하더라도 우리들은 우리의 생존을 염려할 필요는 없다.[45]

물론 물자체로서의 의지는 충족이유율의 모든 형식과 무관하며,

따라서 절대적으로 자유롭다. 그러나 개인이 행한 단 하나의 악행은 "그가 할 수밖에 없고 그만둘 수도 없는 다른 무수한 악행을 확실하게 보증"[46]하는 것이다. 하나의 특정한 의도가 행동을 통해 냉혹한 결정론의 세계에 던져지는 순간부터, 그 모든 귀결은 애초의 의도를 넘어서면서 헛된 것으로 만들고 만다. 인간은 자기 자신의 지배자도 아니며 자기 행동 결과의 지배자도 아니다. 그는 끊임없이 다시 생겨나는 의지와 새로운 실패 사이를 시계추처럼 오고가는 존재다.

살려는 의지가 가져오는 결과를 계속 추적해 보자. 사실 의지는 인간의 모든 존재 자체다. 의지는 "무한히 되풀이되고, 아무런 목표도 없고, 어디에나 궁극적인 만족이 없고 어디에도 쉬는 장소가 없다."[47] 의지는 자신을 만족시킬 수 없으며, 따라서 고통은 본래적인 것이다. "나는 고통스럽다, 고로 존재한다."[48]

> 의지는 최저 단계에서 최고 단계에 이르기까지 그 현상의 모든 단계에 있어서 궁극적인 목표나 목적을 완전히 결여하고 있고 언제나 노력한다. 왜냐하면 노력이야말로 의지의 유일한 본질이기 때문이며, 목표에 도달해도 노력이 끝난다는 것은 아니다. 따라서 노력은 결코 최후의 만족을 얻지는 못하고 저지됨으로써 끝날 뿐이며, 그대로 놓아두면 무한히 나아가는 것이다.[49]

> 노력이라는 것은 모두 부족에서, 자기의 상태에 대한 불만에서 생기는 것이다. 따라서 노력이 만족되지 않는 한 고뇌인 것이다. 그런데 만족은 영속하는 것이 아니라, 오히려 언제나 새로운 노력의 기점에 지나지 않는다. 우리들은 노력의 도처에서 여러 가지로 저지되고, 도처에서 싸우고 있는 것을 본다. 따라서 그런 한에 있어서, 노력은 언제나 고뇌인 것이다. 노력의 마지막

목표라는 것은 없고, 따라서 고뇌의 한도라는 것도 없다.[50]

의지의 발현 정도에서 자신의 지성 덕택에 가장 높은 단계에 위치한 인간은 사실 최고로 고통스러운 존재다. 인간은 자연의 열등한 존재들이 가지지 못한 뚜렷한 자기의식을 가진 것을 불만스러워 할 지경이다. "이리하여 인식이 명백해지고 의식이 향상함에 따라 고민도 더해 가고 인간에게 이르러서는 최고도에 달하고, 다시 인간에 있어서도 인식이 명백하고 지능이 높으면 높을수록 점점 더 고민은 증대한다."[51]

모든 불행은 의지가 육체 속에 구체적으로 대상화되었다는 데에 있다. 육체는 생존을 위해 자연법칙에 따라 끊임없이 양육을 요구하기 때문이다. 그러나 숨 가쁘게 살려낸 육체는 결국 죽음 앞에 생을 멈춘다.

> 대다수 사람들의 생은 이 생존 그 자체 때문에 끊임없는 투쟁에 불과하며, 결국 이 투쟁에 지는 것이 확실한 것이다. 그런데 이 대다수 사람들로 하여금 이렇게 고생스러운 투쟁을 견디게 하는 것은, 생에 대한 사랑이라기보다는 오히려 죽음에 대한 공포인 것이다. 죽음이야말로 피하려고 해도 피할 수 없는 것이고, 배후에 숨어서 어느 때나 가까이 올 수 있는 것이다.[52]

삶에 집착하던 우리를 갑자기 심각하게 만드는 것은 이웃, 친지의 시체다.[53] 또한 삶에서 누리는 의지의 짧은 만족은 권태를 야기하며 권태는 다시 욕구를, 즉 고통을 낳는다. 고통은 모든 삶의 본질 자체이기 때문에 그 누구도 피할 수 없다.

> 모든 인생은 의욕과 성취의 사이를 흘러가고 있다. 소망은 그 본성에 따르면 고통인 것이다. 성취는 얼마 안 가서 곧 포만을 낳는다. 목표는 피상적일 뿐이고, 소유는 흥미를 빼앗아 가고, 새로운 모습으로 소원과 욕구가 다시 나타난다. 그렇지 않으면 황량, 공허, 권태가 생기고, 이에 대한 투쟁은 곤궁에 대한 것과 마찬가지로 괴로운 것이다.[54]

고통은 단지 한 개인의 문제가 아니다. 고통은 여러 개인들의 갈등과 맞닿아 있다. 살려는 의지의 긍정은 이기심과 직결되며, 이기심은 모든 전쟁의 원리다. 살려는 의지는 자신을 긍정하기 위해 타인의 의지를 이용하거나 심지어는 부정한다. 이기적 의지는 불의와 폭력을 생겨나게 한다. 전쟁의 가능성은 언제나 열려 있다. "사람은 누구나 모든 것을 자기를 위해 이용하며, 모든 것을 소유하려고 하며, 적어도 지배하려고 하며, 자기에게 반항하는 것을 절멸시키려 한다."[55]

우리는 끝없는 고통 앞에서 계속 원해야 하는가? 무한한 고통의 연속에 직면하여 불평해야 하는가? 그렇지 않다. 잘못은 삶에 있지 않고 살려는 의지에 있다. 삶이 줄 수 없는 것을 삶에게 요구해서는 안 된다. 할 수 없는 것을 원하는 의지, 즉 이기적 의지를 점차적으로 약화시키고 결국은 그 뿌리까지 뽑아 버려야 한다.

지성 덕분에 자연에서 최고의 위치에 있는 인간은 가장 고통스러운 존재다. 그러나 이제는 지성을 통해 통찰력을 발휘해야 한다. 우선적으로는 사물 자체의 본질을 인식해야 한다. 자신이 타인과 구분된다고 보는 이기주의자는 타인의 의지를 이용하고 파괴할 수 있는 인간이지만, 사물들 자체의 본질을 꿰뚫어 보는 이는 모든 사람들에게서 같은 의지를 본다. 충족이유율, 현상들의 형식, 즉 개체화의 원리인 마야의 베일이 벗겨지는 것이다.

> 개별화의 원리, 즉 현상의 형식은 이미 그를 강하게 사로잡는 것이 아니고, 오히려 그는 그가 보는 남의 고통을 자기 자신의 고통을 대하는 것과 거의 같은 정도로 가깝게 느낀다. 그러므로 그는 자신의 고통과 남의 고통 사이의 균형을 이루려고 하며, 남의 고통을 완화시키기 위해, 자기의 향락을 포기하고, 궁핍을 감수하는 것이다. 그는 악인에게는 아주 큰 칸막이인 자타의 구별도 보잘것없는 기만적인 현상의 하나라는 것을 안다. 그는 직접 그리고 추리를 거치지 않고, 그 자신의 현상의 즉자태는 동시에 남의 현상의 즉자태이며, 즉 이것은 모든 사물의 본질을 이루고 있고, 모든 것의 안에 살고 있는 생에 대한 의지라는 것을 인식하고, 또한 이것은 동물들이나 모든 자연에까지 미친다는 것을 인식한다.[56]

우선적으로 선善은 의지를 세계의 투명한 본질로서 통찰하는 데 있으며, 결국 유일한 보편적 의지를 의식하면서 모든 이의 동일한 고통을 의식하는 데 있다. 고상한 인격을 소유한 인간이라면 자신의 이기적 '자아', 자신의 고통뿐 아니라 타인들의 고통까지 증가시키는 자아를 지워 버릴 준비를 한다. 개체화의 원리를 초월할 수 있는 직관을 그 근원과 실체로 갖는 영혼의 부드러움과 사랑은 우리를 "해탈에까지, 즉 생에 대한 의지, 즉 모든 의욕의 완전한 포기에까지" 이끌어 준다. "모든 사랑은 동정同情이다."[57]

모든 이에게서 의지의 동일성을 본다는 것은 무엇을 의미하는가? 그것은 타인의 고통을 자신의 고통으로 간주하는 것이다. 이런 직관은 평정을 가져온다.

> 전체에 대한 인식, 즉 물자체의 본질에 대한 인식은, 모든 의욕의 '진정제'로 된다. 이렇게 되면 의지는 생을 떠난다. 이제 의지는 자기의 긍정이라고 간주하는 생의 쾌락들이 무서워진다. 이리하여 사람은 자발적인 단념, 체념, 참된 평정과 완전한 무의지의 상태에 도달하게 된다.[58]

의지의 부정은 의지가 자기 자신의 본래적 이기심에 맞서 싸우는 목숨을 건 전쟁이며, 자신과 세계 전체를 즉각적 모순의 관계에 놓으려는 시도를 함축한다.

> 자발적인 완전한 동정童貞이 금욕, 즉 생에 대한 의지의 부정에 있어서의 제일보이다. 동정은 금욕에 의해 개인적인 생명을 초월한 의지 긍정을 부정하고 동시에 이 신체의 생명과 더불어 나타나는 의지도 또한 소멸한다는 것을 나타낸다.[59]

그럼에도 쇼펜하우어는 자살을 금지시킨다. 자신의 육체를 파괴함으로써 자살을 시도하는 이는 단지 삶의 부정에 이를 뿐 살려는 의지의 부정에 이르지는 못하며, 따라서 아직도 자신의 의지를 긍정하기 때문이다. 인간에게 요청되는 것은 생물학적 자살이 아니라 형이상학적 자살, 또는 의지의 폐기다. 의지를 부정하는 인간은 아직 살아 있는 육체를 인색하게 양육하며, 결국 죽음은 의지의 발현인 육체를 부수러 찾아온다. 그러나 그는 의지가 없기 때문에, "죽음은 대망하던 해탈로서, 대단히 환영을 받고 기꺼이 받아들여진다."[60]

마지막 질문이 남아 있다. 금욕이 제공하는 것은 무엇인가? 그것은 다름 아닌 무無다. 살려는 의지로서 폐지된 의지는 더 이상 발현되지 못하며, 따라서 표상은 사라진다. 물론 이런 상태를 우리 자신의 상태와 비교하면 우리는 깊은 우울감에 빠질 수 있다. 그러나 이것이 바로 마지막 해답이다. 무에 자신을 소멸시키는 것이 삶의 지혜다.

구체적으로 지혜에는 어떻게 도달하는가? 그것은 살려는 의지의 폐기를 통해 무 속에 해체되려는 용기 있는 결심에 의해서다. 이런 부정은 우선적으로 사물들의 본질에 대한 인식에서 비롯되지만 그것은 인식의 형식이라기보다는 법열法悅적 경험이다.

> '의지의 자기 폐기'는 인식에서 생기지만, 모든 인식과 통찰은 그 자체로서는 임의와는 무관하기 때문에, 그러한 의지의 부정, 자유에의 진출은 의도에 의해 강요되는 것이 아니라, 인간에 있어서 인식과 의욕의 가장 내면적인 관계에서 생기는 것이며, 따라서 갑자기 외부에서 날아온 것처럼 이루어진다.[61]

의지의 폐기는 일종의 은총과 같은 사태다. 여기서 쇼펜하우어는 비록 자신의 철학이 전적으로 새로운 것이지만, 동시에 기독교·불교·힌두교 등에서 발견되는 헌신, 자아 포기, 희생 등을 주요 덕목으로 간주하는 모든 종교와 일치한다고 인정한다. 결국 요구되는 것은 초월적 변형이다. 인간의 의지는 평정을 찾고 스스로 폐지되어야 한다는 지혜는 인류의 보편적 지혜다. 이것이 바로 비관론적 윤리학이다. 인간의 본질은 의지다. 그러나 의지는 표상의 세계에서 만족할 수 없다. 따라서 의지는 고통 자체다. 게다가 자신이 할 수 없는 것, 원하지 말아야 하는 것을 원하는 의지는 타락한 의지다. 이런 의지는 자신의 고통뿐 아니라 이웃의 고통까지 증대시킨다. 이기적인 존재가 되지 않기 위해서 인간은 존재하려는 의지를 폐기해야 한다. 이런 폐기 절차 후에 남는 것, 즉 무를 인정해야 한다. 무가 모든 삶의 귀결이며 평화다.

이제 우리는 사랑의 형이상학이 형이상학적 죽음과 연결되는 이유를 이해할 수 있다. 인간은 숙명적으로 불행하게, 즉 악을 저지르도록 태어났다. 실현할 수 없는 것을 원하도록 선고받았다. 결국 고뇌를 피할 수 있는 유일한 길은 살려는 의지를 포기하는 것이다. 구체적으로는 종족 보존을 위한 성교를 멈추고 동정童貞을 유지하며 금욕하는 것이다. 오직 이 조건에서만 인류는 절멸될 수 있다. 그렇지 않는 한, 인간은 비참하고 괴로운 개체로서 죽음의 그늘 아래 생존을 유지할 뿐이다. 따라서 "남녀의 생애는 근본적인 점에 있어서 어느 쪽이 더 행복하거나 더 불행한 것은 아니다."[62] 단지 다른 방식으로 인류의 고통과 악에 가담하고 있을 뿐이다.

세계의 악을 뚜렷하게 인식하지 못하는 수많은 연인들은 계속하여 애욕의 눈짓을 교환하고 있다. 그들은 언제나 남의 눈을 피해 자신들만의 공간을 가지려 하고 있다. 왜 그럴까? "그것은 그들이 인류를 배반하는 반역자이기 때문이다. 다시 말하면 그들은 이런 밀계密計로 성교라는 행위가 이루어지지 않으면 단절될 인류의 모든 비극을 영속시키려고 하기 때문이다. 이 인생의 비극은 그들의 조상들과 마찬가지로 이번에는 그들 때문에 단절될 수 없는 것이다."[63]

# 신체적 에토스와 변신의 윤리학
## —트랜스 에티카라는 문제적 기획에 대하여[1]

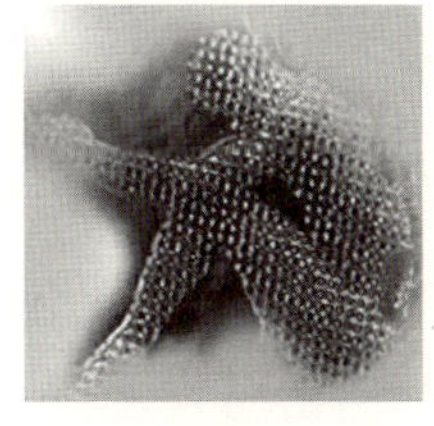

성-사랑-폭력이 정주적으로 엮이는 방식을 통해 가족주의적 재생산 이데올로기와 남성 중심적, 이성애 중심적 욕망 구조가 강화되어 왔다. 이 세 가지 키워드가 탈주적 고리를 형성하려면 무엇보다도 폭력에 대한 보다 심층화된 사유 지평이 요구된다. 이러한 맥락에서 발터 벤야민의 신적 폭력-혁명적 순수 폭력 개념이 도입되는 것이다. 즉 성-사랑이 피워 내는 생성의 봉우리는 기존의 정체성의 윤리가 아닌 변신의 윤리학인 트랜스 에티카의 급진적 사유, 그것이 지닌 폭력을 통해 비로소 가능한 것이다.

**윤지영**

## 성-사랑-폭력이 배치되는 법

성-사랑-폭력이라는 세 가지 키워드가 교차되는 매듭의 고리는 그 엮이는 방향과 결에 따라 결박의 형태가 될 수도, 생성의 봉우리가 맺히는 지점이 될 수도 있다. 필자는 성-사랑-폭력을 생성의 봉우리가 맺히는 지점으로 엮어 내기 위한 다양한 개념화 작업을 시도할 것이며 이러한 매듭의 직조 방식이 차이의 성좌가 엮어져 나가는 방식과 연동됨을 드러내고자 한다.

그렇다면 차이의 성좌는 어떻게 직조 가능한가. 성좌는 "영원한 것이 아닌 스스로에 대한 부정성"[2]을 내포한 것으로 "서로 다른 시점과 계기들 속에서 매순간 부정, 재구성될 수 있는 짜임 관계"[3]를 말한다. 아도르노가 재개념화한 성좌 개념을 다시 들여다보면, 성좌constellation란 그 별빛의 기원과 도래 간의 좁힐 수 없는 간극과 불일치를 통해 흔적trace으로서 우리에게 출몰하여 사후적으로 구성되는 것이라 할 수 있다. 왜냐하면 지금 우리의 시각 장에 와 닿은 별빛과 그 별빛들의 "짜임 관계"[4]라 할 수 있는 별자리는 수백, 수천만 광년이라는 억겁의 거리를 거쳐 지구에 도착한 것이기 때문이다. 즉 우리에게 있어 별빛의 현존이란 존재하지 않으며 이미 사라진 별의 과거적 흔적이 지구 시간의 현재에 드리워진 경우가 대부분이다. 이러한 관점에서 성좌는 절대적, 무매개적으로 현존présence하는 "거세-진리vérité-castration"[5]가 결코 아니다. 여기서 거세-진리는 남근 이성 중심적인 의미의 질서가 정초하는 동일성의 강화 방식이라면 차이의 성좌는 기존 의미 지평 자체를 구겼다 폈다 하는 운동성의 경로로서 의미의 변곡점의 궤적 자체라 할 수 있다. 즉 차이의 성좌는 "생성의 블록le bloc de devenir"[6]을 구성하는 것이며 이러한 생성의 블록에서는 어느 것도 온전하게 자기 동일성을 유지하며 남아 있지 못한다. 생성의 블록에 들어온 이질적 항들은 생성devenir의 회오리 속에 빨려 들어가 오직 차이만을 생성하기 때문이다. 그렇다면 성-사랑-폭력이 엮이는 어떠한 방식이 생성의 블록이라는 공명co-vibration의 시공을 과연 열어젖혀질 수 있을 것인가.

필자는 본고에서 신체적 에토스와 신체-기표적 에토스를 개념적으로 구분하며 어떠한 맥락에서 신체적 에토스가 기존 도덕에 대한 탈주 전략이자 기존의 성-사랑-폭력이 정주적으로 엮이는 방식에 대한 해체가 될 수 있는가를 들여다보고자 할 것이다. 또한 성-사랑-폭력을 정주적으로 배치하는 도덕에 대한 망치질 이후 과연 무엇이 도래할 것인가라는 문제의식 속에서 트랜스 에티카Trans ethica[7]라는 변신의 윤리학이 과연 어떠한 방식으로 강렬도intensité의 지도로서의 새로운 몸의 습속을 창출할 것인가를 모색할 것이다.

## 신체적 에토스와 신체-기표적 에토스

성-사랑이 규범화의 장 안에서 엮여지는 방식에는 가족주의적 이데올로기와 남성 중심적, 이성애 중심적 욕망 구조가 있다. 그렇다면 이러한 방식이 아닌 차이의 발산점으로 성과 사랑이 엮여 나가는 매듭 방식은 과연 무엇인가? 필자는 성-사랑의 매듭을 에토스라는 한 개인의 습속뿐만 아니라 집단적 관습의 문제로서 조망해 보고자 한다. 이러한 관점에서, 신체적 에토스와 신체-기표적 에토스를 구분하는 이론적 지형도 속에서 "신체적 에토스"[8]에 대한 개념화 작업을 먼저 그려 나갈 것이다. 그렇다면 신체적 에토스란 무엇인가. 이것은 보수적, 주류적 도덕률이나 사회규범으로서의 동일적 습속이 아닌 미세한 차이의 진동을 그려 나가도록 하는 반복의 장으로서의 에토스라고 필자는 정의 내린다. 이러한 신체적 에토스에 대한 논의를 심화하기에 앞서, 아리스토텔레스의 ≪수사학*Rhetoric*≫에서 에토스가 갖는 위상이 어떤 것인지부터 분석해야 한다. 아리스토텔레스의 수사학에서 설득의 한 요소로 꼽혔던 에토스는 '말로 드러난 화자의 성품, 인격', 즉 체화된 로고스를 의미한다.[9] 다시 말해, 에토스는 로고스에 종속된 것, 내면화된 로고스의 양태에 불과하다.[10] 로고스 중심적 수사학에서의 에토스는 동일성의 원리가 각인되는 장으로 여전히 로고스 내적인 것이기에 "에토스에 의한 설득은 화자가 말을 하기 전에 미리 청자들이 그에 대해 가지고 있는 생각에 의해서가 아니라 화자가 말한 내용에 근거해서 이루어져야"[11] 하는 것이기 때문이다. 다시 말해, 에토스는 로고스에 의해 배열되고 발견된 논리의 자리들을 이탈해서는 안되는 것으로, 오직 논리의 자리들을 공고화하는 데에 기여해야 하는 것이다.[12] 즉 에토스는 "청중의 기호에 맞춰서 생산된 가공품"[13]으로 전락해서는 안 되는 것으로 철저히 논리적 자리들이라는 영토를 비옥하게 불리는 비료여야지 이 영토를 휘저어 놓는 지진이어서는 안 된다.[14] 다시 말해, 논리적 자리들의 터들에 완벽하게 안착하는 정주의 방식을 흩트리는 에토스는 로고스 외적인 것으로 규정되어 내쳐질 수밖에 없는 것이다. 여기서 청중의 기호에 맞춘 에토스를 조작물로 본다는 것에서 설득의 궁극적 목적이 청중에 있지 않음이 드러난다. 왜냐하면 청중 중심적 에토스가 로고스에게는 오염된 외부로 작동한다는 관점에서, 설득의 축을 청자 중심으로 돌려놓지 않는다는 것을 우리는 알 수 있기 때문이다. 다시 말해, 수사학에서 설득의 목적은 청중의 동의가 아니라, 청중의 로고스적 본질을 일깨워 화자가 지닌 로고스로 동화, 합치시키는 것이다.

로고스와 에토스의 위계적 위상이 배치되는 법을 이렇게 갈무리한 후, 이제는 로고스에 종속된 에토스가 어떻게 작동하는가를 살펴보고자 한다. 로고스 중심적 에토스는 일치와 합일의 장으로서 외면과 내면, 말과 행위, 표상과 실체 간의 간극을 허용하지 않는 방식으로 작동한다. 이러한 합일적 구조 안에서 에토스는 한 사람의 도덕성의 자질로서 평가된다.[15] 이때에 도덕성이란 어긋나지 않음, 표면과 심층부의 밀접성을 의미하는 것이라면, 불일치성과 균열들은 비도덕적인 것으로 폄하된다. 즉 표면으로서의 몸은 깊이로서의 로고스적 심연을 투사하는 반사경이 되며, 이를 통해 몸은 로고스의 극화가 이뤄지는 장소로 정주화된다.

이러한 관점에서 필자는 로고스의 내적 논리의 기입 면으로서의 에토스—개인의 습속이나 성품, 나아가 집단적 관습—는 불예측적 몸의 생산이 아닌 신체—기표, 즉 몸의 적출로서 남근적 의미 효과—의 생산이라고 분석하게 되는 것이다. 외면과 내면, 표피와 실체의 거리가 얼마나 가깝느냐에 따라 도덕적 자질이 평가되며 나아가 위계적 사회질서 역시도 이러한 로고스와의 비례 관계에 의해 규정되는 것이다. 예를 들어, 한 국가의 수장은 말과 행위, 표피와 실체의 일치성이 극대화된 이라면, 도둑은 이 두 항의 간극이 너무 커져서 믿을 수 없는 이다. 이러한 일치의 규범은 각기 다른 위계적 '있음'으로서의 존재 양태들을 계급적으로 구획한다. 이렇게 구획된 몸은 육체성이라는 초과성과 과잉성이 이미 적출된 신체-기표로서 팔루스라는 초월적 기표에 종속된 것이다. 여기서 "아리스토텔레스가 체화된 로고스로 제시했던 일치의 규범은 신분사회의 에토스, 몸정치body politics의 반영"[16]이라고 김종갑은 분석하지만 필자는 이에 대해 비판적 입장을 취한다. 왜냐하면 체화된 로고스로서의 에토스는 로고스의 담지자인 화자가 얼마나 몸을 기표화하여 남근 질서에 순응하도록 하느냐에 따라 사회질서의 상층부에 자리하도록 하는 규범의 장에 다름 아니기 때문이다. 다시 말해, 에토스는 말과 행위, 로고스와 신체의 일치성을 통해 기존 사회질서를 강화하기 위한 규범 논리의 내면화에 불과한 것이다. 이러한 관점에서, 필자는 아리스토텔레스의 에토스를 신체적 에토스가 아닌 신체-기표적 에토스로, 나아가 몸 정치corps-politique가 아니라 몸-치안corps-police에 불과하다고 분석한다. 왜냐하면 정치적인 것은 미리 정해진 위계질서의 공고화가 아니라 새로운 것의 도래로서 기존 판 자체의 허묾을 통해 가능한 것이기 때문이다. 그러나 아리스토텔레스가 제시하는 에토스에서는 몫 있는 자와 몫 없는 자란 각자의 본질의 반영[17]물에 해당하며, 이것이 바로 각각의 본질이 정한 한계 안에 머물 것을 요구한다는 점에서 아리스토텔레스의 에토스는 "정치가 아닌 치안"[18]의 논리에 가깝다고 필자는 분석하게 된다. 즉 로고스와의 일치성, 이성적 담화 능력으로서의 말을 충실히 투영해 내는 반영 효과로서의 행위는 어떠한 거리도, 어떠한 공백도 허용하지 않는 동일적 반복, "헐벗은 반복"[19]의 장이다. 이처럼 말과 행위의 일치 구조가 에토스의 덕성을 결정한 것이라면, 이는 팔루스와 로고스의 밀접성이 적법성과 진리의 원리가 된 것과 같은 구조라고 볼 수 있다. 다시 말해 로고스에 종속된 에토스는 신체적인 것이 아닌 기표적인 것으로 남근적 의미 효과의 일환이다. 이러한 에토스는 미리 정해진 재현 질서의 일치성의 규범에 갇혀 존재의 정주적 분배 방식[20]을 재생해 낼 뿐이며 인간학적 행동강령으로서의 도덕률에 머물고 만다. 이러한 맥락에서, 로고스적 에토스는 성과 사랑을 신체-기표라는 남근 질서의 효과물로서 생산해 내는 신화적 폭력—법 제정적, 법 보존적 폭력의 실현 양태이기도 하다. 성과 사랑이라는 초과적 실재의 범람성을 미리 재단하고 잘라 내는 방식이 바로 신화적 폭력의 작동 방식이자 에토스라는 습속을 로고스에 종속시켜 실재의 유동성이 흘러들어오지 않도록 차단하는 전략이기도 한 것이다.

### 탈로고스적 에토스

그렇다면 이러한 로고스에 종속된 에토스가 아닌 탈로고스적 에토스의 생산은 어떻게 가능한가. 동일성의 원리가 아닌 차이의 운동으로서의 몸의 습속을 새로이 직조하도록 하는 에토스는 더 이상 몸의 부정과 적출이 아닌 몸의 요동이라 할 수 있다. 이러한 요동으로서의 몸은 기존의 로고스와의 위계적, 비례적 일치 관계의 반영성이 아니라, 로고스와 팔루스의 의미 효과로 전락하지 않는 비의미이자 무의미, 즉 의미들의 생성으로 우글대는 비예측적 장이다. 필자에게 있어, 신체적 에토스는 "옷 입은 반복",[21] 즉 비규정적 · 비예측적 차이의 장이자 악마적인 것과 신적인 것의 교차라는 문제적 매듭이라고 본다. 이것은 미리 정해진 역할과 이름의 자리의 탈각이며 한계의 주파이다. 더 이상 여성 혹은 남성이라는 일반화된 집단적 습속의 형태도, 등가교환 가능한 특수성의 형태도 아닌 차이의 발산점으로서의 특이성의 생성이 바로 탈로고스적이며 신체적인 에토스라는 몸의 습속인 것이다.[22] 이러한 맥락에서, 여성 특유의 미덕, 행위, 습관 — 모성일 수도 있으며, 수동성, 얌전함 — 이라는 예측 가능한 법칙성에 종속된 반복은, 위반성을 증폭시키는 옷 입은 반복에 사리를 내주게 된다. 다시 말해, 옷 입은 반복은 등가성과 유사성의 질서에 기반한 법칙들을 무너뜨리는 것이다. 이러한 맥락에서, 옷 입은 반복으로서의 신체적 에토스는 항시 때아닌 것, 비적합한 것으로서의 몸을 부상시키며 남근적 의미 질서의 망을 찢는 것이다. 즉 이러한 신체적 에토스는 성-사랑을 생성의 봉우리로 맺히도록 하는 신적 폭력-혁명적 폭력, 법 파괴적 폭력의 수송체라 할 수 있다. 이러한 신체적 에토스의 예는 최근 여성 청소년들이 '나는 처녀가 아니다'라는 선언 운동을 페이스북 페이지[23]를 통해 전개하고 있는데, 이는 미성년 여성들에게 부과되었던 순결 이데올로기, 그 규범적 에토스를 파기하는 행위라 할 수 있다. 자신의 몸에 대한 무지를 통한 순수성의 실체이되 스스로의 욕망은 존재하지 않지만 욕망의 대상으로 성애화되어야 했던 미성년 여성들은 자신들에게 부과된 이러한 신체-기표적 에토스를 깨뜨리고 위반적, 전복적 행위들을 예외적으로 만들어 내는 것이다.

로고스적 에토스는 보수적 도덕규범의 장으로 이미 선과 악의 본질이 정해져 있으며 이러한 한계와 경계 안에 머무는 것을 강령으로 삼도록 하며 바로 이것이 신화적 폭력이 영토화, 정주화되는 지점이라 할 수 있다. 다시 말해, 로고스적 에토스는 법칙성에의 부합과 일치로서 보수적 윤리—미리 정해진 행동강령이자 초월적 가치 체계를 도출하는 것이다. 그러나 탈로고스적 에토스인 신체 에토스는 "법칙에 물음을 던지는 것"[24]으로 자기 확장이 아닌 자기 부정성을 가지는 변신의 윤리학을 가능하게 하며 신적 폭력이 가속화되는 방식이기도 하다. 왜냐하면 실체의 구축이 아닌 실체의 부정 양식인 변신의 윤리학은 여러 전제들과 양식, 상식이라는 남근적 의미 질서를 깨뜨리는 것이기 때문이다. 이러한 거대한 원리들을 전제하지 않는 사유의 실질적 시작을 위한 치열한 싸움터가 트랜스 에티카의 운동성을 구성한다고 필자는 해석한다.

다시 말해, 기존의 전통적 윤리학이 존재 신론ontotheology적인 관점에서 신이라는 절대적 실체에 대한 상정과 더불어 보편적 거대 원리—진리, 필연성, 원인, 목적 등—라는 아르케archè가 정초되는 장이었다면, 이러한 존재 신론이라는 동일자로의 회귀가 아닌 방식의 새로운 윤리학이 바로 트랜스 에티카인 것이다. 왜냐하면 로고스적 에토스로서의 도덕이 존재를 고착, 경화하는 기제였다면 새로운 윤리학은 존재를 변용, 변이하도록 하는 생성의 시간을 도입하는 일이기 때문이다. 나아가 트랜스 에티카는 기존의 인간 중심주의적 이성 주체의 행동 강령이 아니라 탈인간화된 변신의 윤리학으로서 정치적, 미학적 실천과 사유들을 다각적으로 생산해 내는 것이다. 여기서 트랜스 에티카의 윤리적 주체는 반드시 인간으로 한정되지 않으며, 동물과 기계, 사물, 광물, 식물, 정보, 바이러스, 세균 등과의 교차와 조우를 통해 촉발된 역동체라 할 수 있다. 그렇다면 필자는 인간 중심적 기존 주체 개념이 탈구되는 그 공백의 지점에서, 변이체metamorphoject를 윤리적 전회, 그 변환의 새로운 정치적·미학적 주체로 융기시키고자 한다. 여기서 변이체는 metamorphosis라는 변신과 변형이라는 단어와 라틴어 jectum이라는 내던져짐,

기투라는 단어의 합성어로서 변이와 생성으로 기투된 존재 양태를 의미한다.[25] 변이체는 인간과 비인간, 남성과 여성, 자연과 문화, 유기체와 기계, 정상과 비정상, 건강과 병리 등의 이분법적 대립항들의 어디에도 귀속되거나 유착되지 않는 새로운 것의 도래로서 기존의 인식 범주로 파악되지 않는 비식별역의 부상이자 창조적 운동 양태이다.

## 트랜스 에티카, 변신의 윤리학은 가능한가

성-사랑-폭력을 차이의 별무리, 그 역동적 궤적 운동으로 펼쳐지게 하는 것은 기존의 인간학적 도덕률에 기반한 신체-기표적 에토스에 의해서가 아니다. 왜냐하면 이 차이의 별무리는 기존의 도덕률, 사회적·문화적 규범 질서를 해체하는 탈로고스적 에토스로서의 윤리학에 의해 가능하기 때문이다. 그렇다면 성-사랑-폭력을 정주적으로 배치하는 도덕에 대한 망치질 이후 과연 무엇이 도래할 것인가. 그것은 바로 트랜스 에티카이다. 트랜스 에티카는 인간 개념의 내부성을 관통하고 있는 동물성, 비인간성이라는 두터운 중첩 면을 결코 간과하지 않는다. 왜냐하면 필자에게 있어 인간 개념은 비인간 개념의 대척 항이 결코 아니기 때문이다. 인간 개념은 틈을 내포하며 그 균열성을 통해 내부적 비인간 행위자로 어린이, 여성, 동성애자, 장애인, 광인, 트랜스 젠더, 외국인 등을 양산하고, 외부적 비인간 행위자로 동물, 기계, 사물 등을 규정해 낸다. 그러나 인간 개념은 효율성의 논리에 의해 외부적 비인간 행위자로 끊임없이 조직되고 생산된다는 점에서 인간 개념의 내포와 외연은 상당히 유동적인 것이라 할 수 있다.[26]

그렇다면 트랜스 에티카의 실행은 과연 가능한 것인가. 전통적 규범 윤리학에서는 부모에 대한 자식의 의무와 예절들이 천륜이자 선으로 주로 규정되어 왔다면, 트랜스 에티카에서는 이러한 나이 계급적, 세대 차별적 관점에 내재한 인간 개념의 편향성이 적극적으로 드러난다. 성인-어른만이 온전한 인간 개념의 구현이라고 여기던 불평등한 분배 방식에서 벗어나, 2015년 2월 9일 대법원은 「가사소송법」 개정에서 미성년 자녀가 지속적으로 학대하는 부모에게서 친권 박탈이 가능하도록 하는 법률안을 받아들인다. 즉 부모와 자식 간의 관계를 자연적, 본질적인 것에서 구성적, 정치적인 것으로 전환하도록 한 친족 관계의 변형 역시 트랜스 에티카의 실현 양태라 할 수 있다. 왜냐하면 인간이라는 개념은 종적, 유적 차이에 의해 간명하게 분류될 수 있는 투명성의 장이 아니라, 비인간과 동물이라는 불투명성의 내부적 양산을 통해서만 구축되는 몸-치안 논리의 효과물이기 때문이다. 이러한 인간 개념의 내부적 불투명성은 어린아이나 광인, 여성, 외국인, 청소년, 장애인, 유색인종, 하층민, 비정규직 노동자, 동성애자 등으로 식별되어 왔으며, 이러한 몸-치안 질서에서의 몫 없는 자는 동물, 비인간으로 배치되어 왔다. 즉 인간 개념은 충만하지도 온전하지도 투명하지도 않는 균열과 틈일 뿐이다.

또한 트랜스 에티카는 동물원이나 아쿠아리움, 식물원, 사육장에서의 외부적 비인간 행위자들—동물과 식물, 광물, 가축 등—이 전시되고 감금, 통제되는 방식이 얼마나 인간에 의한 일방적 공간 배분과 공간 독점 양식인가를 드러나게 함으로써, 인간과 외부적 비인간 행위자들 간의 교섭 양태의 편향성을 문제시하도록 한다. 나아가 트랜스 에티카는 지구의 공간 조성권을 새로운 재배치를 통해 어떻게 그려 나갈 것인지를 구상하게 하는 것으로, 인간의 특권적 입장을 박탈시켜 버린다. 또한 인간과 사물의 관계에서 사물이 인간의 용도에 의한 변형과 조작의 대상이 아니라, 인간의 사물화, 사물의 인간화를 통한 상호 반응과 상호 영향의 장이 생성된다. 예를 들어 이 논문을 노트북에서 타이핑하고 있는 필자는 노트북이라는 사물에 의한 지성의 고도화, 지적 작업의 분류화 방식을 통해 오히려 필자가 특정 조작의 대상물이 되는, 즉 인간의 사물화가 진행된다고 느끼기도 한다. 나아가 노트북을 필자의 두뇌와 연결된 인간적인 것의 연장, 즉 사물의 인간화로 인식하기도 한다. 뿐만 아니라, 메르스라는 코로나 바이러스는 공공장소에서의 기침 예절이나 병문안 의례, 밀집 지역으로의 외출에 관한 한국인의 집단적 습속인 에토스를 난시간에 바꿔 놓음으로써 새로운 변이적 습속의 촉발자로 등장했다. 즉 인간 행위자만이 아니라 바이러스도 신체적 에토스의 생산자일 수 있으며 바이러스와 인간 간의 변이 역량의 교차와 혼융이 트랜스 에티카의 관점에서는 충분히 가능하다.

### 트랜스 에티카와 들뢰즈의 기쁨의 윤리학의 차이

왜냐하면 트랜스 에티카는 변이의 과정으로서의 다양한 복합체로서의 신체들, 그것들의 우연적 조우와 이를 통한 존재-역량puissance d'être이 변용되는 궤적이라 할 수 있기 때문이다. 이러한 변용의 궤적은 인간학적 윤리학의 범위를 넘어서 버리는 것이자, 정치적인 것의 발명이며 통념과 상식, 신의 상징, 인간질서 등을 분쇄해 내는 것이기에 상승과 증가로 표식될 수 없는 것이다. 다시 말해, 변이와 변용의 힘은 양화될 수 없으며 자기 보존적 항상성의 원리 또한 아니기 때문이다. 들뢰즈의 기쁨의 윤리학이 여전히 기쁨과 슬픔이라는 두 가지 정동의 색조를 강조하며 "기쁨을 행위 역량의 상승으로 슬픔을 행위 역량의 감소"[27]에 의해 측정되는 것으로 본다. 즉 들뢰즈는 'se mesurer측정되다'라는 동사를 사용하며 좋음과 나쁨을 증가량과 감소량으로 구별하고 있는 것이다. 필자는 이 동사의 사용이 의미하는 바를 통해, 기쁨의 윤리학이 여전히 양화, 측량화의 장에서 자유롭지 않다고 해석한다. 이에 반해, 트랜스 에티카는 정동이라는 존재 변이 능력의 스펙트럼에 대립적 정동 구조를 도입하지 않으며 나아가 이를 측정할 수 있는 것으로 보지 않는다. 또한 들뢰즈의 기쁨의 윤리학은 선과 악이라는 초월적 가치의 심판대로 전락하지 않는 대신, 좋음과 나쁨이라는 내재적 가치치의 기입장이 된다. 물론 들뢰즈는 "좋음과 나쁨을 존재 양식의 질적 차이"[28]로 보지만 필자에게 있어 좋음과 나쁨은 내재성의 평면을 유지하기 위한 가치론과 존재론의 일종이라고 해석하는 바이다. 이때에 가치란 상승과 긍정의 가치론이며 존재론이라 함은 존재의 일의성의 테제라 할 수 있다. 그러나 트랜스 에티카는 좋음과 나쁨, 상승과 하강, 구성과 해체라는 이분법적 틀로 비예측적 변이라는 행위화를 측정하여 단정, 분류하려 하지 않는다.

들뢰즈는 나쁨을 "독이자 소화불량, 관계의 해체"[29]로 규정하는 스피노자의 은유법을 적극적으로 차용하며 아담이 선악과를 따먹은 에피소드를 두 몸들이 나쁘게 조우한 형태로 규정한다. 여기서 흥미로운 것은 독poison의 의미를 아주 단선적인 죽음의 촉진제로만 해석한 들뢰즈의 관점이 ≪플라톤의 약국≫에서의 데리다의 독에 대한 양가적 관점과 대비된다는 점이다. 독은 약과 본질적으로 다른 것이 아니라 사용량과 개별자의 상태에 따라 어떠한 방식으로 투여되느냐에 따라 약은 독이 되기도 독은 약이 되기도 한다. 즉 독과 약은 변이의 운동을 통해 상호 교차되는 문제적 지점으로 본질의 공백이자 비본질의 역동성을 드러내는 것이다. 그런데 들뢰즈에게 있어, 독은 자신의 본질과 본성과 일치하지 않는 다른 존재 양식들과의 조우를 의미하며 이는 행위 역량의 감소를 촉발한다고 규정함으로써, 개별적 존재 양식들의 본질을 고수하고 유지하는 것을 좋은 것으로 본다. 이러한 맥락에서, ≪스피노자 실천철학≫의 저자는 데리다와 같은 본질의 해체와 탈자연화 전략을 죽음 충동, 즉 슬픔이라는 정동을 유발하는 나쁨의 가치로 규정할 가능성이 매우 높다. 왜냐하면 "다른 몸이 자신의 역량을 더 덧붙이도록 하는 증대의 방식이거나 다른 몸과의 관계가 우리의 관계를 조성하도록 기여하는 방식, 우리의 본성에 부합, 일치되는 방식"[30]만이 기쁨의 윤리학에서 지향해야 할 좋음이기 때문이다. 이러한 좋음은 나쁨과 대비하여 약이자 소화 기능 순활, 관계의 합성으로 이해될 수 있다면, 필자는 여기서 소화 기능 순활이라는 흡수absorption 작용을 날카로이 분석해 보고자 한다. 흡수 작용으로서의 소화digestion는 일자의 논리에서 타자를 삼켜 내 몸을 확장시키는 은유로 많이 쓰여 왔다. 다시 말해, 타자를 양분 삼아 내 몸의 일부로 편입시키는 방식, 이러한 유리한 입장을 선점하여 자신의 본성에 거스르지 않는 팽창과 증식의 방식은 아이러니하게도 기존의 식민주의와 노예제의 메커니즘과도 매우 맞닿아 있다.[31] 즉 들뢰즈는 이러한 제국주의적 은유 방식을 그대로 차용하는 한계를 지닌다.

나아가 필자는 본질essence과 본성nature과의 일치를 기쁨의 윤리학의 핵심 논제로 삼는 들뢰즈를 여전히 일치 규범에 사로잡혀 있다고 비판하고자 한다. 들뢰즈는 왜 신과 자아, 코기토의 장소는 폐기하면서, 본질과 본성이라는 초월성의 영역은 실천철학의 장에서 그대로 보존하려는 것인가. 본질과 본성은 신과 자아, 코기토가 공고화되는 토대로 기능한다. 신의 본질이 무한성과 절대성이라면, 자아의 본질은 투명성과 합일성, 코기토의 본질은 명증성과 진리로서 초월성의 장을 정당화해 왔기 때문이다. 즉 본질과 본성과의 합일과 일치의 논리야말로 들뢰즈가 간과한 초월성transcendance의 기둥들이라고 필자는 분석하는 바이다.

또한 기쁨이라는 정동의 색조가 어떠한 이질적 색조와의 혼합물이 아닌 순수한 것이라 여기는가. 이미 어떠한 색조도 단일한 실체로서 자족하는 것이 아니라, 다른 색과의 혼합을 통해서 도출되는 불투명한 효과물에 불과한 것이다. 다시 말해, 기쁨의 정동은 몸과 몸의 조우를 통한 동시적 발생물, 즉 어떠한 이질적 요소도 포함하지 않은 기쁨의 순수 실체가 아니라 상이한 작용의 복합물로서 기쁨과 슬픔 등이 따로따로 풀어내어질 수 없는 실타래의 덩어리, 뫼비우스의 띠처럼 모순적 매듭일 수 있다고 필자는 해석한다. 또한 들뢰즈는 "슬픔을 삶에 대한 증오와 삶에 반하는 원한"[32]으로 단정적으로 규정하지만 우리는 먼저 그가 말하는 삶의 대지가 어디인가부터 질문해야 할 것이다. 만약 삶의 대지가 '지금-여기Ici et maintenant'라는 현세의 시공으로 축약된다면, 이는 삶의 미지성을 일률적 한 점으로 표식, 축소해 버리고 마는 오류를 범하는 것이기 때문이다. 삶의 대지는 과연 내재성의 평면이라는 수평적 공간의 은유 대상이 될 수 있으며, 나아가 죽음은 삶과의 대척점인 수직적 분할선으로만 규정될 수 있는가를 필자는 지속적으로 묻게 된다.

자신의 몸이 다른 몸과의 조우에서 분해되거나 해체될 수 있는 가능성, 자신의 역량이 증대가 아닌 감소의 양식이 되는 것, 자신의 본성에 불일치하는 관계 양태가 과연 "적출과 고착"[33]이라는 결과물로만 귀착되는 것인가. 오히려 들뢰즈가 말하는 "사변적 긍정affirmation spéculative"[34]의 방식이 고정화, 정주화 방식으로 작동할 수 있다고 필자는 분석하기 때문이다. 필자에게 있어, 긍정이란 양적 증대와 확장, 삶을 보다 유리하게 보존하고자 하는 유용성으로 축소할 수 없는 것이며 사변적 긍정보다는 실재의 긍정affirmation du Réel을 지지하는 입장이라 할 수 있다. 여기서 실재의 긍정은 사변화할 수 없는, 개념화할 수 없는 역동적 무의미, 비의미의 생성 양태에 대한 긍정이며 이것은 자기 보존, 자기 긍정의 유아론을 넘어서는 것이다. 이러한 실재의 긍정은 니체가 말하는 어린아이 단계의 긍정으로서, 창조적 파괴와 해체를 거친 자기 부정성의 긍정에 다름 아니다. 이러한 자기 부정성의 긍정은 자신의 몸의 자연성과 본질에 역행하는 행위화의 장을 유발하며 자신이 반드시 보존과 증대의 추구 대상이 아님을 깨닫는 과정이다. 다시 말해, 니체적 긍정은 채움을 통한 비대화가 아닌 비움을 통한 가벼워짐이라고 필자는 분석한다. 들뢰즈에게 "좋음이 유용한 것이라면 나쁨은 해가 되는 것"[35]에 해당한다면, 필자는 이러한 유용성, 유리함이라는 효율성의 논리마저 뒤집어 버리는 것이 니체적 긍정이라고 본다. 왜냐하면 유용성이 지향하는 생산성 역시 보존 프레임에 대한 종속성에 불과하다는 것을 폭로하게 하는 것, 그 거리두기가 바로 니체적 긍정이기 때문이다. 이러한 맥락에서, 필자는 들뢰즈의 기쁨의 윤리학이 내재성의 평면의 보존과 지속, 증대를 위한 목적성을 띤다고 본다.[36] 그러하기에 필자는 기쁨의 윤리학을 삶의 수평적 경계면을 지켜 내기 위한 치안 질서로 작동한다고 비판하는 것이다. 즉, 삶과 죽음의 이분법적 경계에서 삶이라는 현세를 죽음이라는 내세보다 더 긍정해야 하는 것이자 기쁨의 장으로 분류하는 것에서, 이미 삶이 죽음과의 왈츠라는 존재-요동이자 범람의 장임을 간과해 버리는 것이라고 보기 때문이다. 필자에게 있어 죽음은 초월성의 장, 신의 영역이 아니라 이미 인간 존재 조건을 구성하는 내재성의 다발일 뿐이다. 다시 말해, 삶은 이미 죽음의 공백에 의해 균열 지어진 파편이며 이 파편들은 특정한 모자이크 방식으로 한시적으로 모였다가 흩어지고 마는 분열적, 유동적 몸이기 때문이다.

기독교에서의 내세는 'au-delà'라는 '저 너머'로서 수직적 분할선을 지칭하는 듯하지만, 필자는 이것을 오히려 영생이라는 영원한 생명의 보존욕으로 해석하게 된다. 죽음이 초월성의 테마인 것이 아니라 오히려 생의 영원한 보존욕이 기독교라는 초월성의 핵심 원리로 보여진다. 다시 말해, 기쁨의 윤리학이 추구하는 것이 삶의 팽창성이라면 이것은 기독교의 영생의 욕망과도 그리 다르지 않다고 필자는 분석한다. 단지 기독교가 영원한 생명성을 영혼에 위치시킨다면, 기쁨의 윤리학은 몸에 위치시킬 뿐 보존과 증대의 원리는 동일하게 적용되기 때문이다. 이러한 점에서, 트랜스 에티카는 삶과 죽음, 기쁨과 슬픔, 고통과 쾌락, 유쾌와 불유쾌 등이 문제적으로 뒤엉켜 버리는 주이상스jouissance[37]로서 상승과 하강, 증대와 감소라는 양화가 불가능한 공백의 사건화이다.

즉 트랜스 에티카는 들뢰즈의 기쁨의 윤리학이 내재성의 수평선을 지켜 나가기 위한 치안police의 질서로 작동할 수 있는 한계를 드러낼 수 있는데, 이것은 바로 분노의 파토스를 통해서이다. 왜냐하면 분노indignation의 파토스를 통해 치안이 아닌 정치적인 것이 도래하며 이러한 파토스는 자기 부정성을 내포하는 것이기 때문이다. 수직적 위계화는 물론 수평적 팽창 논리에 입각한 질서 판을 무너뜨리는 정념으로서의 분노는 기존의 위상학적 배치의 어느 축으로도 흡수되지 않는 것이다. 이러한 관점에서 분노의 파토스는 관성과 항상성, 보존과 증대라는 자가 증식의 논리마저도 깨뜨린다. 이러한 자기 부정성은 초월적 수직면으로서의 선과 악도, 내재적 수평면으로서의 좋음과 나쁨이라는 가치치도 보존하지 않는 급진적 행위화의 역량을 뜻한다. 이를 통해 트랜스 에티카는 새로운 가치들, 아직까지 이름 지워지지 않은 공백으로서의 가치들을 창조할 수 있는 것이다. 다시 말해, 트랜스 에티카는 차이의 에토스와 분노의 파토스라는 진동 지대를 열어젖히며 로고스의 일원적 장을 찢음으로써 성-사랑을 신적 폭력의 장으로 도약시킬 수 있다. 변신의 윤리학은 수평과 수직이라는 공간적 은유의 방식마저도 탈각시키는 회오리로서 우리를 비워 내고 비약하게 하는 운동성의 궤적이며 성과 사랑의 새로운 결합 방식을 통해 몸의 사건성을 창출하는 과정이 될 것이다.

## 신적 폭력으로서의 성-사랑 매듭법

신화적 폭력[38]이라는 법 제정적, 법 보존적 폭력성은 성과 사랑을 부계 혈통적, 이성애적, 인간 중심적 가족제도 안에 정주하도록 하며 인간화라는 규범적 의미 질서에 편입되는 방식으로 성과 사랑의 초과성과 과잉성을 잘라 내고 재단해 왔다. 그러나 신적 폭력이라는 혁명적 폭력성은 성과 사랑을 인간화라는 기존 정상화 메커니즘에 대한 탈구 방식으로 작동하도록 하며 이를 통해 성-사랑-폭력을 차이의 별무리, 그 역동적 궤적 운동으로 펼쳐지게 한다. 왜냐하면 이 차이의 별무리는 기존의 도덕률, 사회적·문화적 규범 질서를 해체하는 탈로고스적 에토스로서의 윤리학을 도래하게 하는 것이기 때문이다.

새로운 윤리학으로서의 트랜스 에티카는 불일치와 비본질의 윤리학이다. 또한 트랜스 에티카는 비예측적 차이의 운동이라는 신체 에토스를 생산해 낸다. 이를 통해 규범적 에토스의 한계가 내파implosion되는데 이러한 창조적 횡단성을 통해 성과 사랑, 폭력이 엮이는 새로운 방식이 창안될 수 있는 것이다. 이러한 신체 에토스의 생산 지점으로서의 트랜스 에티카는 이분법적 논리의 한 항으로 귀착되지 않는 변이와 공명의 시공을 창조해 낼 수 있다.[39] 여기서 트랜스 에티카는 들뢰즈의 기쁨의 윤리학과 구분되는데, 후자가 여전히 감소와 증가라는 측량화의 장에서 자유롭지 않다면, 트랜스 에티카는 정동이라는 존재 변이 능력의 스펙트럼에 대립적 정동 구조를 도입하지 않으며 나아가 이를 측정할 수 있는 것으로 보지 않는다. 또한 들뢰즈는 도덕을 초월성의 장이라는 수직적 공간으로, 윤리학을 내재성의 장이라는 수평적 공간으로 해석함으로써 공간학적 은유를 적극적으로 사용한다. 그러나 수직적 공간 분할을 수평적 공간 분배로 대체하는 것이 여전히 x축과 y축을 전제하는 지표 위에서의 위치점 이동에 불과하다고 필자는 분석한다. 왜냐하면 트랜스 에티카는 수직적 · 수평적 공간의 은유를 채우는 초월적 가치로도 내재적 가치로도 환원되지 않는 새로운 가치, 이름조차 붙여지지 않는 낯선 미지의 가치들을 창조해 내는 것이기 때문이다. 왜냐하면 트랜스 에티카가 열어젖힌 새로운 시공—'지금 여기'로도 '저 너머'로도 축소될 수 없는 것—은 x축과 y축의 지표 위에 표식될 수 없기 때문이다. 이러한 맥락에서, 트랜스 에티카는 사변적 긍정보다는 실재의 긍정으로서 개념화할 수 없는 역동적 무의미, 비의미의 생성 양태에 대한 긍정이자, 창조적 파괴와 해체를 거친 자기 부정성의 긍정에 다름 아니다. 이러한 자기 부정성의 긍정은 자연성과 본질에 역행하는 급진적 행위화의 장을 융기하게 함으로써, 채움을 통한 비대화가 아닌 비움을 통한 가벼워짐의 도약을 기획하게 한다. 나아가 이러한 몸과 몸의 비예측적 조우와 생산으로서의 트랜스 에티카는 21세기 테크놀로지의 시대의 탈인간 중심적인 새로운 기술 윤리, 그 담론 지형을 직조하는 데에 기여할 것이다. 또한 기존의 도덕주의적 성 담론을 해체하는 새로운 욕망의 창조를 통해 다양한 공동 주거와 사랑-연합의 양태 생산을 통해 성과 사랑이 신적 폭력이라는 혁명적, 탈주적 방식 속에서 새롭게 엮이는 방식을 제안할 것이라고 전망한다.

# 폭력적 과거를 수용하는 능동적인 방편[1]

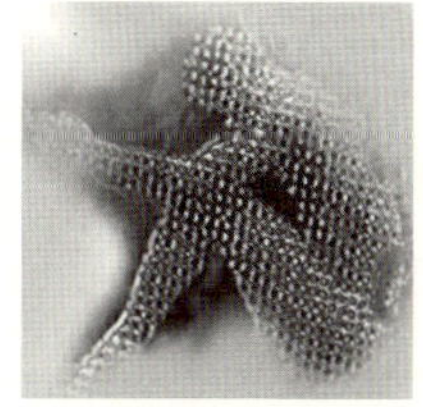

현대 미디어 사회의 대중은 충격적인 재난 사건의 이미지를 생중계로 보고 또 그것을 바로 공적인 담론을 통해 재생하는 일을 반복한다. 이렇게 무한 반복으로 재생되는 과거는 대체로 "트라우마 사건-기반 모델"로 불리는 현대 트라우마 이론의 틀에서 독해된다. 이 모델에서 대재앙적 사건을 직간접적으로 경험한 당사자는 사건 발생 당시가 아닌 사후적으로 과거 되살이를 하는 수동적인 피해자로 정립된다. 경험의 당사자가 사건을 능동적으로 경험하는 것이 아니라 무의식적으로 사건을 겪는 처지에 놓이기 때문이다. 그만큼 무방비 상태로 과거를 맞이하기 때문에 대재앙을 경험한 사람들에게 과거는 언제나 폭력적으로 재경험될 수밖에 없다. 미디어 이미지에 둘러싸인 우리 현대인들은 이 같은 폭력적인 경험에 노출될 가능성이 높은 만큼 트라우마적 과거를 수용하는 능동적인 방편이 필요한 시점이다. 이 글은 문학과 이론 텍스트를 통해서 트라우마 연구의 대중적인 모델이 갖는 한계를 비평적으로 검토함으로써 보다 능동적으로 트라우마를 다루는 방편을 모색하고자 한다

**서길완**

세계대전, 홀로코스트, 코소보 사태와 같은 대재앙적 사건들에서부터 가정폭력과 (아동)성폭력을 둘러싼 혼란스러운 폭로전에 이르는 수많은 충격적인 사건들을 목격하고, 그 충격과 혼란을 트라우마라는 키워드로 풀어낸 20세기는

소사나 펠만Shoshana Felman의 표현대로 "트라우마의 세기"[2]였다. 그렇다면 21세기에 접어든 작금은 어떠한가? 결론부터 말하자면 21세기도 20세기 후반부의 풍조와 크게 달라 보이지 않다는 것이다. 다만, 과거에 비해 대재앙적 사건을 경험하는 속도의 차이가 두드러지게 나타난다는 점은 주목할 필요가 있다. 미디어 기술의 발달로 우리 자신이 직접 개입되지 않은 다른 사람들의 고통 경험과 다른 나라들의 극한 사건들을 바로 우리 눈앞에서 목격하게 되면서 과거엔 다른 사람의 개인적 상처, 다른 나라 사람들의 집단적 고통 경험이었던 것이 지금은 개인적, 그리고 지엽적인 집단 혹은 지역의 차원을 넘어 사회적 차원으로, 더 나아가 세계적인 차원의 문제로 부상하고 있다는 점이다. 멀지 않은 과거(2001년)에 발생한 미국의 9·11 테러 사건에서부터 세계 곳곳에서 발생한 비극적 사건과 재난, 자연재해들, 그리고 가장 최근 한국에서 일어난 '세월호' 사건에 이르는 일련의 충격적인 사건을 둘러싼 실시간 영상 보도와 그 이미지들에 대한 광범위한 유포와 그에 대한 반응들에서 보여지듯, 트라우마적 충격은 그 사건을 직접적으로 겪은 사람들뿐 아니라 그것들을 보고 들은 거의 모든 사람들을 덮쳤다고 해도 과언이 아니다. 그리하여 9·11 테러의 경우, 그 사건 직후 일제히 대부분의 주요 신문과 텔레비전 방송국은 그것을 "국가적 트라우마"로 명명했다. 한국에서 일어난 세월호 사건의 반응 역시 9·11 테러 상황의 대응과 크게 다르지 않았다.

알렌 미크Allen Meek가 통찰한 바에 따르면, 예전엔 피해자들이 겪은 트라우마가 공적으로 인식되는 데 수 년 혹은 수십 년간의 시간이 걸렸지만, 지금은 고도로 발달된 미디어 기술로 말미암아 사건의 파괴적인 이미지들이 생중계 전달되고, 또 반복적으로 보여지기 때문에 그 특별한 사건은 즉각적으로 트라우마적이 된다는 것이다. 이런 현상을 반영하듯, 9·11 테러 이후의 많은 실증 연구는 외상

후 스트레스 장애PTSD의 범주를 TV나 다른 미디어를 통해 충격적인 사건을 목격한 사람들의 고통을 포섭하기 위한 "장거리 트라우마 효과distant traumatic effect"[3] 에까지 확대하기도 했다.

주지되다시피, 트라우마는 대재앙, 대격변적 사건과 그로 인해 어떤 한 개인(혹은 집단)의 정체성, 그/그녀(그들)가 발 딛고 서 있는 삶의 지평과 믿음 체계가 뒤흔들리고, 극단적인 경우 그 모든 것이 와해되는 상황을 지칭한다. 이것은 사건 이전과 사후aftermath 인식과 존재 방식 사이의 엄청난 간극이 초래됨으로써, 개인 혹은 집단의 정체와 삶에 치명타가 될 수 있다는 얘기다. 따라서 개인 혹은 집단이 경험한 사건의 전후 인식의 간극을 좁히고 재구성하는 일은 곧 치명타를 입은 자기 정체성과 삶을 복원하고 치료하는 일과 직결될 수밖에 없다. 무엇보다도 트라우마적 사건과 이미지들이 전 지구적이고 동시적이며 반복적인 형태로 전파되는 방식으로 말미암아 그것들을 목격한 대부분의 사람들이 외상의 피해자로 여겨질 수 있는 만큼 그들의 감정과 생각, 그리고 사후적인 삶의 연속성을 복원하고 회복하는 문제는 현대 미디어 시대의 우리가 해결해야 할 가장 중요하고 시급한 과제가 되었다고 할 것이다.

그런데 트라우마에 관한 한, 지금까지 트라우마 연구는 대체로 트라우마의 본질적인 특성인 '이해 불가능성uncomprehensibility'과 '표상 불가능성un-representability'에 초점을 맞추어 트라우마적 사건의 위압적인 힘과 그 여파를 설명하는 데 역점을 두어 왔다. 이 같은 연구 관점에 따르면, 개별 혹은 집단의 이해 능력이나 기존의 신념 체계를 넘어서는 위압적인 사건은 경험과 인식 사이의 간극을 초래함으로써 망각이라는 '잠복기latency'를 산출하고, 그로 인해 사건은 "나중에 belatedly"[4] 피해 당사자도 잘 모르는 병리적인 증상의 형태로 경험된다. 이 연구 관점을 따르는 이론가들은 플래시백, 반복적 행동, 악몽 등과 같은 병리적 증상을 사건과 인식 사이의 '잠복기'에 묻혀 있던 트라우마의 진실이 귀환하는 일종의 특별한 기억의 형태로 본다. 말하자면 트라우마는 '이해(표상) 불가능성'으로 기입되고, 그것을 통해 증명된다는 것이다. 이런 이해의 틀에 비추어 볼 때, '이해(표상) 불가능성'은 트라우마의 진실(실재)을 증명하는 보증자가 되고, 외상의 주체는 그러한 진실을 자기도 모르게 전송하는 수동적인 담지체bearer이자 환자가 되는 셈이다. 그런데 이 같은 상황에서 트라우마적 사건과 그것을 경험한 당사자가 만날 수 있도록 하는 매개자가 없기 때문에 '빗나간 만남'이 이루질 수밖에 없고, 그럼으로 외상의 주체는 계속해서 병리적인 증상을 발현하는 상황을 되풀이하는 것이다. 따라서 이 연구 관점에서 트라우마를 해결하기 위한 가장 중요한 요소는 과거 사건과의 직접적인 사후 대면, 즉 "트라우마의 정확한 재현an accurate representation of trauma"[5]이 되는 것이다. 사건 자체의 정확한 환기recall와 사건 이외의 어떤 것도 매개되지 않는 직접 전송의 중요성 때문에 "사건 기반(의존적) 트라우마 모델the event-based model of trauma"[6]로 일컬어지는 이 연구 관점의 성향은 후기 구조주의의 영향을 받은 캐시 캐루스와 외상 후 스트레스 장애PTSD 개념을 중심으로 구축되었다.

그런데 "사건 기반 트라우마 모델"과 같은 트라우마 이론의 연구 관점에 기대서 트라우마적 사건이 수용되고 이해될 경우, 인적 회복human recovery의 정신 역학에 대한 관심은 옆으로 밀쳐질 수밖에 없다. 그만큼 트라우마를 둘러싼 문제를 해결하고 치유하는 과정에서 피해 당사자의 역할을 기대하기 어렵다는 얘기가 되는 것이다. 트라우마적 사건이 얼마나 정확하고 직접적으로 전송되는가가 문제 해결의 열쇠가 되는 상황에서, 자기도 모르게 비정상적인 형태로 과거의 사건을 (재)경험할 수밖에 없는 외상의 피해자들은 스스로를 통제하거나 책임질 수 없는, 그러므로 "자율성과 책임 관념이 위협"받는 상태에 놓일 수밖에 없다. 그러나 앞으로 살펴보겠지만, 트라우마가 형성되는 과정 그리고 그것을 사후적으로 대처하는 과정에서 트라우마 주체의 능동적이고 적극적인 행위능력agency과 책임이 부재하고 누락될 경우, 트라우마를 둘러싼 문제 해결은 요원해질 수 있다.

이런 문제와 관련해서 장 루이 귀에 드 발자크Jean-Louis Guez de Balzac의 단편 소설 〈아듀Adieu〉[7]는 중요한 시사점을 던진다. 앞으로 살펴보겠지만, 이 작품은 200여 년이라는 시간차를 무색케 할 정도로 현대 트라우마 연구의 지배적 관심을 정확하게 극화해서 보여준다. ≪기억 · 서시≫에서 오카 마리岡眞理도 관찰했듯, 이 작품은 "폭력과 기억, 사건의 표상 (불)가능성의 문제를 이미 기입"[8]하고 있다. 트라우마 연구에 대한 앞선 설명에 비추어 볼 때, 이 소설은 현대 트라우마 이론의 지배적인 연구 관점의 핵심적인 요소들을 주제화하고 있는 것이다. 당시 실제 사건을 기록한 신문 기사를 모티브로 삼았다고 알려진 이 소설은 우아한 귀부인이었던 한 여성이 끔찍한 일련의 사건으로 인해 기억을 잃고 거리를 떠도는 광인으로 전락했다가 과거의 정확한 기억이 되돌아온 순간, 바로 그 기억 때문에 죽음을 맞게 되는 비극적인 이야기를 다룬다. 트라우마적 사건이 있는 그대로 복원되어 전달되는 과정이 예상치 못한 비극적 결과를 초래할 수 있다는 것이다. 기억 회복으로 인해 빚어진 이 같은 비극적인 결과는 전술된 "사건 기반 트라우마 모델"의 한계를 노정시키고 있다.

기존의 지배적 트라우마 이론의 연구 관점에 관한 이 같은 문제점들에 비추어 볼 때, "사건 기반 트라우마 모델"의 한계점을 보완해 줄 보다 능동적인 방편의 트라우마 모델을 발굴할 필요가 있다고 보여진다. 말하자면 트라우마의 본질적인 특성상 사건 발생 당시에 문제 해결점을 찾지 못해 사후 다시 그 문제를 되짚어 보고 그것을 둘러싼 일련의 문제(특히 치유)들을 다루어야 한다면, 사건 자체보다는 과거와는 다른 시·공간적 맥락에 놓인 채 과거와 재조우해야 하는 외상 주체의 인적 회복의 측면을 고려해야만 한다는 것이다. 바로 이런 문제의식에서, 본고는 먼저 "트라우마 사건 모델"이 지닌 한계점을 극화해서 보여주는 <아듀>의 내용 분석을 통해 트라우마적 사건 자체에 초점을 맞추어서 트라우마를 다루는 방식과 그것이 갖는 문제점을 면밀하게 검토한 뒤, 인적 회복, 즉 트라우마적 주체의 입장에서 트라우마를 다루는 방식을 발굴해서 대안적인 방편으로 제시하고자 한다.

## "도래하는 사건"을 통해 본 "사건 기반 트라우마 모델"의 한계

"사건 기반 트라우마 모델"의 한계와 관련해서 <아듀>에 나타나는 기억의 문제를 분석하기에 앞서 먼저 이 소설의 대략적인 내용을 살펴보기로 하자. 필립 드 슈시 Philipppe de Sucy 대령이 친구와 사냥을 하러 나선 길에서 광기 어린 한 여인과 우연히 마주친다. 그 여인은 '아듀(영원한 안녕)'라는 단 한 마디밖에 하지 못한다. 그런데 나중에 밝혀지는 사실이지만, 그 여성은 과거에 필립의 연인이었던 슈테파니 드 방띠에르Stephanie de Vandieres 백작 부인이다. 슈테파니는 남편과 함께 나폴레옹 전쟁에서 종군하게 된 필립을 따라서 러시아까지 동행하지만 프랑스군이 퇴각을 거듭하면서 슈테파니 일행은 러시아 군에 포위당하게 된다. 배를 타고 도강(베르지나 강을 건넘)을 하려고 했지만, 나룻배에는 두 사람이 올라탈 여유밖에 없어서 필립은 슈테파니와 그녀의 남편을 태워 보내고 자신은 강가에 남는다. 나룻배에 오른 슈테파니가 필립을 향해 외친 마지막 한마디가 바로 '아듀'였다.

그런데 필립의 희생 어린 노력에도 불구하고 슈테파니는 안전한 곳으로 피하지 못한다. 나룻배에 떨어져 강물에 빠진 슈테파니의 남편이 떠내려오는 얼음 덩어리의 날카로운 부분에 목이 잘려 비참하게 죽게 되고, 슈테파니는 바로 그 현장을 고스란히 지켜봐야만 하는 끔찍한 상황에 놓였기 때문이다. 설상가상으로 슈테파니는 적군의 포로가 되어 2년 동안 위안부로 끌려다니며 성적 유린을 당한다. 몇 년 뒤 슈테파니가 큰아버지에게 발견되었을 때, 그녀는 발가벗겨진 채로 이미 기억을 잃어버린 광인의 상태였다. 필립은 우아하고 아름다운 귀부인이었던 슈테파니가 지금은 반짐승처럼 변해 과거의 연인이던 그의 모습도 알아보지 못하는 데 큰 충격을 받고, 슈테파니의 기억을 되돌리기 위해 그녀의 치료에 온 힘을 써 보지만 모두 허사로 돌아간다. 그가 마지막으로 택한 수단은 겨울 러시아 평원 베르지나 강을 모방한 장대한 무대를 만들어 두 사람이 이별하는 장면을 생생하게 재연하는 일이었다. 그 정경 속에 몸을 맡기고 강에 떠오른 나룻배를 본 슈테파니는 기억을 되찾는다. 그리고 연인 필립의 모습을 똑똑히 확인하자마자 '아듀'라는 말만 남기고 심장이 멎어 죽음을 맞는다.

통상적으로 증발된 기억을 회복하는 일은 기억의 누락으로 인해 구멍 난 정체를 바로 잡고 삶을 지속시킬 수 있게 하는 계기를 마련한다고 여겨져 왔다. 그런데 스테파니에게 과거 경험의 귀환은 우리의 일반적인 인식과 다른 역할을 했던 것일까? 기억이 돌아오자마자 슈테파니가 죽음을 맞이한 이유는 무엇인가? ≪기억 · 서사≫에서 오카 마리는 저명한 페미니스트인 소사나 펠만Shoshana Felman의 분석을 빌려서 슈테파니의 기억 회복에 관한 흥미로운 해석을 제시하고 있다. 먼저 필립의 입장에서 슈테파니의 기억을 되살리는 일은 과거의 연인이었던 그를 알아보게 하고, 그 자신이 사랑했던 우아한 귀부인의 이미지를 복원시켜 다시 한 번 그녀와의 관계를 회복하려는 것이다. 이 모든 노력은 바로 필립 그 자신을 위한 나르시시즘적인 욕망에서 나왔다는 것이 펠만의 해석이다. 그럼에도, 일반적인 사람들이 볼 때 필립의 노력은 헌신적인 행위가 아닐 수 없다. 광인이 되어 가는 그녀에게 과거의 우아한 귀부인의 이미지와 정상적인 삶을 돌려준 것이 무엇이 잘못되었단 말인가?

마리는 슈테파니의 입장에서 기억과의 투쟁을 살펴보아야 앞의 물음에 대한 해답을 얻을 있다고 말한다. 그런데 〈아듀〉는 제3자의 입장에서 슈테파니가 기억을 찾는 과정을 서술하고 있어 그녀의 속내가 어떠했는지는 정확히 알 수 없다. 필립에게 마지막 사랑의 인사만 남기고 폭력적인 사건의 피해자인 슈테파니가 삶의 무대에서 퇴장하기 때문에 현실 세계로의 복귀가 왜 슈테파니에게 불행한 일이 되는지를 우리 독자는 정확히 알 수 없다. 그런 까닭에, 마리는 슈테파니가 떠올린 과거의 기억이 아닌 그녀에게 갑자기 "도래하는 사건"[9]에서 접근해야 한다고 말한다. 그렇다면 "도래하는 사건"이 무엇인지를 먼저 이해해야 할 것이다. 마리에 따르면, "도래하는 사건"이란 체험 당사자가 필요에 따라 자기 의지대로 과거 사건을 소환하는 그런 일반적인 기억 작업이 아니다. 그것은 사건의 체험 당사자도 모르는 사이에 과거의 사건이 귀환하는 것이다. 그런데 이때 부지불식간에 치밀고 들어오는 기억이 좋은 경험에 관한 것이 아니라 너무도 끔찍해서 피하고 싶은 것이라면 어떠하겠는가? 슈테파니에게 갑자기 "도래하는 사건"이란 바로 그런 종류의 기억이다. 잔인하리만치 끔찍한 남편의 사고를 자기 눈으로 목격하고, 2년여 간 적군의 위안부로 성적 유린을 당했던 당시의 경험들은 그녀에게 차라리 존재하지 않는 것보다 못한 것이지 않겠는가. 그만큼 그와 관련된 기억은 철저히 부인되고 망각될 수밖에 없는 것이다.

물론 아무리 큰일을 당해도 그것을 감당할 힘이 있는 사람, 그리고 그 일에 대한 상처를 보듬어 주고 그것을 이해해 줄 주변 상황이 잘 갖추어져 있는 경우엔 피해자가 그 사건을 정면으로 대처하는 데 큰 도움이 된다. 그러나 대개 보통 사람들은 일상에서 쉽게 경험되지 않는 한계상황에 대한 물리적, 정신적 대비가 되어 있지 않다. 거의 무방비 상태에서 엄청나게 위압적인 사건과 맞닥뜨리기 때문에 순간적으로 그 상황을 부정하거나 회피하려고 한다. 정신분석학에서는 바로 이런 회피적 현상을 '억압repression' 혹은 '해리dissociation'라는 개념으로 설명한다. 전자는 마음의 수직 작용으로 트라우마적 사건을 의식의 아래쪽(무의식)으로 밀어내는 역할을 한다. 그리고 후자는 수평적으로 작용하는 것이다. 정상적인 의식의 흐름에서 트라우마적 경험을 칸막이 하는 것과 비슷한 역할을 하는 것이다. 비록 이 두 개념이 운동의 방향에서 차이를 보이지만, 트라우마적 기억에 관한한 상호 교환적으로 사용될 수 있다. 의식의 아래쪽으로 밀려 내려가든 아니면 옆으로 칸막이가 쳐지든 간에, 트라우마가 발생할 당시의 경험이 피해자에게 일시적으로(혹은 장기적으로) 인식되지 않기 때문에 당장의 파국은 유보될 수 있다는 점에서 그러하다. 대개 이러한 과정은 트라우마가 발생할 당시에 벌어지는 일종의 생존 투쟁으로 이해된다. 지금 눈앞에서 벌어지고 있는 일을 부정하고 망각하는 것은 힘없는 피해자가 그/그녀의 존재와 그/그녀가 발 딛고 사는 세계를 일순간에 박살내려는 괴력에서 벗어나려는 생존 방편이 되기 때문이다. 보다 심각한 문제는, 바로 이런 과정을 겪고 살아남은 생존자에게 억압되고 해리된 기억이 되살아날 때 발생하는 여파이다. 트라우마 기억의 억압되고 해리된 경험이 완전히 사라지거나 잊혀진 것이 아니라 피해자의 의식이나 몸 어딘 간에 기입되어 있기 때문에 문제는 더욱더 심각할 수밖에 없다.

그렇다면 엄청난 외부 자극에 대한 완충장치 없이 그날의 충격적인 상황과 다시 맞닥뜨리게 된 슈테파니의 경우는 어떠한가? 캐루스로 대표되는 현대 트라우마 이론 연구자들의 표현을 빌려 말하면, 슈테파니에게 "도래하는 사건"은 잠복해 있던 사건에 대한 기억이 정확히 떠오른 것이다. 대개 과거 경험은 시간의 경과와 기억력의 쇠퇴, 그리고 많은 새로운 경험들의 유입으로 인해 서로 다른 경험들이 뒤섞이고 삭제되거나 혼동되기도 한다. 그러나 캐루스와 비슷한 관점에서 트라우마를 해석하는 베셀 반 데르 콜크Bessel Van der Kolk와 리타 피슬러Rita Fisler 같은 연구자들에 따르면, 트라우마적 경험은 그런 정상적인 의식의 흐름들과 뒤섞이지 않으며, 마음 혹은 뇌의 한 부분에 영구적으로 "각인되고etched" "새겨져서engraved"[10] 손상되지 않은 채 그대로 남아 있다. 만약 트라우마적 경험이 거의 손상되지 않은 채 그대로 남아 있다면, 그럼으로 서슬 퍼런 사건의 칼날에 찢긴 상처가 재소환된다면, 어떤 결과가 초래될 것인가? 비록 시간이 지나고 외부 환경이 많이 변했다고는 하나, 과거 상태 그대로의 상처를 다시 마주해야 하는 피해자는 그때의 경험과 상처가 너무도 생생하게, 마치 피해를 입은 바로 그 순간의 충격과 아픔으로 되살아나지 않겠는가?

슈테파니의 경우가 바로 여기에 해당된다. 필립이 행한 '실연enactment' 작업이 야만적인 폭력성을 지닌 이유도 바로 여기에 있다. 충격을 감당할 수 없어 눈앞에 벌어진 일을 부정한 슈테파니는 그때의 사건이 도대체 무슨 일이지 제대로 인식도 하지 못한 채 살아왔다. 그런 그녀에게 필립은 급작스럽게 그 사건을 그대로 재경험하게 한 것이다. 그럼으로 슈테파니에게 그 일은 과거의 사건이 아니라 바로 지금 벌어지고 있는 일이 되고, 쓰나미와 같이 자기의 힘으로 어찌해 볼 도리가 없이 순식간에 밀려오는 대재앙으로 경험하게 되는 것이다. 그것은 곧 그 사건을 맞이해야 하는 사람에게 엄청난 폭력적인 일이 벌어질 수 있다는 점을 시사한다. 실제로 이 같은 우려는 슈테파니가 기억을 되찾았을 때 현실로 나타난다. 그녀의 현재에 되불려진 것은 우아한 귀부인으로서의 과거 정체성뿐 아니라 그녀가 도저히 함께 가지고 살아 낼 수 없는 위안부의 과거이기도 하다. 현실 세계에 함께 불려 들여진 위안부의 고통스러운 경험은 귀부인의 자태로 우아하게 살아가기 위해서 가리고 은폐해야 하는 오점이 아닐 수 없다. 현실 세계에서 공존해서 안 될 바로 그 오점을 마주한 귀부인 슈테파니는 온몸이 얼고 정신이 마비되어 그 자리에서 쓰러져서 죽음을 맞이하게 된다. 결국, 망각된 기억을 되살려서 사랑하는 연인의 본모습을 찾아 주려던 필립의 노력은 오히려 슈테파니의 심장을 멎게 하는 살상 무기가 된 셈이다.

## 외상으로 인해 초래된 기억장애와 마주할 때, 우리가 알아야 할 것들

<아듀>의 이야기는 외상의 사후 대처와 치유 문제에 있어 상실된잃어버린 기억을 온전히 복원해서 환기시키는 것이 해결책이 아님을 경고한다. 왜냐하면 정상적인 의식의 흐름에서 가로막히고 누락된 부분이 복구된다고 해서 외상을 입은 사람들의 정체와 삶이 외상을 입기 전의 상태로 되돌려진다는 것이 아니기 때문이다. 누구보다도 현실에서 슈테파니와 같은 상황을 경험한 사람들은 정확한 기억의

환기가 가져다주는 마법적인 순간이 없다는 사실을 역설적인 단절감을 통해 증언한다. 현대 트라우마의 원형적인 사건으로 인식되는 홀로코스트 생존자들 중 한 사람인 샤롯 델보Charlotte Delbo는 "나는 아우슈비츠에서 죽었다. 그러나 아무도 그것을 모른다."[11]고 쓴 바 있다. 베트남 참전 군인들을 상담 치료한 조나단 쉐이Jonathan Shay는 환자들이 "나는 베트남에서 죽었다."[12]는 말을 하는 것을 자주 들었다고 한다. 성폭력을 경험한 미가엘 쉐러Migal Scherer는 "나는 언제나 이전의 나 자신을 그리워할 것이다."[13]고 쓰면서 강간 생존자들이 공통적으로 경험한 자기 상실과 삶의 단절감을 표현하고 있다. 상술되었듯이, 트라우마의 사건은 생명을 위협하는 것으로 감지되는 폭력에 맞닥뜨려 한 인간이 자신은 완전히 무기력하다고 느끼게 되는 경우를 가리켜서 사용되는 말이다. 위험에 처했을 때, 그것과 맞서 싸울 방어 태세를 갖추거나 아니면 도망칠 수 있는 그런 인간의 일반적인 적응 반응들은 성폭력이나 고문 혹은 대재앙적인 사건과 같은 트라우마적 사건에 직면해서 거의 발휘되지 않는다는 뜻이다. 자아의 극복 능력을 넘어서는 사건 앞에서 자아가 심한 손상을 입게 되는 이런 상태를 주디스 허먼Judith Herman은 다음과 같이 설명한다.

> 어떤 사건을 앞에 두고 저항도 탈출도 불가능할 때, 인간의 자기 방어 체계는 그 앞에서 압도당한 채 무너져 버리고 만다. 위험이 닥칠 때 보이던 일반적인 반응들은 이런 사건 앞에서는 아무런 힘도 쓰지 못하고, 대신 눈앞의 위험이 사리지고 한참이 지난 후까지 그 반응들은 변형되고 과장된 상태로 남아 있곤 한다.[14]

특히 트라우마가 다른 사람이 의도적으로 가한 것 때문에 생겼을 때, 그것은 피해자가 가지고 있던 세상에 대한 기본적인 가정들을 무너뜨리고, 세상 속에서 피해자가 보장받아야 할 안전을 파괴할 뿐 아니라 피해자의 자아와 다른 사람들 사이에 유지되고 있던 유대까지 끊어 놓는다. 의도적으로 가한 폭력으로 외상을 입은 사람은 자신을 (성)폭행하고 고문하는 사람에 의해 단지 물건처럼 취급당한다. 여기서 피해자의 주체성은 아무짝에도 쓸데없고 무가치한 것으로 전락하고 만다. 여성 학자 수잔 브라이슨Susan Brison은 실제 자신이 겪은 끔찍한 성폭행의 고통을 바탕으로 쓴 ≪이야기해 그리고 다시 살아나≫에서 바로 이런 느낌을 생생하게 증언한다.

아이를 갖기 위해 피임을 중단하기로 결정을 한 뒤 얼마 지나지 않아서 브라이슨은 자신의 삶이 송두리째 뿌리 뽑혀 내동댕이쳐지는 사건을 경험하게 되었다고 진술한다. 1990년의 7월 어느 날 오전에 브라이슨은 남편과 동료를 숙소에 남겨 두고 혼자 프랑스 외곽의 평화로운 시골길을 따라 산책을 하고 있었다. 대략 한 시간 반 정도가 흐른 뒤 브라이슨은 어두운 골짜기 아래의 흙탕물 속에 얼굴이 처박혀 누군가에게 두들겨 맞고 성폭행을 당하기 시작했다는 것이다. 성폭행범이 자리를 떠난 후, 있는 힘을 다해 언덕을 기어 올라간 브라이슨은 한 농부에 의해 구출되었다. 그러나 구출되었다는 안도감은 잠시뿐 이내 끔찍한 후유증이 엄습한다. 어느 날 갑자기 영문도 모른 채 당한 그 끔찍한 일 때문에 브라이슨은 자기 몸이 고통과 두려움으로 얼룩진 몸으로 변했고, 더 이상 성폭력을 겪기 이전의 자기와 동일한 사람으로 느껴지지 않았다는 것이다. 자기 몸이 원수처럼 느껴지고 수많은 결점을 가진 것으로 느껴졌다고 한다.

이처럼 허구적 인물인 슈테파니, 그리고 실제 사건의 피해자인 브라이슨과 쉐러, 그리고 많은 홀로코스트 생존자들이 겪은 자아 혹은 삶의 연속성의 단절감은, 캐루스를 위시한 현대 지배적 트라우마 이론가들이 트라우마를 구성하는 동시에 그것의 진실성을 보증한다고 주장하는 '이해(표상) 불가능성'과 관련이 있다. 슈테파니의 경우 일어난 사건을 아예 말할 수도, 볼 수도 없다. 그러므로 그녀에게 일어난 끔찍한 일을 이해하고 받아들이는 일이 불가능한 상태다. 그리고 브라이슨과 윙클러의 경우, 일어난 사건을 부분적으로 말할 수 있지만 그로 인한 충격을 정합적으로 말할 수 없다. 그들에게 일어난 사건은 다른 어떤 사람들이 경험한 것들과도 통약 불가능하기 때문에 일반적인 언어로 말하여진다면 그 사건은 진실이 오염되거나 진정성이 결여된 경험이 된다. 따라서 그 사건의 진실이 손상되지 않고 온전히 전달되기 위해서 피해자들의 몸과 감각은 트라우마 진실의 담지자가 되어야 하는 것이다. 여기서 문제는 비록 피해자들의 몸과 감정을 통해 전달되는 그런 기억들—폭력적인 기억, 악몽, 강박적인 반복 행위, 불쑥 치밀고 들어오는 이미지들—이 피해자 자신들에는 물론 다른 사람들의 눈에 보이지 않고 들리지 않는 트라우마의 진실, 즉 날 선 과거의 실재, 그 사건의 "직접성literality"[15]을 보증하는 것일지 모르지만, 그것들은 여전히 외상을 입은 사람들의 편에서 자율적으로 다루어질 수 없는 폭력적인 힘이라는 점이다. 따라서 "도래하는 사건", '트라우마적 기억'을 맞이하는 사람은 여전히 그 사건에 대한 수동적인 피해자로 남을 수밖에 없다.

이런 이해의 바탕에서 볼 때, "도래한 사건"의 폭력적인 재조우의 위협에서 벗어날 수 있는 가능성은 두 가지의 가능성에 달려 있다고 하겠다. 첫째, 도저히 일어날 것 같지 않는 일이 실제로 발생했다는 것을 파악할 수 있어야 한다. 둘째, 그렇게 일어난 사건을 다른 사람에게 이야기하고 그 이야기를 피해자 자신의 삶 속으로 통합할 수 있어야 하는 것이다. 이 과정에서 가장 중요한 역할을 하는 것은 외상을 입을 사람의 자아, 즉 "자율적인 행위자로서의 자아"[16]이다. 적어도 치유에 관한 한, 피해자의 기억 체계에서 해리된 사건이 있는 그대로 복원됨으로써 자동적으로 외상이 치유되는 것이 아니라 외상을 입은 피해자가 과거의 경험을 다른 시간과 다른 장소, 그리고 다른 사람들에게 재맥락화해서 전달함으로써 치유의 가능성이 열린다. 이처럼 사후에 달라진 현실적 맥락에서 과거 다시 말하기를 할 때 극복해야 할 문제는, 기존의 지배적 트라우마 이론이 트라우마의 진실 혹은 진정성을 지키기 위해서 끝까지 고수하려 했던 사건 자체와 자아 정체성, 그리고 외싱을 입기 진 피해자의 삶의 풍경의 오염과 변질에 대한 두려움인 것이다.

## 트라우마적 기억에서 서사 기억으로의 전환

프랑스의 정신분석학자 피에르 자네Pierr Janet는 사건 자체의 정확한 환기recall보다는 피해자 개인의 치유에 중점을 두고 트라우마를 둘러싼 일련의 문제를 다루는 데 많은 노력을 기울인 학자였다. 그런 그의 노력에도 불구하고 최면술, 암시를 통한 치료, 충격요법 등의 다소 비과학적으로 여겨지는 치료 요법들 때문에 그간 그의 기억 연구와 심리 치료술은 평가절하되어 왔다. 그러나 최근 정신의학 연구자인 주디스 허먼Judith Herman과 반 데르 콜크, 그리고 반 데르 하르트와 같은 현대 구조주의 트라우마 이론가들에 의해서 그의 기억술 치료가 다시 주목을 받기 시작했는데, 우리는 바로 그 대목을 눈여겨볼 필요가 있다. 특히 자네가 '트라우마적 기억'과 구분하는 또 다른 종류의 기억은 앞에서 우리가 고민했던 문제를 해결하는 데 유용한 실마리를 제공해 준다는 점에서 중요한 의미를 갖는다. 자네는 기억과 서술의 본질에 관한 고찰에서 '트라우마적 기억'과 '서사적 기억narrative memory'을 구별하여 제시한다. 전자는 "과거를 단순히 무의식적으로 반복"하는 기억이고, 후자는 "자기 경험을 서사적 역사의 형태로 그 자신뿐 아니라 다른 사람에게 표현하는"[17] 것이다.

그렇다면 자네가 구분한 두 가지 기억의 형태를 <아듀>에 적용해 볼 때, 필립이 슈테파니의 과거를 되찾아 주기 위해 행한 재연 작업을 통해 도래한 것은 트라우마적 기억에 다름 아니다. 필립이 충실하게 재연한 '실재' 속에서 슈테파니는 현실의 세계로 돌아온다. 슈테파니가 기억을 되찾았을 때 그녀는 예전의 귀부인으로 돌아왔을 것임에 틀림없지만, 동시에 그것은 "남자들의 욕망과 폭력을 한 몸에 불러들인 사건과 불가분의 관계"[18]를 맺는다. 귀부인에 대한 그녀의 기억과 함께 도래한 끔찍한 현실은 그녀가 그 현실의 주인으로서 능동적으로 불러낸 것이 아니라 오히려 (망각을 통해 있는 그대로 보존된) 현실이 그녀에게 회귀한 것이다. 그녀의 의지와는 상관없이 불쑥 나타난 기억은 그녀 자신의 의도대로 통제할 수 없다.[19] 자신에게 일어났던 끔찍한 사건이 무엇인지를 제대로 파악하지 못하고 있는 피해자인 슈테파니에게 그 현장이 눈앞에서 벌어지고 있으니 그녀는 폭력적인 사건을 또 다시 고스란히 겪어야 하지 않겠는가. 물건처럼 취급되던 자아의 수동적인 상태, "사건 기반 트라우마 모델"의 관점에서 말하는, 트라우마적 진실의 담지자로 말이다. 그렇다면 이 무능력하고 무기력한 자아에게 필요한 것은 물건처럼 취급받는 존재로부터 주체의 고유한 능력을 되찾는 일일 것이다. 그러기 위해선 무엇보다도 주체의 고유한 능력을 앗아간 폭력적인 사건을 다스릴 줄 알아야 한다. 트라우마적 사건과 맞닥뜨렸을 때 너무 충격을 받고 놀란 나머지 망각된, 그러면서도 나중에 오히려 일반적인 기억보다 더 세부적이고 생생하게 재생되는 '트라우마적 기억'은,

피해자의 의지와 상관없이 폭력적으로 되살이되는 기억이다. 여기서 피해자는 과거 사건의 진실을 고스란히 담지하고 그것을 수동적으로 모방하는 자동기계와 비슷한 존재가 된다. 따라서 자동기계 같은 수동성에서 벗어나기 위해서 외상을 입은 피해자는 자신이 그 충격적인 경험을 스스로 통제할 수 있는 것으로 만들어야 하는 것이다.

그러나 바로 이 과정에서 우리가 각별히 경계해야 할 것이 있다. 외상적 사건으로 입은 상처를 완전히 박멸(적출)할 수 있다는 믿음이다. 자네는 이 난제를 해결하기 위해 창조적인 해법을 제안했다. 그가 제안한 방법은 '트라우마적 기억'을 "서사적 기억"으로 전환하는 것이었다. 말하자면 아픈 상처를 마치 존재하지 않았던 것처럼 말끔히 잘라 없애자는 것이 아니라 다른 방식과 다른 방향으로 전환하자는 것이다. 그렇다면 여기서 자네가 트라우마적 기억을 '서사 기억'으로 전환함으로써 19살의 젊은 여성 환자, 마리Marie를 치유한 유명한 사례를 살펴보자. 마리라는 여성은 과거의 나쁜 기억 때문에 히스테리—경련, 섬망, 팔과 가슴 근육의 수축, 다양한 마비, 왼쪽 눈의 히스테리성 실명—를 앓고 있었다. 자네는 이 증상들이 멘스 기간이 되면 시작되고, 동시에 그 기간에서 스물 시간 정도는 멘스가 멈춘다는 것을 관찰했다. 특히 섬망 상태가 되면 피와 불에 대한 말을 하며 소리를 지르고 불길을 피해 도망을 치고, 스토브와 가구로 올라가기도 한다. 그리고 마지막에는 언제나 각혈을 했다. 그런데 정작 이런 소동을 일으킨 본인은 자기에게 무슨 일이 일어났는지를 모른다는 것이다. 자네는 이런 증상들을 기초로 마리의 히스테리가 초경과 관련 있다고 가정한다. 그리고 히스테리의 원인으로 의심되는 문제의 시점(초경 장면)을 되돌리기 위해서 마리의 동의를 구해 최면을 유도한다.

초경이 시작되었던 바로 그 당시를 마리가 기억해서 재구성한 이야기는 다음과 같다. 13살 되던 해에 초경을 경험하게 된 마리는 당시 극심한 수치심을 느껴 생리 혈을 멈추게 하려고 차가운 물이 담긴 큰 욕조로 뛰어들어갔다. 그러자 그토록 무섭게 느껴지던 생리혈 이 갑자기 멈추게 되었는데 그 충격 때문인지 오한이 들고 며칠 동안 환각에 시달렸다고 한다. 그런데 5년이 지나서 다시 이런 증상들이 시작되어서 입원을 하게 되었다는 것이다. 마리는 이 모든 것을 정상적인 상태에서는 기억하지 못했다. 세부적인 내용들은 자네가 유도한 최면 상태에서 마리 자신이 목격해서 말한 당시의 장면들이다. 자네는 마리가 정확히 떠올린 바로 그 문제의 과거 장면에 개입해서 그녀의 잘못 고착된 관념을 바로잡을 수 있도록 다음과 같은 확신을 준다. 멘스는 3일 동안 지속될 것이며 그사이 어떤 불행한 사건도 끼어들지 않을 것이다. 자네의 기록에는 실제로 그다음 주기가 돌아왔을 때 멘스 주기가 되면 언제나 마리를 괴롭히던 증상들이 사라졌다고 서술된다.

그런데 자네가 치료를 담당한 또 다른 여성 환자인 이레네Irene는 앞의 마리의 사례와 같이 종국에는 치료가 되었다고는 암시되지만, 치료 과정에서 '서사 기억'으로의 전환이 실패해서 상당한 어려움을 겪은 것으로 알려져 있다. 이레네는 엄마의 죽음 때문에 외상을 입은 여성이었는데, 엄마가 죽고 난 뒤에도 그녀는 상실의 사실을 자각하지 못했다. 대신 몽유적인 상태에서 반복적으로 엄마의 죽음의 장면을 재연할 뿐이었다. 위기 상황에 처하면 이레네는 엄마가 돌아가실 때 그녀가 간호했던 정확히 그 태도를 또다시 취했다. 앞의 설명들에 비추어볼 때, 이레네의 태도는 사건과 직결된 행위의 재생산(조건반사적 행위처럼)일 뿐 그때의 경험을 제대로 인식하는 것이 아니다. 이레네에게 그 사건(죽음의 사건)은 망각,

즉 "주체의 자율성"을 대가로 수동적으로 받아들여졌기 때문에 그녀 자신의 삶의 역사로 흡수(통합) 되지 못한 것이다. 따라서 엄마의 죽음이라는 원사건과 현재 이레네의 망각을 통해 무의식으로 되살이되는 과거가 현재의 상황과 연결되어야만 엄마의 죽음은 현실로 받아들여질 수 있다. 엄마의 죽음이 인식될 때, 비로소 이레네는 엄마가 부재하는 현실을 바탕으로 미래의 삶을 설계할 힘을 갖게 될 수 있는 것이다. '서사 기억'은 바로 이 원사건과 망각 사이를 연결하는 다리 역할을 한다. 과거에 일어났던 일을 자신뿐 아니라 다른 사람의 삶과 연결(통합)하는 행위다.

그런데 연결 작업으로서의 '서사 기억'은 고통스럽고 불쾌한 기억을 완전히 잘라서 박멸하는 것과는 분명 다르다. '서사 기억'은 생존자가 겪어야 했던 사건을 인식하고 그것을 다른 사람에게 이야기를 하고, 그 이야기를 이해하고 들어주는 사람들의 도움을 받아 자기 삶에 "불쑥 치밀고 들어오는 트라우마를 이전 삶과 이후의 삶 속으로 통합"[20] 시키는 것이다. 그러므로 "도래하는 사건"이 외상 주체에게 폭력을 휘두르지 않게 다스리는 것이다. 이러한 과정이 성공적으로 이루어지기 위해서는 마리의 사례가 보여주듯, 외상의 주체는 자신에게 일어난 사건을 이야기의 대상으로 삼아서 그것을 능동적으로 이야기해야 한다. 자네는 바로 이 이야기 행위를 "현시화presntification", 즉 "자기-관찰과 자기 재현 행위"[21] 로 부른다. 그만큼 '현시화'는 외상을 입은 사람이 현재를 현재로 구성할 수 있는 능력, 그리고 그/그녀 자신에 대해서 하는 이야기와 현실, 그리고 실제 경험을 연결할 수 있는 능력에 의해 결정될 수밖에 없다. 이 작업 과정에서 생존자는 자기가 처음에 겪었던 트라우마를 자신뿐 아니라 그 이야기를 들어주고 이해해 주는 청자까지 포함해서 "다른 시간과 다른 장소"에서 재조우하고, 과거에 겪었던 수동적인 반응과는 다르게 능동적으로 대처하는 일종의 시간차 교정 행위를 한다.

이 같은 사후적인 교정 작업은 도미닉 라카프라Dominick Lacapra가 "정면 통과working through"[22]라고 명명한 특별한 기억 개념과 일맥상통한다. 라카프라의 정의에 따르면, 과거를 '정면 통과'한다는 것은 "일어난 일을 현존감을 잃지 않고 떠올리는 것"[23]이다. 말하자면 외상을 입은 사람은 지금 현재에서 과거를 있는 그대로 '시연enactment'하고 있지만, 바로 이 과정에서 생존자는 과거를 개조하고 정면 통과하는 자아의 다른 차원을 갖는 것이다. 이 다른 차원의 자아가 강박적으로 되풀이되는 외상적 과거를 되받아치게 된다. 가령 전술된 자네의 환자인 마리의 경우, 초경 장면을 떠올려 이야기하는 대목에서 마리는 극심한 외상을 입은 피해자로 과거를 되살이(초경의 순간과의 재조우)해야 하는 위기를 맞을 수밖에 없었다. 그러나 이번엔 과거 경험의 소용돌이에 휩쓸려 그 혼란과 한 덩어리가 되는 대신에 그것과 거리를 두고 그 순간을 관찰하고 주시한 것을 청자인 자네에게 재구성해서 이야기해 준다. 이때 이야기를 전하고 있는 마리는 현재의 청자에게 과거의 경험을 재맥락화하고 있는 것이다. 그런 의미에서, 마리는 "부재한 현재를 재현"(Leys 112)하는 "현시화"를 수행한 것이다. 자네는 바로 이 '현시화'의 수행 결과 마리의 고통스러운 증상들이 사라지게 되었다고 결론을 내렸다.

요컨대 이 같은 마리의 치유 사례는 과거를 있는 그대로 상기해서 곱씹어야 진실이 전해지고, 또 진짜 우리가 되며, 그럼으로써 과거로 인해 받은 고통과 상처로부터 벗어나고 치유될 수 있는 것이 아님을 알려준다. 과거의 경험(사건)을 무의식적으로 모방하고 동일시하며, 자기에게 떠올려지는 이미지와 장면들이 무엇인지 모르고 보는 자기-분열적인 상태를 인식하고, 그 상황을 자기-통합적인 상태로 변형시키는 '정면 통과'의 과정, '서사 기억' 행위가 보충되어야 보다 온전한 치유의 단계에 이르게 된다는 점을 시사하는 것이다.

## 현실적 치유에 이르는 길

전술된 마리와 이레네 치료 과정은 외상적 사건을 사후적으로 대응하고 외상을 치유할 때, '서사 기억'이 갖는 유용성을 제시한다. 그러나 자네가 유도한 '서사 기억'의 과정 속에는 여전히 외상 주체의 자율성과 행위능력의 결함이 포착된다. 최면을 통해 환자가 떠올린 기억은 상당 부분 의사인 자네의 도움을 받아 얻어진 결과물로서 환자 본인의 능동적인 의지가 다소 결여되거나 말하여진(기억된) 내용이 의사 혹은 치료사의 의도에 따라 왜곡될 위험의 소지가 있다. 그런 까닭으로, 현대 정신의학 전문가와 트라우마 연구자들은 자네의 '기억 서사'를 중요한 치료 방법들 중의 하나로 채택하면서도 그가 사용한 '최면술'은 대개 거부한다. 오늘날 다양한 트라우마 치유에 직간접적으로 개입하는 현대 정신의학의 영역과 문학의 영역들은 최면술과 같이 의심스러운 도움의 손길을 경유하지 않고 생존자 본인이 외상적 사건을 되짚어 보고 이야기하는 보다 능동적이고 적극적인 다른 방식들을 제시한다. 가령 자서전 쓰기, 증언(고백록), "글쓰기 치료scriptotherapy",[24] 그리고 자기-삶의 글쓰기life-life writing 등의 형태가 그것들이다. 이들 중 자기 삶의 글쓰기는 최근 들어 각계각층에서 트라우마를 이야기하는 용이한 방식으로 환영받고 있다. 앞에서 설명된 강간 사건의 생존자인 브라이슨도 자기-삶의 글쓰기를 통해 그녀의 트라우마를 '정면 통과'했다는 것을 시사한다.

> 생존자의 자아는 일시적으로 능동적인(이야기하는)주체와 좀 더 수동적인 (이야기되어지는) 대상으로 나뉘어진다. 이렇게 되기만 해도 생존자는 트라우마를 겪으며 물건처럼 취급됐던 자아를 다시금 주체로 끌어올릴 수 있고

> 스스로에게 좀 더 많이 공감할 수 있게 된다. 성폭력이 있은 지 수개월이 지난 후, 나는 간신히 내가 겪은 일에 대한 이야기를 쓸 수 있었는데, 쓰고 나서 그것을 읽었을 때에야 비로소 "말도 안 돼, 이렇게 끔찍한 일이 일어났다니!" 하고 깨달았다.[25]

브라이슨과 같이 "글쓰기로 트라우마를 정면 통과하는 일writing through trauma"[26]이 보다 치유적인 효과를 갖는 이유는 글을 쓰는 저자들이 스스로 통제할 수 없는 외부의 힘에 의해서 좌지우지되는 대상이 아니라 그들 자신의 담론 안에서 그들 자신을 동인으로 자리매김하기 때문이다. 그럼에도 이 과정에서 우리가 되새김질해야 할 중요한 대목이 있다. 트라우마적 사건의 생존자들이 다른 사람에게 알리기 위해서 사건 그 자체를 있는 그대로를 복구해서 전달하는 것과 사후 재편된 환경에서 다시 살아가기 위해서 그들의 트라우마적 경험을 재맥락화하는 것 사이의 긴장이 존재할 수밖에 없다는 사실이다. 이러한 긴장의 관계 속에서 트라우마를 쓰는 저자가 자신의 온전한 행위능력과 주체성을 찾고 치유에 보다 도움이 되게 하기 위해서는 변형과 변화의 과정을 비약적으로 뛰어넘어서는 안 된다는 점을 염두에 둘 필요가 있다. 이 문제와 관련해서 어쉴라 르 귄Ursula Le Guine의 조언은 유용한 지침이 된다.

> 자신이 예전에 섰던 글을 새로운 생각으로 다시 완전히 고쳐 쓰는 일은 옳거나 현명한 일로 보이지 않는다. 그것은 … 자신이 여기까지 오기 위해서 거쳐 왔어야만 했던 그 흔적들을 지워 버리는 일이다. 오히려 자신의 사고방식이 변했다는 사실과 그 변화의 과정을 증거로 남게끔 하는 것이 여성주의

방식인 것이다.[27]

말하자면, 수술로 환부를 도려내 제거하듯, 가공할 만한 과거 괴물의 힘을 단 한 번의 글쓰기로 제압할 수 있다는 마술적인 믿음을 버려야 한다는 것이다. 그러한 믿음은 〈아듀〉의 남자 주인공인 필립이 가졌던 마술적 바람과 크게 다를 바 없지 않겠는가. 그보다는 다시 쓰는 기회를 더 많이 생겨나게 함으로써, 그 기회들 속에서 자기 능력의 변화를 꾀하고, 그 변화를 통해 앞으로 닥칠지도 모를 잠재적인 위험들을 다스리는 방법을 터득하는 일이 보다 현실적인 치유에 도움이 되지 않을까 여겨진다.

# 데이트 폭력

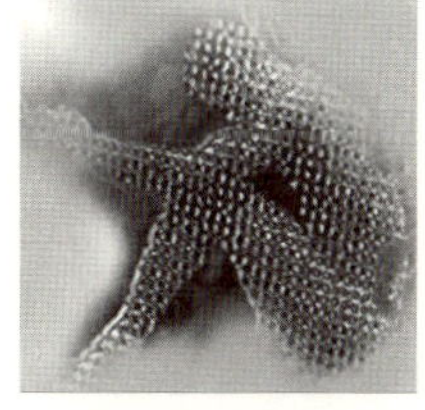

데이트 상대로부터 성폭력을 비롯한 폭행 피해를 입은 사람이 연평균 7천 명에 달하고, 이로 인해 목숨을 잃은 사람도 상당수에 달한다. 성폭력이나 신체적 폭력 외에 언어적, 정서적, 경제적 폭력까지 고려하면 데이트 폭력의 피해는 훨씬 더 심각한 상황이라고 할 수 있다. 이러한 현실에도 불구하고 그동안 데이트 폭력은 연인 사이의 사적인 문제로 치부되어 우리 사회가 진지하게 풀어야 할 사회적인 문제로 파악하지 않았다. 최근 데이트 폭력에 대한 사회적 관심과 경찰의 대응 변화가 눈에 띈다. 사회적인 문제로서 부각되는 데이트 폭력을 어떻게 바라보아야 하는가? 데이트 폭력은 어떻게 일어나며 어떻게 은폐되는가? 데이트 폭력의 피해자들이 계속 연인 관계를 유지하는 이유는 무엇인가? 데이트 폭력의 문제를 둘러싸고 어떤 법적 논의들이 이루어지고 있는가? 데이트 폭력의 문제를 해결하기 위해서는 어떠한 접근 방식이 필요한가? 이 글에서는 이러한 물음들이 문제되고 있다.

**서윤호**

## 데이트 폭력이라는 사회적 문제

최근 언론에서 하루가 멀다 않고 데이트 폭력과 관련된 보도가 끊임없이 나오더니, 급기야 동네 파출소의 전광판과 현수막에 데이트 폭력은 '사랑싸움'이 아니라 '범죄

행위'라는 홍보와 함께 연인 간 폭력 피해 집중신고기간을 두는 풍경까지 눈에 띈다. 실제 데이트 폭력은 우리 주변에서 늘 보던 일이고 그만큼 익숙한 현상이기도 하다. 데이트 폭력에 대한 사회적 인식은 아직 사랑싸움과 범죄행위 사이에서 오락가락하고 있다. 그러나 최근 보도된 몇몇의 데이트 폭력의 양상이 극단적인 계획적 살인과 얼굴에 화학물질을 투척하는 등 극단적인 양상을 보이면서 데이트 폭력의 사회적 심각성이 부각되고 있다.[1] 이제 데이트 폭력의 문제는 우리 사회가 더 이상 수수방관하기에는 도가 지나친 상황이라는 인식이 점점 더 커지고 있다. 과거에 가정폭력의 문제와 관련해서 가정폭력은 집안 내의 문제라 국가가 가급적 개입하지 않는다는 입장에서 국가가 가정폭력의 문제에 대해 더 이상 수수방관하지 않고 적극적으로 개입하는 입장으로 바뀐 것과 마찬가지로, 이제는 친밀성의 영역에 속하는 연인 관계의 데이트 폭력에도 공적 개입의 필요성이 사회적 논의의 대상으로 되고 있다.

데이트 폭력은 성과 사랑으로 형성되는 친밀 관계에서 그 관계를 근본적으로 파괴하는 폭력이 전면에 나타나는 것으로, 피해자에게 데이트 폭력이 미치는 파괴력은 결코 무시할 수 없다. 서구에서도 얼마 전부터 데이트 폭력에 대해 다양한 제재를 가하는 입법을 마련하고 본격적으로 이를 시행하고 있다. 데이트 폭력을 범죄행위로 규정하고 제재를 가하려면 처벌의 대상이 되는 데이트 폭력의 개념과 범위가 명확해야 한다. 아직 사랑싸움의 연장선으로 이해하는 사회적 관행에 대해서도 적극적인 인식의 전환이 요구된다. 더불어 데이트 폭력에 대한 형법적 대응이 가지는 한계를 분명히 알고 국가와 사회가 친밀성의 영역에서 요구되는 성과 사랑의 긍정적 의미를 제대로 실현할 수 있도록 사회적 분위기를 조성하는 것이 필요하다. 여기에서는 먼저 데이트 폭력의 개념과 범위 및 유형을 통해 데이트 폭력의 문제가 무엇인지 살펴보고, 데이트 폭력이 현재 얼마나 심각한 사회적 문제가 되고 있는지 최근의 자료를 토대로 그 실태를 살펴보고, 이어서 외국의 데이트 폭력에 대한 입법례에 대한 검토를 통해 어떠한 해결 방안을 모색할 수 있는지, 그리고 우리나라의 데이트 폭력 입법 상황은 어떠하고 문제점이 무엇인지 살펴보고자 한다.

## 데이트 폭력의 개념과 유형

데이트 폭력이라는 어휘가 주는 일반적인 의미와는 달리 실제 그에 대한 개념적 정의는 그리 명확히 정립되어 있지 않다. 데이트 폭력에 대한 국내의 연구는 혼전 폭력, 구혼기 폭력, 구애 폭력, 연애 폭력, 교제 폭력, 이성교제 폭력, 데이트 관계 폭력 등 혼용되어 사용되고 있으며, 실무에서는 통상 '치정 폭력'이라 표현하기도 한다. 일반적으로 이해되고 있는 데이트 폭력은 데이트 관계에 있는 미혼 남녀가 상호간 합의 없이 한 사람이 일방적으로 상대방에게 해를 끼칠 의도를 가지고 행하는 신체적, 정서적, 언어적, 성적 폭력을 포괄적으로 지칭한다. 그러나 데이트 폭력에 대한 이러한 일반적인 이해 방식은 문제가 있다. 현재 발생하고 있는 다양한 데이트 폭력을 살펴보면 행위의 주체가 단순히 '미혼 남녀'에만 국한되어 있다고 보기 어렵다. 예를 들어 학내에서의 데이트 폭력뿐 아니라, 직장 내 미혼 남녀 간, 결혼 후 이혼한 남녀 간 그리고 부적절한 관계에서의 기혼 남녀 간에 발생하는 폭력의 경우에도 데이트 폭력으로 볼 수 있다는 점에서 이와 같은 일반적인 데이트 폭력의 개념적 정의는 적합하다고 보기 어렵다. 또 동성애 사이에서 벌어진 데이트 폭력을 포괄하지 못한다는 문제도 있다.

데이트 폭력에 대한 정의는 학자들에 따라 다르며, 그에 포함되는 데이트 폭력의 범위도 학자들에 따라 차이가 있다. 일반적으로 데이트란 당사자 중의 한 명이 관계를 종료할 때 또는 다른 사람에게 보다 헌신적인 관계가 이루어질 때까지 관계를 계속하기 위해 명시적이든 암묵적이든 사회적 상호작용과 공동 활동을 하기 위해 만남을 갖는 두 사람의 관계로 정의된다. 데이트에 대한 사회적 규범과 실제 데이트 행동은 개인 차이, 인종 및 사회경제적 집단 차이, 역사적 또는 문화적 맥락 차이 등 여러 차원에 따라 상이하지만, 두 사람으로 이루어지고 양 당사자가 시간과 에너지를 투여한다는 점에서는 구조적으로 유사성이 있다. 그리고 폭력이란 이와 같이 데이트 관계에 있는 두 사람이 상호간 합의가 없는 상황에서 한 사람이 일방적으로 상대방에게 해를 끼칠 의도를 가지고 행하는 신체적, 정서적, 성적 폭력을 포괄적으로 지칭한다. 데이트 폭력의 범위와 관련해서도 학자들에 따라서는 신체적 폭력에만 한정하거나, 성폭력과 신체적 폭력에만 국한하여 연구하거나, 신체적 폭력에 언어적 폭력, 정서적 학대 및 겁을 주는 행동 등 심리적 폭력을 포함시키는 경우, 그리고 경제적 폭력까지 포함시키는 경우 등이 있다. 또한 여기에 통제 행동을 포함시키는 경우도 있다. 여기에서는 데이트 및 폭력의 개념 정의를 바탕으로 스토킹과 통제 행동까지 포함하여 데이트 폭력을 파악하기로 하겠다.[2]

흔히 '데이트 폭력' 하면 상대를 때리는 신체적 폭력만 떠올리기 쉽다. 그러나 데이트 폭력은 신체적 폭력은 물론 상대를 감시 통제하거나 협박하는 정서적 폭력, 데이트 상대에게 폭언을 일삼고 일상적으로 상대를 무시하는 언어적 폭력, 갈취 등의 경제적 폭력, 그리고 원치 않는 성행위나 음담패설 등을 강요하는 성적 폭력까지 포함한다. 또 데이트 폭력에서는 한 가지 유형만 나타나는 것이 아니라 다양한 유형의 폭력이 복합적으로 나타나는 경우가 많다. 각 유형의 특징을 간단하게 살펴보면 다음과 같다.[3]

첫째는 신체에 직접적인 폭력을 가하는 유형으로 데이트 폭력 중 가장 심각한 경우에 속한다. 일반적으로 신체적 폭력은 위협 또는 협박을 하거나 힘이나 도구를 이용하여 신체의 손상을 입히는 것으로 처음에는 주변의 물건 내지 상대방의 물건을 집어 던지거나 부수는 형태로 나타나지만 사람에게 직접적인 구타를 하거나 흉기를 사용하여 폭력을 가하기까지는 그리 오래 걸리지 않는다. 신체적 폭력을 가하는 사람의 특징은 대부분 과도한 스트레스를 감당하지 못한다든지, 음주 상태에서 폭력을 가하고 술이 깨면 용서를 구하는 행동을 한다는 특징을 가지고 있다. 폭력과 그에 따른 피해 및 사과와 용서, 다시 반복되는 폭력의 악순환이 가장 큰 문제라고 할 수 있다. 다른 유형에 비해 정신적으로 육체적으로 많은 고통을 수반하게 된다.

둘째는 상대방을 감시하며 간섭하는 유형인데, 이 유형은 일종의 정서적 폭력으로서 피해 당사자로 하여금 정신적인 스트레스를 야기하고 사람의 마음을 불안하게 한다는 특징이 있다. 이러한 정서적 폭력은 단순히 감시의 정도가 아닌 심한 사람은 노예처럼 자신의 하루 일과를 연인에게 보고해야 하고 누굴 만나는지, 어떤 일을 하는지를 보고하는 등 상대의 일정을 통제하고 간섭하여 정신적 폭력을 가하는 것으로 상대방에 대한 집착에서 발생되는 결과라고도 할 수 있다. 이러한 상황이 계속되는 경우 우울증을 동반하고 자유로운 사회생활이 차단되어 점점 사생활이 없어지면서 심하면 추후에는 대인기피증까지 야기하게 된다. 이러한 유형은 표면적으로 확인되기 어려운 형태이므로 그 심각성은 오히려 신체적 폭력 내지 성폭력에 비해 더 큰 문제라고 볼 수 있어 각종 심리 치료를 요하는 결과를 초래하게 된다.

셋째는 성적인 수치심 내지 욕설로 언어폭력을 가하는 유형을 들 수 있다. 이는 일종의 언어적 폭력으로 상대방을 무시하거나 비난하는 행위 내지 연인에게 성적 수치심이 들게 하는 말이나 욕설 등의 행동을 하는 것이다. 이러한 유형의 행동을 하는 사람은 대부분 성적으로 열등감이 있는 사람일 확률이 높을 가능성이 있다. 이 경우 상대방의 특정한 행동이 없음에도 불구하고 가해자 스스로 콤플렉스 등으로 인해 혼자 상상하며 괴로워하고 상대방을 괴롭게 한다. 문제는 이러한 유형은 언어적 폭력을 가한 후에 더 나아가 심각한 신체적 폭력으로 발전할 가능성이 높다는 것이다. 이 유형은 데이트 폭력의 가장 초기에 발생할 수 있는 형태로서 언어폭력이 발생했을 때 장래의 더 큰 피해를 줄이기 위해서는 미리 예방하는 것이 중요하다.

넷째는 일방적인 스킨십이나 성관계를 강요하는 유형이다. 데이트 관계에서 흔히 접하게 되는 스킨십은 양쪽이 암묵적인 동의하에 일어나는 것이 보통이다. 당사자 간의 합의 내지 동의 없이 한쪽의 일방적인 의사에 의해 강제적으로 스킨십이 이루어진다면 일종의 성폭력에 속하며, 성관계도 마찬가지다. 성폭력은 강간, 강제 추행, 성희롱, 스토킹, 음란 전화 등의 형태로 상대방이 원치 않거나 거부하는 행동을 계속 강요하는 것으로 상대방은 성적 자기 결정권을 침해받게 된다. 데이트 폭력의 경우에는 이러한 행위들이 연인 관계에서 발생하다 보니, 피해자 스스로 이것을 범죄라고 인식하지 못하는 경우가 많다.

그 외에 금전과 재물 갈취 등의 경제적 폭력의 유형이 있다. 데이트 폭력에 대한 초기의 선행 연구들은 신체적 폭력에 초점을 맞추었으나, 폭력의 형태가 다양하게 나타남에 따라 언어적 폭력을 포함한 정서적 폭력, 성적 폭력 이외에 최근에 증가되고 있는 스토킹을 포함하여 연구가 이루어지고 있다.[4] 이러한 데이트 폭력은 연인 사이에 발생한다는 점에서 다른 대인 간의 폭력보다 더 심각한 심리적인 외상을 줄 수 있으며, 친밀한 관계의 특성상 은밀하고 만성적으로 발생한다는 점과 이별 후에도 보복에 의한 폭행 등 그 위험성이 증대될 수 있다는 특징을 가지고 있다. 친밀한 관계, 특히 연인에 의해 폭력 피해를 경험한 경우에는 신체적 피해도 심각한 결과를 초래하지만 정신건강에 미치는 악영향은 모르는 타인에 의해 피해를 당한 경우보다 훨씬 크다고 할 수 있다. 이러한 정신적인 피해가 제대로 치유되지 않는다면, 이후의 대인관계나 결혼생활에서도 지속적인 문제가 나타날 수밖에 없다.

## 데이트 폭력의 실태

친밀한 관계에서 발생하는 폭력은 대부분의 국가에서 범죄행위로 파악하지 않다가 1980년대 이후에서야 비로소 더 이상 사적인 영역의 문제가 아니라 사회적인 문제로 서서히 인식하기 시작하였다. 여기에서는 우리 사회에서 데이트 폭력이 실제로 얼마나 심각한 상황에 처해 있는지 여러 자료를 통해 그 실태를 살펴보기로 하겠다.

다음의 [표 1]은 경찰청이 발표한 지난 5년간 연도별 연인 간 폭력 현황 자료이다.[5] 이 자료를 살펴보면 연간 데이트 폭력으로 검거되는 사람은 약 7,000여 명에 달한다. 연인에 의한 살인도 심각한 상황이다. 이는 공식적인 통계자료

[표 1] 연도별 연인 간 폭력 현황

| 연도별 | 계 | 상해 | 폭행 | 폭처법 위반 | 살인 | 강간 · 강제추행 |
|---|---|---|---|---|---|---|
| 2011년 | 7,292 | 3,074 | 2,633 | 1,068 | 127 | 390 |
| 2012년 | 7,584 | 3,028 | 2,822 | 1,226 | 99 | 409 |
| 2013년 | 7,237 | 2,571 | 2,848 | 1,179 | 106 | 533 |
| 2014년 | 6,675 | 2,273 | 2,702 | 1,109 | 108 | 483 |
| 2015년 | 7,692 | 2,306 | 3,670 | 1105 | 102 | 509 |

로서 드러나지 않은 암수까지 고려한다면 그 피해는 훨씬 더 크다고 하겠다.

가장 최근에 발표된 한국형사정책연구원의 연구는 대검찰청에서 발행하는 ≪범죄분석≫을 토대로 공식적인 범죄 통계를 분석하고 있다.[6] 다시 말해 ≪범죄분석≫의 항목 중 지난 10년간(2005~2014년) 연인에 대해 살인, 성폭력, 폭행 및 상해 범죄를 저지른 범죄자를 대상으로 전과, 전회처분 내용, 재범기간, 재범종류, 범행 후 은신처, 마약류 상용여부, 범행 시 정신상태, 범행동기, 생활정도, 자백여부, 교육수준 및 구속상황 등을 분석하는 것을 주된 내용으로 삼고 있다. 연구 결과에 따르면 지난 10년간 연인에 의해 피해를 입은 살인 범죄 피해자가 총 1,000여 명, 성폭력 범죄 피해자는 4,000여 명, 강력 범죄 중 폭력 범죄 피해자는 73,864명 등 상당히 많은 사람들이 연인에 의해 범죄 피해를 당하는 것으로 밝혀졌다. 하지만 경찰청의 자료와 마찬가지로 보복의 두려움이나 수치심으로 인해 신고를 하지 못하거나 범죄라고 인식을 하지 못해 신고를 하지 않는 피해자까지 고려한다면 이보다 훨씬 많은 이들이 연인으로부터 피해를 당하는 것으로 추정된다. 여기에서는 비슷한 양상을 보이는 폭행과 상해를 제외하고 살인과 성폭력의 사례에만 국한하여 요약해서 그 내용을 살펴보면 다음과 같다.

지난 10년 동안 살인 범죄의 피해를 당한 총 10,283명 중 피해자가 연인인 경우는 1,059명으로 전체의 10.3%를 차지한다. 해마다 최저 92명(2007, 2008년)에서 최고 123명(2011년)이 살인 범죄의 피해자가 연인이었고, 비율로는 최저 9.2%(2012년)에서 최고 11.3%(2006년)에 이르는 것으로 나타나 매년 10% 내외를 차지하고 있다. 살인 범죄 중 기수사건만 별도로 살펴보면, 지난 10년 동안 살인 범죄로 살해당한 총 4,308명 중 피해자가 연인인 경우는 464명으로 전체의 10.8%를 차지하고 있다. 연인을 살해한 범죄자는 지난 10년 전체적으로 선과가 없는 경우, 즉 초범인 경우는 22.6%였으며 살인을 저지른 범죄자 중 진과가 있는 경우가 77.2%였으며, 동종재범을 저지른 경우가 7.9%, 이종재범을 저지른 경우가 83.7%로 나타나 대부분 이종재범이었다. 범행 시 정신상태는 정상인 경우에 범행을 저지른 경우가 54.9%로 절반 이상이었으며, 주취 상태인 경우가 42.0%로 절반에 약간 미치지 못하는 것으로 나타났고, 정신장애인 경우가 약 3% 정도 되는 것으로 드러났다. 생활정도가 하류인 경우가 77.7%로 전체의 4분의 3이 넘는 것으로 나타났고, 중류가 21.2%, 상류 0.8%로 나타났다.

그리고 지난 10년 동안 성폭력 범죄의 피해를 당한 총 166,174명 중 피해자가 연인인 경우는 4,175명으로 전체의 2.5%를 차지하였다. 연도별 추이를 살펴보면, 피해자가 연인인 경우는 지난 10년간 2005년 218명에서 2013년 729명에 이르기까지 지속적으로 증가 추세를 보이다가 2014년 686명으로 감소한 것으로 나타났다. 연인을 성폭행한 범죄자는 초범인 경우는 28.2%인 것으로 나타나 애인을 대상으로 성폭행을 저지른 범죄자 중 3분의 2 이상이 범행 이전에 전과가 있었고, 동종재범을 저지른 경우가 10.4%, 이종재범을 저지른 경우가 89.6%로 나타나 거의 대부분 이종재범이었으며, 정상인 경우에 범행을 저지른 경우가 74.4%

로 거의 4분의 3 정도를 차지하였으며, 주취 상태인 경우가 25.1%로 4분의 1 정도 되는 것으로 드러났다. 생활정도는 하류인 경우가 62.6%로 나타났고, 중류가 35.9%, 상류 1.5%로 나타났다.

폭행과 상해의 경우는 성폭력의 경우와 비슷한 양상을 보이고 있다. 이와 같이 지난 10년간 연인을 대상으로 저질러진 4가지 유형의 범죄 중 전과가 없는 경우는 23.3%, 전과가 있는 경우는 76.6%로 나타나 전과자의 비율이 매우 높은 것으로 드러났다. 연도별 추이를 살펴보아도 지난 10년간 전과가 없는 초범의 경우는 21~24% 사이에서 증감을 반복하는 것으로 나타난다. 10명 중에 2명 정도만 초범인 것으로 밝혀져 연인을 대상으로 범죄를 저지른 경우에도 전과자의 비율이 상당히 높음을 알 수 있다. 이러한 분석을 기초로 이 연구에서는 연인을 대상으로 저질러진 범죄의 경우 전과자가 많다는 점에 대한 대책이 시급하다고 파악하고, 영국에서와 같이 전과정보공개제도 도입을 검토할 것을 제안한다.

공식적인 범죄 통계 이외에도 상담실태조사를 통한 데이트 폭력의 상황을 살펴보는 것도 필요하다.

다음 [표 2]에서 보듯, 2014년 '한국여성의전화' 가정폭력/성폭력상담소를 통해 전화나 이메일로 접수된 상담은 총 2,269건으로 이 중 애인이나

[표 2] 2014년 데이트 폭력 피해자와 가해자의 연령

| | | 합계 | 13~19세 | 20~29세 | 30~39세 | 40~49세 | 50~59세 | 60세 이상 | 미파악 |
|---|---|---|---|---|---|---|---|---|---|
| 피해자 | | 215 | 7 | 57 | 34 | 19 | 9 | 1 | 88 |
| | | 100% | 3.3% | 26.5% | 15.8% | 8.8% | 4.2% | 0.5% | 40.9% |
| 가해자 | | 215 | 5 | 23 | 28 | 16 | 9 | 2 | 132 |
| | | 100% | 2.3% | 10.7% | 13.0% | 7.4% | 4.2% | 0.9% | 61.4% |

과거의 애인, 채팅 상대자 등 데이트 관계에서 발생한 폭력의 건수는 215건이었다. 피해자의 연령을 살펴보면 20대가 가장 높게 나타나고, 주로 20대와 30대에 집중적으로 피해가 발생한 것을 확인할 수 있다.[7] 그러나 10대에서 60대에 이르기까지 전반적으로 발생하고 있음을 간과해서는 안 된다. 데이트 폭력이 전 연령에 고루 분포되어 있다는 측면에서 그 심각성을 보여주고 있다. 데이트 폭력이 젊은 연령대에서만 일어나는 것이 아니라 오히려 중장년층에서도 심각한 상황이라는 사실은 우리 사회에 만연한 일상의 폭력에 대한 근본적인 성찰을 요구한다.

그 외에 한국청소년정책연구원의 연구도 있다. 이에 따르면 2013년 이성 교제를 경험한 학생의 3명 중 1명이 데이트 폭력을 당한 경험을 가지고 있었고, 2014년 미혼 남녀를 대상으로 데이트 폭력 경험에 대한 조사 결과 72.3%가 데이트 폭력을 경험한 적이 있다는 통계를 보면 어렸을 때부터 많은 사람들이 데이트 폭력 문화에 노출되어 있으며 길들여져 있다는 충격적인 사실을 알 수 있다.[8]

## 데이트 폭력의 문제점

데이트 폭력은 무엇 때문에 일어나는가? 이 문제에 대해서는 의견이 분분하다. 데이트 폭력 행위자의 특징을 살펴보면 대체적으로 소유욕이 강하고 질투심이 많고, 성격상의 문제와 연애 실패 경험이 많거나, 무분별한 음주로 인해 폭력이 발생된다는 점에서 개별적 요인에 영향이 있다고 한다. 또한 기능적 결손가정 형태의 영향으로 어려서부터 가정폭력 내지 학대의 경험이 있는 경우가 많고,

히스테리성 인격장애 증상을 보이기도 하는 등 이러한 이유로 과도한 집착이 폭력으로 발산되는 경우도 있다. 이렇듯 가정환경적 요인에 의해서 연인 관계에 부정적인 영향을 미칠 수 있다. 폭행을 접한 성장 환경적 요인이 성장 후 스트레스와 갈등으로 폭력을 일으키는 원인을 제공하는데, 이런 폭력적 가정환경에서의 성장은 부모와의 애착 관계를 형성한 경험이 없기 때문에 연인 관계에서도 유대감을 형성하기 어렵고 연인 관계에서 쉽게 폭력성을 보이기도 한다. 사회적 요인에 의해서도 폭력성의 원인을 찾아볼 수 있다. 예를 들어 사회생활에서의 업무 등으로 인한 스트레스 내지 콤플렉스를 극복하지 못하고 분노를 데이트 상대방에게 표출하기도 한다. 이와 같이 데이트 폭력은 개별적 요인, 가정환경적 변인 내지 사회적 요인 등으로 인해 발생되며 하나의 요인뿐 아니라 여러 요인이 복합적으로 영향을 미칠 수 있어 자신이 감당할 수 없는 분노의 해소를 연인 관계의 상대방에게 표출하게 된다. 또한 데이트 폭력의 경우, 대부분 가해자의 폭력 후 반응은 사랑, 용서의 호소뿐 아니라, 극단적으로는 의심 내지 폭력에 따른 희열감의 표출, 더 나아가 보복에 대한 협박의 양상을 보이기도 한다. 그러나 데이트 폭력의 원인에 대한 이러한 일반적인 분석은 실제 그다지 도움이 되지 않는다.

데이트 강간을 집중으로 다루면서도 데이트 폭력의 원인을 밝히고 있는 것으로는 ≪그것은 썸도 데이트도 섹스도 아니다≫라는 책이 있다. 미국의 대표적인 페미니스트 잡지 ≪미즈≫가 미국 전역의 32개 대학 6천여 명의 남녀 대학생을 대상으로 연구 조사한 이 책은 '아는 사람에 의한 강간'이라는 문제를 심층적으로 파헤치고 있다. 비록 이 책이 1988년에 미국 사회를 대상으로 하고 있지만, 거기에서 다루고 있는 다양한 문제는 현재의 우리 사회에도 타당한 점이 많다. 가해자들의 성 관념과 행동 양식을 분석하고 성폭력을 '학습'하고 '정당화'하는 사회를 분석하면서 아는 사람에 의한 강간이 발생하는 근본 원인을 다루고 있다. 그 한 예로 일방이 적극적으로 성관계를 요구하는 데 반해 상대방이 그걸 진심으로 원하지 않거나 혹은 좋은 평판을 위해 거절하려고 하는 경우 일종의 경쟁과 대립이 시작되고, 이때부터 데이트는 한쪽이 이기려 드는 게임이 되고 그 결과는 강간으로 이어진다고 분석하는 것을 볼 수 있다. 데이트 중 피해자가 저항하는 상황에서도 성폭력을 행하는 이유를 이 책에서는 다음과 같이 설명하고 있다.

> 남자는 데이트에서 고지를 점령하기 위해서는 치밀한 전략을 세워야 한다는 것을 학습해 왔다. 그는 모든 행위를 최종 목적인 성관계를 기준으로 평가하며, '어디까지 갈 수 있는지'를 끊임없이 시험해 본다. 데이트 상대가 자신의 요구에 응할 때마다 그는 '전진'을 한 셈이고, 반면 거절을 당하면 '후퇴'를 한 것이 된다. 그는 또한 데이트를 게임이나 전투로 보고 데이트 상대는 대결 상대로 여기기 때문에, 저항이 있으리라는 점도 이미 예상하고 있다. … 더군다나 그의 관심은 게임에서 이기는 데 있기에, 그는 그녀와 소통하려 하기보다 단지 동의를 얻어내고자 그녀를 압박하려 든다. 그녀가 자신의 요구를 허락할 때마다 그는 작은 승리를 얻어낸 기분에 빠진다. 반면에 상대방이 우유부단한 태도를 보일 때면 그녀가 '정말 원하는 것'이 뭔지를 알려주려고 한다. 사실 그건 자기 자신이 원하는 것일 뿐인데도 말이다. 또한 그는 상대방의 태도가 일관되지 않으면 '변덕스럽다'거나 '줬다 뺏는다'고 말한다. 남자는 애초부터 여성의 욕구에는 관심이 없기에, 만약 상대 여자가 변덕스러운 성격을 지녔다고 믿게 되면 그녀가 자신의 의사를 명확하게 표현해도 남자는 이를 무시할 가능성이 높다. 여자가 끝내 'No'라고

할 때, 남자는 그 말을 간단히 무시하거나 사실은 'Yes'이면서 튕기는 것이라고 멋대로 생각해 버리는 것이다. 이렇듯 소통이 완전히 무너지면, 남자는 상대 여자가 언어적 신체적으로 저항하는 상황에서 강간하고도 강간하지 않았다고 믿을 수 있다."[9]

데이트 폭력이 지속되는데도 피해자가 가해자와 헤어지지 못하는 이유는 무엇일까? 모르는 사람이 갑자기 나를 때리면 누구든 그걸 폭력이라고 생각한다. 그러나 친밀한 관계, 일상적 관계에서 폭력이 발생하면 혼란에 빠지게 된다. 피해자는 가해자와 정서적으로 가까운 관계인만큼 폭력이라고 인지하기 쉽지 않다. 사랑은 사랑, 폭력은 폭력으로 명확히 구분되지 않고 사랑과 폭력이 뒤섞여 버린다. 또 피해자들이 자신의 경험을 데이트 폭력이라고 이름 붙이는 것은 쉬운 일이 아니다. 피해자 스스로 데이트 폭력임을 인지하는 데에는 시간이 오래 걸린다. 자신의 행동이 부적절하지 않았는지 계속 후회하고 책망하는 경우가 많으며, 또 자신이 겪은 일이 성폭력이 아니라 성관계였다고 규정하고 싶어 오히려 가해 상대와 연애를 시작하거나 좋은 관계를 유지하려고 노력하기도 한다. 극단적인 폭력이 수반되지 않는 한 피해자들은 폭력이라고 생각하지 않고 상대가 날 너무 사랑하나 보다 생각한다. 연애 관계는 친밀함을 전제로 하고 있어서 폭력을 가하는 사람도 당하는 사람도 친밀하니까 그 정도는 할 수 있다고 생각하게 돼 폭력으로 인지하기 어렵다.[10]

데이트 폭력 가해자의 특성을 보면 폭력을 행사하고 난 뒤 진심으로 사과를 하거나 울면서 무릎을 꿇고 용서를 구하거나 몇 배로 더 잘해 주거나 집 앞에 와서 계속 기다리는 등 잘못을 뉘우치는 모습을 보인다. 이런 상황에서 폭력의 피해자들은 단호하게 행동하기 어렵다. 결국 사랑하기 때문에 용서해 주는 것이다. 그러나 이런 방식으로 가해자는 계속 폭력과 폭력 후 용서 구하기 패턴을 반복하며 관계를 통제한다. 가해자는 폭력적인 행동만 빼면 사회적 평판도 좋고 외모, 학벌, 인간관계 등 여러 면에서 뒤떨어지지 않는 멀쩡한 사람, 괜찮은 사람인 경우가 많다. 피해자에게 잘해 줄 때도 많다. 그러다 보니 피해자는 내가 그 상황만 만들지 않으면 된다고 생각해서 문제 해결의 초점을 자기 자신에게 맞추며 좋은 관계를 만들려고 노력하게 된다. 애착이 이미 형성되어 있는 상태에서는 폭력이 일어나도 그 관계를 쉽게 포기하지 않고 위험을 무릅쓰고 지키고자 하는 것이 인간의 자연스런 반응이다. 정서적으로나 성적으로 친밀감이 두터운 연인 관계라면 폭력이 있다고 해서 바로 그 관계를 버리는 것이 아니라 오히려 애착을 회복하기 위해 관계에 헌신하는 쪽을 택한다. 가해자에게 연민을 느끼기도 하고 가해자를 변화시키려는 시도도 하는 것은 그 피해자가 자존감이 없어서가 아니라 관계를 회복하는 것에 자존감이 달려 있기 때문에 혼자 감당하며 노력하는 것이다.

데이트 폭력에 시달리는 피해자가 상대방과 헤어지려고 마음을 먹고 실행에 옮기는 일도 쉽지 않다. 상대방이 헤어질 수 없다면서 직장으로 찾아오거나 부모님에게 성관계 사실을 알리겠다고 하거나 나체 사진을 유포하겠다고 하거나 심지어 가족에게 해코지하겠다고 하는 등 집요하게 협박하는 경우가 있기 때문이다. 차라리 모르는 사람한테 당한 폭력은 상대적으로 주변에 쉽게 이야기할 수 있지만, 데이트 폭력은 주변에 아무런 이야기를 하지 못하는 경우가 많다. 데이트 폭력은 피해자를 고립 상태로 몰고 간다. 이렇게 고립되기 쉽다는 것이 데이트 폭력이 가진 위험성이며, 피해자가 쉽게 헤어지지 못하는 요인으로 작용한다. 피해자가 주변에 아무 말도 못하는 이유에는 데이트 관계 안에서 발생하는 폭력을 사적인 문제로 인식하는 사회적 분위기도 한몫을 거든다. 또 피해자도 마찬가지로 이 문제를 사적인 문제로 보는 경우가 많기 때문에 주변인들에게 알리고 도움을 청하기보다 둘 사이의 관계 안에서 문제를 해결하려고 한다. 데이트 관계는 그 특성상 서로 간의 비밀이나 은밀한 부분까지 공유하기 마련이다. 폭력과 사생활이 복잡하게 얽혀 있는 데이트 관계에서 가해자의 폭력을 드러낸다는 것은 피해자 자신의 은밀한 사생활까지 함께 드러낼 수밖에 없다.

또 데이트 관계에서 일어난 성폭력을 고소해서 실제로 가해자를 강간죄나 강제추행죄로 처벌하는 일은 생각처럼 쉽지 않다. 재판까지 가보지도 못하고 증거 불충분으로 무혐의 처리가 되어 불기소처분되는 경우가 많다. 우리 형법 제297조는 "폭행 또는 협박으로 사람을 강간한 자는 3년 이상의 유기징역에 처한다."고 하여, 폭행이나 협박이 수반된 강제적인 성관계를 강간으로 규정하고 있다. 이러한 현행법에 의하면 강간죄를 판단할 때 피해자의 항거를 불가능하거나 현저히 곤란하게 할 정도의 강도 높은 폭행 또는 협박이 있었는지를 따지게 된다. 즉 피해자가 극도로 저항을 했음에도 항거가 어려웠음을 증명해야만 한다. 그러나 일상을 공유하는 관계에서는 상대를 어떻게 제압해야 하는지 잘 알고 있어서 흔적이 남을 만한 폭행이나 협박이 없어도 데이트 강간이 이뤄지는 사례가 많다. 예를 들어 상대를 눈빛이나 표정으로 제압해 심리적으로 위축시키거나 다른 폭력 없이 자기 몸으로 상대를 눌러 강제로 성관계를 한 경우에는 강간으로 처벌하기 어렵다. 채팅을 통한 만남 등 일회적인 만남에서 성폭력이 있었던 경우에는 그나마 기소될 확률이 높지만, 지속적인 연애 관계에서 일어난 성폭력을 연인 관계가 끝난 후에 고소하는 경우 당시 폭행이나 협박이 있었다 하더라도 증거가 남아 있지 않으면 강간으로 인정받기 어렵다.

더 심각한 문제는 연인 관계였다는 사실이 데이트 강간에서 무죄판결이 나오거나 형량이 감경되는 사유로 작용하고 있다는 점이다. 연인 관계였기 때문에 형량을 줄이는 것은 재판부가 데이트 강간을 연인 사이에서 스킨십을 하다 보면 일어날 수도 있는 일로 생각하기 때문이다. 얼마 전부터 판결이 조금씩 변하고 있다고는 하지만 여전히 둘이 연인 관계였거나 피해자가 성폭력 후에 가해자에게 연락을 했다고 하면 폭행 또는 협박이 있었다고 인정하지 않는 경우가 많다. 재판부는 다른 증거가 없는 경우 피해자 진술만으로 강간인지 아닌지 판단하게 되는데, 이때 유형력을 행사하게 된 경위, 피해자와의 관계, 성교 당시와 그 후의 정황 등 여러 가지 사정을 고려한다. 그 경우 많은 재판부가 과거 또는 현재 연인 관계나 부부 관계에 있었다는 점, 피해 여성이 호텔에 따라 들어갔다는 점, 술을 함께 마시고 함께 있었다는 점, 사력을 다해 반항하지 않았다는 점, 성폭력을 전후하여 구조를 요청하지 않은 점, 피해자가 가해자에게 사후에 연락한 점, 범행 즉시 신고하지 않은 점 등을 폭행 또는 협박이 없었다는 근거로 삼아 강간죄를 인정하지 않고 있다.

그 외에 고소를 해도 가해자가 처벌되지 않을 거라는 우려 이외에도 데이트 성폭력 피해자는 여러 가지 이유로 고소를 망설이게 된다. 데이트 성폭력 피해자들이 고소를 결심하기엔 그 앞에 놓인 장벽이 많다. 서로 사귄 사이라면 개인적인 정보가 다 공유된 상태여서 가해자가 찾아올 수도 있고 가족한테 알리거나 보복할 수도 있다는 두려움이 클 수밖에 없다. 또 증거가 없기 때문에 피해를 입었다는 것을 사람들이 믿어 줄까 망설이게 된다. 감금을 하는 등 극심한 폭력이 있었던 게 아닌 이상 가해자는 합의하에 성관계를 가졌다고 주장할 것이고, 가해자도 모르는 사람이 아니다 보니 이후에 계속 마주쳐야 하는 현실에서 고소를 쉽게 결심하기 어렵다. 데이트 성폭력 피해자가 고소를 망설이는 이유 중 하나는 무고죄로 거꾸로 고소를 당해 처벌받지 않을까 하는 두려움 때문이다. 실제로 많은 가해자들이 합의된 성관계였다면서 무고죄나 명예훼손죄로 피해자를 맞고소하고 있다. 이런 법적 한계 속에서 '비동의간음죄'가 신설되어야 한다고 주장하는 이들도 있다.[11] 이는 피해자의 의사에 반하는 간음으로 피해자가 분명히 동의하지 않았지만 폭행 또는 협박의 증거가 남아 있지 않은 성폭력에 대해서도 처벌할 수 있어야 한다는 것이다.

## 외국의 입법례와 우리의 법적 상황

미국에서는 1990년대 이후 데이트 폭력에 관한 문제의 심각성을 인식하고 보호명령의 도입 및 스토킹 방지법을 제정하여 데이트 폭력 범죄 예방 및 피해자 보호에 적극적으로 대처하고 있다. 1994년에는 「여성폭력방지법」을 만들어 가해자에 대한 형사상 처벌 외에도 금전적 배상을 의무화하고 데이트 폭력을 보호 대상에 포함시켰다. 이러한 대처에도 불구하고 지속적으로 발생하고 있는 데이트 폭력에 대하여 특히 1차적 폭력 이외에 2차적 범죄 피해의 방지를 위하여 강력한 제재 조치를 취하고 있다. 각 주마다 차이는 보이고 있으나, 가정폭력의 대상 범위를 넓게 인정하여 친밀한 파트너의 개념으로 데이트 관계에 있는 당사자를 가정폭력의 개념 범위에 포함시켜 강력한 제재 및 피해자 보호가 이루어지도록 하고 있다.

영국은 가정폭력의 개념에 데이트 폭력을 포함시켜, 배우자나 동거남에 의한 폭력 피해자뿐만 아니라 연인에 의한 폭행 피해를 가정폭력에 포함시켜 피해자 보호의 영역을 확대하였고, 특히 클레어 사건이 발단이 되어 마련된 「가정폭력전과공개법」의 실시로 인해 연쇄폭력범에 의한 젊은 여성 및 소녀에 대한 재범의 피해 예방을 수월하게 하고 있다. 가정폭력전과의 공개는 프라이버시를 침해할 수 있는데, 「보통법」, 「인권보호법」, 「정보보호법」을 준수하여야 하고, 합법성과 필요성, 균형성에 기초하여 '위해위험도 측정' 등 여러 장치를 통해 공개 여부에 대해 신중하게 판단할 수 있도록 함으로써, 범죄 피해 예방이라는 공익과 개인의 프라이버시 보호라는 사익의 균형점을 찾도록 애쓰고 있음을 알 수 있다. 정보 공개의 경로 역시 잠재적 피해자(신청인)가 직극직으로 파드니의 폭력진과에 대해 문의한 경우뿐만 아니라, 경찰이 간접적으로 피해자에 대한 폭행 위험을 인지한 경우에도 정보 공개를 가능하도록 길을 열어 줌으로써 가정폭력 등 친밀한 관계에서 발생하는 폭행의 피해를 사전에 적극적으로 예방하고자 하는 의지를 엿볼 수 있다.

일본의 경우에는 커플 관계에서 발생하는 폭력 실태의 조사를 통해 제재의 필요성을 가지고 있으나, 심각한 상황에도 불구하고 데이트 폭력을 규제하는 특별한 법안은 없다. 단, 배우자, 전 배우자 내지 사실혼에 대한 폭력만을 규제하도록 하고 있다. 그러나 데이트 폭력의 유형 중 스토킹에 관련하여서는 상대방이 무리하게 쫓아다니는 경우 「스토커 규제법」을 이용하여 간접적으로 폭력에 대응하고 있다.

우리나라의 법적 상황은 데이트 폭력이 늘고 있음에도 피해자를 보호할 만한 제도적 장치는 미흡하다는 비판이 나오고 있다.[12] 「경범죄처벌법 시행령」 개정으로 지속적인 괴롭힘(스토킹)의 경우 처벌할 수 있도록 법적 근거를 만들었지만, 2013년 이후 해당 법으로 처벌된 경우는 2년간 503명에 불과하며, 1인당 범칙금액도 통상 8만원 선에서 결정되어 실효성이 없고, 오히려 스토킹은 가벼운 범죄라는 인식만 심어 주고 있다.[13] 스토커들은 범칙금 8만원을 내고 나서도 스토킹 행위를 지속하기도 한다. 스토킹 가해자가 피해자에게 상해를 입히거나 주거침입을 하는 등 다른 범죄로 발전하기 전까지는 제대로 처벌하기도 스토킹 행위를 중단시키기도 어렵다. 사정이 이러하니 스토킹 피해자의 입에서 "차라리 때리기라도 하면 낫다."라는 말이 나오기까지 한다. 스토킹은 가해자 자신만 생각하는 이기적인 행위이다. 상대를 존중한다면 당장 멈춰야 한다. 우리 사회는 사랑이라는 이름으로 행하는 폭력에 대해 관대하며 이를 사소한 문제로 취급한다. "열 번 찍어 안 넘어가는 나무 없다."면서 구애 과정에서의 스토킹을 낭만적인 것으로 묘사하거나 헤어질 수 없다면서 매달리는 사람을 불쌍한 사람으로 여겨 동정의 시선을 보내기도 한다. 스토킹 신고를 받고 사건을 처리하는 경찰의 인식도 크게 다르지 않다. 명확하고 구체적인 음란, 해악, 협박 행위가 없다는 이유로 처벌하기 어렵다든가 현행범이 아니라는 이유로 수사에 착수하지 않는 사례가 있으며, 스토킹을 당하는 현장에서 경찰에 신고해서 스토커를 임의동행 하더라도 뚜렷한 잘못이 없다는 이유로 곧바로 풀어 주는 것이 관례였다. 스토킹을 사소한 문제로 여기는 현장 실무자의 인식이 근본적으로 바뀌어야 한다. 스토킹은 더 큰 범죄로 이어질 가능성이 있을 뿐만 아니라 한 사람을 끊임없는 공포와 불안 속으로 몰아넣는다는 점에서 그 자체로 심각한 범죄이다.[14]

성폭력이나 가정폭력의 경우 「성폭력방지특별법」과 「가정폭력방지법」으로 각각 제재할 수 있는 장치가 있지만, 데이트 폭력은 별도로 담당하고 있는 수사기관과 처벌 조항이 없어 통상적인 폭력 범죄로 분류하고 있다. 이마저도 신체적인 폭력, 성폭력 등 물리적 폭력이 있을 때만 처벌이 가능할 뿐 협박이나 정신적 폭력의 경우 사실을 입증하기가 어려워 처벌이 쉽지 않다. 욕설, 협박 등 정신적 폭력을 당한 피해자는 녹취하거나 메시지 등 객관적 증거를 수집해야 법적인 보호를 받을 수 있다. 현재 경찰은 현장에서 경찰 판단으로 신체 자유를 제한할 수 있는 내용으로 「경찰관 직무집행법」 개정을 추진 중이다. 경찰은 가정폭력, 데이트 폭력 등 관계 내 폭력에 소극적인 모습을 보일 수밖에 없는 현행법 제도 개선을 이유로 들고 있다. 범죄 이전 단계에서 약자에 대한 실효적 보호 수단을 확보하고, 가해 우려자 입장에서도 평생 씻지 못할 과오를 범하는 것을 사전에 막을 수 있다는 것이 경찰의 주장이다. 그러나 이에 대해서는 경찰의 자의적 공권력 남용에 대한 우려와 인권침해 등을 이유로 비판적인 시선도 있다. 경찰의 포괄적이고 추상적인 권한과 업무 방식을 규율하는 「경찰관 직무집행법」을 개정한다면 권한의 남용과 자의적 사용이 우려될 수 있고, 관계 내 폭력을 예방하려면 기존의 개별법을 손봐서 특정범죄에 대한 대응을 합리적이고 효율적으로 할 수 있도록 하거나 개별 입법을 통해야 한다는 비판도 충분히 고민해 봐야 한다.

데이트 폭력과 폭력 일반의 차이에서 나타나는 애매성과 모호성의 특징을 분석할 필요도 있다. 데이트 폭력의 경우 폭력이라는 점에서는 형법상의 폭력 범죄와 유사하며 지속 반복되는 경우 상습 폭행 등으로 처벌이 가능하다는 점에서 폭력 일반과 유사하지만, 특수한 관계라는 점에서 재범의 위험성이 높아 처벌 이후 발생할 수 있는 재범의 방지가 반드시 필요하다는 측면에서 차이가 있다. 또한 '사랑'이라는 명목하에 이루어지는 폭력 사건이라 특별법인 「가정폭력범죄의 처벌 등에 관한 특례법」과 같이 특수한 관계에서 발생하는 범죄이기 때문에 가해자의 교정을 위한 보호처분 내지 피해자 보호조치가 필요하다는 점에서 유사하나, 다른 한편 데이트 폭력은 가정폭력의 대상인 구성원에 포함되지 않는다는 점, 즉 「가정폭력범죄의 처벌 등에 관한 특례법」에 의해 보호처분 내지 보호조치에 관하여 특정된 대상이 아니기 때문에 특별법 적용이 안 된다는 측면에서 차이가 있다고 볼 수 있다. 이러한 데이트 폭력의 법률상의 위치를 어디에 두고 제재와 보호에 대한 대책을 마련할 것인지의 문제가 고려되어야 한다. 단순한 형법으로 처벌이 타당한 것인지 특별법의 편제를 통해 적용이 가능한 것인지, 데이트 폭력에 대한 어떠한 법적용이 현재 발생하는 범죄를 감소시킬 수 있을 것인지에 대한 명확한 법체계가 급선무이다. 또한 형법 내지 특별법으로의 적용은 가능하나 범죄의 특성상 처벌로 인한 예방 효과가 미비하다는 점, 피해자 보호를 위한 법률상의 근거가 마련되어 있지 않다는 점도 문제라고 볼 수 있다.

## 데이트 폭력에 대한 경찰의 태도 변화

경찰청은 최근 들어 '연인 간 폭력'에 대한 사회적 관심이 고조되는 등 대책 마련이 시급하다는 판단하에 관련 부서 간 협업을 통해 전국 경찰서에 '연인 간 폭력 근절 특별팀'을 구성하여 피해자 보호를 중심으로 하는 대응 체제를 구축하기로 데이트 폭력에 대한 경찰의 입장을 정리했다.[15] 이를 위해 일정 기간 '연인 간 폭력(데이트 폭력) 집중신고기간'을 운영하고 그동안 미신고된 암수범죄를 포함한 모든 '연인 간 폭력' 범죄에 대해 신고를 받아 엄정하게 처리하기로 결정했다. 경찰청의 이러한 발표는 그동안 부부 사이의 폭력은 '가정폭력'으로 규정하여 피해자 보호를 중심으로 엄정하게 대응해 온 반면, 부부가 아닌 연인 사이의 폭력은 당사자 간 문제로 치부・방치되어 피해가 발생한 이후에야 사법 처리 위주로 처리하는 등 피해 예방이나 피해자 보호 등에 대한 체계적인 대응이 부족했다는 반성과 연결되어 있기에 우선은 긍정적으로 평가할 수 있을 것이다. 그러나 경찰의 데이트 폭력에 대한 기본적인 대응 방식은 데이트 폭력을 근절의 대상으로 삼고 접근한다는 점에서 여전히 그 한계를 드러내고 있다.

경찰청이 밝힌 데이트 폭력에 대한 구체적인 대응은 다음과 같다. 연인 간 폭력의 문제는 '가정폭력'과 같이 직접 개념을 정의하고 행위를 규제하는 법령이 없이 살인 · 성폭행 · 상해 · 폭행 등 개별적인 행위 유형별로 처벌하고 있는데, 강력 범죄로 발전할 가능성이 매우 높은 연인 관계 전후의 갈등을 사건 접수 단계에서부터 관련 부서 간 협업을 통해 유기적으로 대응하여 2차 피해를 방지하는 예방 치안을 구현하겠다는 것이 경찰의 기본적인 태도이다. 이를 위해 '부부 사이가 아닌 연인 간'에 발생하는 폭행 · 상해 · 살인 · 성폭행 · 감금 · 약취유인 · 협박 · 명예훼손 사건을 전담하여 처리하는 '연인 간 폭력 근절 특별팀'를 전국 경찰서에 설치 · 운영하고, 형사과장을 특별팀 팀장으로 24시간 공백 없는 전문 수사 체제를 유지하기 위하여 형사팀 · 여청수사팀에 팀별 각 1명씩 전담 수사 요원을 지정하고, 여성 피해자의 편안하고 안정된 상담분위기 조성을 위한 상담 전문 여경, 피해자에 대한 상담과 경제 · 심리 · 법률 지원을 담당할 피해자 보호 담당자를 포함하는 등 관련 부서 간 협업을 통해 편성한다. '연인 간 폭력' 범죄 발생 징후가 있거나 발생하였을 경우 전담 특별팀에서 입체적 · 종합적 수사를 통해 폭력성 · 상습성 여부 등을 상세히 확인하여, 폭력행위에 대하여 엄정 사법처리하고, 피해자를 괴롭히는 스토킹 행위에 대해서도 적극적으로 사법 조치하는 한편, 피해자에 대한 접근 · 연락 금지를 가해자에게 강력히 경고하고, 이를 위반하면서 추가 폭행 등 2차 피해 가능성이 높은 경우 피해자 보호를 위해 원칙적으로 구속 수사한다. 또 '연인 간 폭력' 범죄 근절을 위해서는 무엇보다 피해자들의 적극적인 신고가 필요하다는 판단하에, 112신고, 누리망 · 스마트폰 신고, 경찰서 방문 신고 등 다양한 경로를 통해 신고가 가능토록 하고, 신고 즉시 신변 보호 필요 여부를 최우선적으로 검토한 후 필요한 경우 신속한 신변 보호조치를 실시하고 신고자에 대한 익명성을 보장한다고 한다. 또 보다 많은 신고를 유도하기 위하여 여성 관련 단체, 여성들이 많이 접촉하는 누리망 카페, 여성 단체 홈페이지 등을 중심으로 경찰에서 연인 간 폭력 피해에 대해 엄정한 수사뿐만 아니라 피해자 보호까지도 철저하게 하고 있음을 적극적으로 홍보하겠다고 한다.

기존에 피해자의 신고에도 불구하고 소극적인 태도를 보이던 경찰이 이렇듯 변화를 보이는 것은 한편으로는 매우 반가운 일이면서도, 다른 한편으로는 오히려 이러한 갑작스런 태도의 변화가 경찰의 일상사가 되어 버린 일제단속기간과 같은 일회적인 행사에 그친다거나 전시 행정 또는 실적 위주의 단속과 같은 양상을 띠지 않을까 하는 우려를 불러일으키기도 한다. 지속성과 진정성이 담보되지 않는 지금까지의 대응 방식은 피해야 한다. 게다가 데이트 폭력 근절이라는 사고방식도 경찰의 능력에 대한 근본적인 자기 한계를 받아들이지 않는 폭력성을 띠고 있음도 지적할 수 있을 것이다. 경찰이 우선적으로 해야 할 일은 앞에서 살펴본 바와 같이 그동안 관행화했던 소극적인 대응 방식에 대한 철저한 반성이다. 이러한 반성의 토대 위에서 데이트 폭력 피해자에 대한 이해와 적극적인 보호가 우선시되어야 하고, 가해자에 대해서도 무조건적인 폭력 근절의 방식이 아니라 데이트 관계에서 발생하는 미묘하고 복잡한 사정을 충분히 감안하여 사법처리할 것이 요구된다. 데이트 폭력에 대한 경찰의 대응 방식도 기존의 학교폭력에 대한 대응 등과 같이 단순한 폭력 근절이라는 방식이 아니라 좀 더 복잡하고 다각적인 방식으로 이뤄져야 할 것이다.

## 데이트 폭력과 사랑 담론의 필요성

데이트 폭력은 친밀한 관계에 있는 연인 간에 발생하는 폭력이라는 점에서 그 심각성에 대한 사회적 인식이 부족하고 수사기관 등에서의 소극적인 대처로 인해 최근 흉포한 범죄로 발전하고 있다. 또한 데이트 폭력의 경우 관계 단절이 어렵다는 특징을 가지고 있어 지속적이고 반복되는 상습 폭행, 더 나아가 살인에 이르기까지 잔인한 사건으로 나아가는 심각한 양상을 보이고 있다. 데이트 폭력은 1차적 피해뿐 아니라 2차적 피해 발생의 가능성이 높다. 데이트 폭력의 심각성에 대하여 예방 교육 등을 통한 사회적 인식에 대한 변화가 필요하며, 피해자의 안전을 보장하기 위한 조치 등 수사기관의 적극적 대응이 이루어질 수 있도록 법률적 체계를 구축해야 할 것이다. 또한 가해자 처우뿐 아니라 폭력의 상습성을 고려하여 사전 예방적 측면에서 피해자의 적극적인 신고와 사법기관 및 상담기관, 의료기관의 유기적인 협조 체계가 제도적으로 구축되어 흉포하고 잔혹성을 보이는 데이트 폭력 범죄를 감소시키는 데 노력해야 할 것이다.

그렇다고 데이트 폭력을 예방하기 위해 데이트 자체를 금할 수는 없는 노릇이다. 근본적인 문제 해결을 위해서는 연인 간에 이뤄지는 다양한 사회적 관계를 새롭게 정의할 필요가 있다. 이 사회적 관계에는 부모와 자녀, 형제자매, 친구, 선후배와 동급생, 동료 관계 등이 모두 포함된다. 사랑의 폭도 넓힐 필요가 있다. 연애는 스킨십, 열정, 욕망만 있는 것이 아니라 서로 친밀감을 나누고 관계에 헌신하고 책임을 지는 것이 필요하다. 상대를 배려하고 내가 하는 행동의 결과와 영향을 고려할 것이 요구된다. 악셀 호네트는 친밀성의 영역에서는 사랑이라는 상호 인정의 원리가 기초를 이뤄야 한다고 말한다.[16] 사랑이라는 상호 인정 관계를 무너뜨리는 데이트 폭력은 인정 무시의 전형적인 형태이다. 상호 인정 관계를 무시하는 데이트 폭력은 상대의 타자성을 자신의 동일성의 구조로 옭아매는 데서 나온다고 할 수 있다. 타자성의 윤리를 올바르게 형성하는 것은 데이트 폭력의 문제를 해결하는 데에서도 중요한 역할을 한다. 국가가 데이트 폭력의 문제를 폭력 문제로서 어떻게든 해결한다고 해도, 여전히 연인 사이에 올바르게 정립되어야 할 데이트, 연애, 사랑의 문제는 영원한 과제로 남을 수밖에 없다. 여기에서 현대의 사랑 담론을 둘러싼 인문학적 논의가 필요한 까닭이 있다.

# 성[性]스러움과 성[聖]스러움
## —레너드 코언의 <할렐루야>를 중심으로[1]

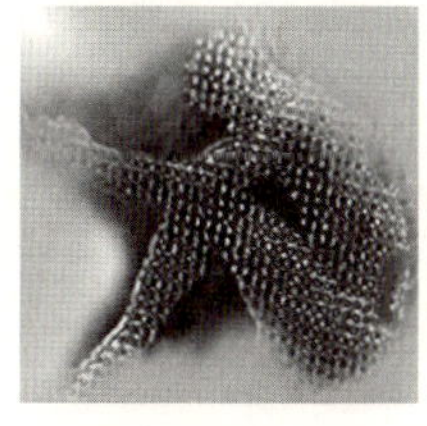

이 글은 에로티즘이 "인간의 불연속성"에서 유래하는 헛소동이자, '발작적'인 구원의 순간이라고 주장한 바타이유의 관점을 통해, 레너드 코언의 <할렐루야>(1984)를 읽고자 하는 시도이다. 국가적 행사나 새해 희생자의 추모 현장에서 울려 퍼지는 쓰임새를 배반하는, 정념 가득하고 폭력적인 가사에서 대중은 무엇을 듣는지, 어떻게 "차갑고 상처 입은 할렐루야"는 <어메이징 그레이스>를 대체하여 21세기의 국가적 영가가 되었는지 살펴본다.

최하영

한국의 대중들에게 레너드 코언Leonard Cohen(1934~)은 연인을 위해 무엇이라도 되겠다는 낭만적인 사랑 고백을 저음의 어조로 읊조리는 <나는 당신의 남자I'm your man>"[2]를 부른 가수 정도로 알려져 있지만, 캐나다 출신의 이 유태인 싱어송라이터가 국경을 넘어 미국 대중음악계, 나아가 문화계에서 차지하는 위상은 우리의 예상을 훌쩍 뛰어넘는다. 1956년 첫 시집 ≪신화를 비교해 봅시다*Let us compare mythologies*≫의 출판으로 시작된 그의 커리어는 시 · 소설 · 음악 · 회화 등 예술의 다양한 영역에 걸쳐 경계를 넘나들며, 여든이 넘은 현재까지 60년을 넘어

지속되고 있다. 그는 흔히 같은 유태계로서 동시대의 대표적인 싱어송라이터인 밥 딜런Bob Dylan(1941~)과 비교되는데, 알렌 긴스버그Allen Ginsberg(1926~1997)는 딜런의 대표곡 〈바람에 날리며Blowing in the Wind〉를 빌려, "딜런은 모두의 마음을 날려 버렸다, 레너드만 빼고Dylan blew everybody's mind, except Leonard's"[3]라고 평하기도 하였다. 이는 딜런이 그 세대에 끼친 막대한 영향을 인정하는 동시에, 그것에 압도되지 않고 자기 세계를 구축한 코언에 대한 빼어난 상찬의 표현이다. 너바나Nirvana의 리더 커트 코베인Kurt Cobain(1967~1994)은 〈페니로열 티Pennyroyal tea〉에서 "사후에 나에게 레너드 코언의 노래를 주오/ 그래서 영원히 탄식할 수 있도록Give me a Leonard Cohen afterworld/ So I can sigh eternally"이라고 노래하기도 하였다.[4] 종교적 주제와 성적 주제를 아이러니한 어조로 다루는 그의 작품 세계는 때로 외설성에 대한 논란을 불러일으키기도 하였으나, 글렌 굴드 상Glenn Gould Prize이나 주노 어워드Juno Award의 수상이 보여주듯 캐나다 내에서의 인정은 물론, 2012년도에 척 베리Chuck Berry(1926~)[5]와 함께 받은 문학적으로 탁월한 노래 가사 분야의 초대 펜 상PEN Award이나 스페인에서 시상하는 아스투리아 공녀상The Princess of Asturias Awards의 수상이 보여주듯 국제적 인정을 받았다.[6]

1967년 《레너드 코언의 노래들Songs of Leonard Cohen》을 시작으로 2014년 《대중적 문제들 Popular Problems》까지 13장의 정규 앨범이 있으나, 그를 가장 유명하게 만든 노래, 그래서 후대의 대중들에게 그와 거의 동일시되어 생각되는 곡은 1984년 앨범 《다양한 입장들Various Positions》에 실린 〈할렐루야Hallelujah〉일 것이다. 전속 레코드사인 콜롬비아Columbia가 낮은 상업성 때문에 앨범의 발매를 거절하여 독립 레이블에서 소량 찍어낼 만큼 거의 홀대에 가까운 대접을 받았고, 〈할렐루야〉는 그 앨범의 아홉 곡 중 다섯 번째 트랙이라는 어중간한 위치에 들어가 있어, 발매 당시에도, 그 후 몇 년간도 거의 주목을 받는 곡이 아니었다. 묻혀 있던 이 곡은 '벨벳 언더그라운드The Velvet Underground'의 멤버였던 존 케일John Cale(1942~)이 코언을 위한 헌정 앨범 ≪나는 당신의 팬I'm Your Fan≫(1992)에서 다시 부름으로써, 열성팬들의 주목을 받는 계기를 만들었고, 이를 듣고 영감을 받은 젊은 뮤지션 제프 버클리Jeff Buckley(1966~1997)가 훗날 이 곡의 가장 대표적이고 대중적인 커버곡이 될 녹음을 자신의 첫 앨범이자 생전의 유일한 앨범인 ≪그레이스Grace≫(1994)에 싣는 것으로 드라마틱하게 이어졌다. 버클리 버전이 마니아들에게 깊은 인상을 남긴 이후에도 이 곡은 수년 동안 아는 사람들만 아는 컬트적인 곡으로 남아 있다가 2001년 드림웍스DreamWorks의 애니메이션 〈슈렉Shrek〉에 삽입되면서 대중문화의 수면 위로 떠올랐다. 몇 개월 뒤 발생한 9·11 테러를 계기로 〈어메이징 그레이스Amazing Grace〉와 더불어 미국민을 위로하는 아이콘적 노래가 되었다.[7] 현재까지 이 곡은 300여 개 이상의 커버 버전으로 불리면서, 그 중 인상적인 몇 곡은 차트의 상위를 차지하였으며, 특히 버클리 버전은 노르웨이·스웨덴 등의 외국 차트에서 상위를 차지하다가, 2008년도 뒤늦게 빌보드의 디지털 송 차트에서 1위를 차지하기도 하였다.[8] 여러 음악 설문조사에서 평론가들과 아티스트, 음악팬들에 의해 명곡으로 꾸준히 거론되고 있으며, 다양한 영화와 TV 시리즈의 배경음악으로 사용되었으며, 공적·사적인 행사에서도 빈번히 연주되고, 오디션 프로그램에서는 암묵적인 금지곡으로 여겨질 만큼 지원자들이 자주 부르는 노래가 되었다. 앨런 라이트Alan Light는 이 곡이 극히 소수의 대중가요, 예를 들어, 존 레논John Lennon(1940~1980)의 〈이매진imagine〉이나 샘 쿡Sam Cooke(1931~1964)의 〈변화는 오고야 말 것A Change is Gonna Come〉과 같은 곡들의 반열에 올랐다고 평가한다.[9] 이 "지고한 지위rarefied status"[10]에 오른 곡들은, 개별 곡의 범위를 벗어나 "어떤 더 위대한 사상이나 감정의 응축shorthand for some greater idea or emotion"으로 기능하게 된다. 레논의 〈이매진〉은 국가, 자본주의, 종교에 대한 분명하고도 급진적인 비판을 담고서 연대에 대한 희망을 청중에게 상징한다. 쿡의 〈변화는 오고야 말 것〉은 그 자신의 인종 분리의 경험을 바탕으로 창작되어, 민권운동, 나아가 평등에 대한 요구의 상징적 노래가 되었다. 그렇다면 코언의 〈할렐루야〉가 상징하는 것은 무엇인가라는 질문이 가능하다. 바꾸어 묻는다면 대중은 이 곡에서 무엇을 듣는가?

오랫동안 묻혀 있던 이 곡이 2000년대, 특별히 2001년 9·11 테러를 기점으로 폭발적인 대중적 수요를 보인 것에 대해, 여러 가지 분석이 있어 왔다. 가장 쉽게는 8분의 12박자 가스펠 풍의 차분하면서도 숙연한 느낌의 멜로디와 더불어 후렴부에 계속되는 "할렐루야(신을 찬양하라)"라는 가사가 신의 은총이 절실히 필요했던 미국 국민들의 마음에 적절히 닿았기 때문이라는 분석이 가능하다. 그러나 가사를 천천히 읽어 보면, 이 곡이 흔히 쓰이는 대로 추모나 종교적 예식에서 불리기에는 부적절하다고 여겨질 정도로 매우 강렬한 성적 묘사와 감정을 담고 있음을 알 수 있다. 코언은 가사의 모티프로 성경 속 가장 유명한 불륜의 주인공인 다윗David과 밧세바Batheba가 만나는 장면을 언급하고, 아름다운 델릴라Delilah에게 유혹되어 머리카락을 잘리는 삼손Samson을 묘사한다. 다른 절에서는 "내가 당신 안에서 움직였을 때When I moved in you"와 같은 더욱더 분명한 성적 묘사나 "내가 사랑을 통해 배운 것이라곤/ 나보다 먼저 총을 빼 든 사람에게 어떻게 총을 쏠지 뿐All I've ever learned from love was how to shoot somebody who outdrew ya"과 같은 표현들이 등장한다. 예배나 장례식에서 이 곡이 연주될 때, 실제로 몇 몇 공연자들은 부적절하다고 생각되는 표현을 고치거나, 아예 해당 절을 빼 버리기도 하였다. 그러나 흥미로운 점은 이 곡이 그러한 변경 없이 영화·드라마·방송의 배경음악, 혹은 국가적인 행사나 종교적인 예식, 추모식에서 그대로 사용될 때에도 대부분의 청중들은 목적에 부합하다고 여기며, 그들이 받는 감동에 방해받지 않는다는 것이다.[11] 대규모의 참사나 자연재해 후에 〈할렐루야〉를 듣고 위로받는 대중의 반응을 설명하며, '사실 그들은 전체 가사를 듣기보다는 "할렐루야"라는 후렴구에 의미를 둔다'[12]든지, 혹은 '멜로디의 진행이 어떤 영감을 제시한다'[13]는 등 가사의 의미를 제외시키는 분석이 존재한다. 본고는 그러한 엘리트, 혹은 전문가적 분석을 유보하고 대중은 그들의 삶이 놓인 자리에서 가사를 포함, 이 곡을 정확히 이해하고 수용하고 있다는 논시 아래, 그 과정의 한 단면을 포착해 보고자 한다.

거의 무명의 곡이었다가 20년의 세월을 거쳐 천천히 보편적 유명세를 획득하는 이례적인 과정을 거치는 동안 공연자에 따라 (성적) 관계의 절정이 강조되기도 하고, 혹은 그것의 파국에 뒤따르는 허무함이 강조되기도 하고, 때로는 절대자를 향한 구도의 성격, 나아가 종교적 구원의 기쁨이 두드러지게 표현되었다. 본고에서는 코언의 곡들에 나타나는 두드러진 주제인 성性스러움과 성聖스러움이 별개의 분리된 것이 아니라 서로 수렴하는 어떤 것임을 통찰한 조르주 바타이유Georges Bataille(1897~1962)의 시선을 빌려, 〈할렐루야〉의 가사와 그에 대한 사람들의 응답의 일면을 밝혀 보고자 한다. 기독교와 자본주의에서 신성시하는 노동과 축적을 비판하고 낭비와 탕진의 에로티즘을 찬양함으로써 저주받은 철학자가 된 바타이유의 관점은 "이교도의 찬송가, 현대의, 의심하는 이를 위한 기도문a hymn of the heretic, a piyut[liturgical poem] of a modern, doubtful person"[14]으로 불리는 〈할렐루야〉의 대중적 수용에 적절한 이해를 제공한다. 더불어 아티스트들마다 다르게 나타난 이 곡의 해석을 대표적인 사례를 통해 살펴봄으로써 이 곡이 지닌 다양한 면모가 대중들에게 받아들여지는 과정을 포착해 보고자 한다.

## 버클리 버전

재닛 매슬린Janet Maslin은 알란 라이트Alan Light의 ≪성스러운 혹은 깨어진 것The Holy or the Broken≫을 다룬 서평에서 거의 <할렐루야>의 탄생 신화라 할 수 있는 이미지를 부각한다. 몇 년 동안 <할렐루야>의 가사를 두고 씨름하던 코언이 뉴욕의 한 호텔방에서 속옷만 입은 채로, 바닥에 머리를 찧으며, 좌절하는 장면이다.[15] 이 곡의 첫 녹음에 들어간 4개의 절을 위해 4, 5년 동안 그는 거의 80절을 쓰고, 버리는 과정을 반복했다. 나머지 절들의 일부는 그 혹은 다른 공연자들이 변형된 버전에 사용할 수 있는 유용한 자원이 되었다. 대표적으로 4절로 이루어진 코언 버전과 5절로 된 버클리 버전[16]을 들 수 있는데, 1, 2절은 거의 같고, 그 뒤의 절은 상이하다. 이 글에서는 더 널리 알려져 있는 버클리 버전을 중심으로 분석하고, 코언 버전을 추가하기로 한다.

(1절)

내가 듣기로 다윗에게는 신을 기쁘게 할 수 있는
비밀 화음이 있었답니다.
그러나 당신은 사실 음악은 별로 좋아하지 않지요?
그 화음은 이렇게 진행돼요
4도, 5도,
단조로 떨어졌다, 장조로 올라갔다
할렐루야를 작곡하며 좌절하는 왕이 있어요
(후렴) 할렐루야 할렐루야 할렐루야 할렐루야

Now I've heard there was a secret chord
That David played, and it pleased the Lord
But you don't really care for music, do you?
It goes like this
The fourth, the fifth
The minor fall, the major lift
The baffled king composing Hallelujah
(Refrain) Hallelujah, Hallelujah, Hallelujah, Hallelujah...

서두에서 명시적으로 이름이 거명되며 제시되는, 신을 위하여 비파와 수금을 연주하는 다윗 왕은 서구의 청중에게는 기독교인이 아닐지라도 문화적으로 친숙한 인물이다. 여기에 "할렐루야를 작곡하며 좌절하는 왕"의 모습은 코언의 모습과 겹쳐진다. 이 부분의 멜로디는 가사에 나오는 다윗이 신을 위하여 지었다는 곡의 진행대로 "4도, 5도/ 단조로 떨어졌다, 장조로 올라"간다. 불분명한 것은 "당신you"이 누구냐이다. 이는 화자가 말을 건네고 있는 청중이 될 수도 있고, 신 혹은 연인으로 해석될 수도 있다. 코언은 마치 "입체파의 그림"[1]처럼 시의 화자와 청자를 절마다 다르게 구성하고 있는데, 성경 속의 인물과 일상 속 청중을 절충 지대 없이 가로지르는 그의 화법은 일단 청중을 어리둥절하게 하면서, 성聖과 속俗, 성聖스러움과 성性스러움이 뒤섞인 그의 세계로 인도한다.

2절에서는 중심사건이라 할 수 있는 다윗과 밧세바, 그리고 그와 모호하게 겹쳐진 삼손과 델릴라의 관계가 펼쳐진다. 코언은 이들의 만남을 충일한 성적 에너지와 그 특유의 BDSM(속박, 지배와 복종 플레이 및 피학-가학 성행위 Bondage, dominance and submission, sadomasochism)적 어조로 묘사한다.

(2절)

당신의 믿음은 강했지만, 그래도 증거가 필요했지.

당신은 지붕 위에서 목욕하는 그녀의 모습을 보았지

그녀의 아름다움과 달빛이 그대를 휘감았네.

그녀는 주방 의자에 당신을 묶고

당신의 왕좌를 부수고 머리칼을 자르고

당신의 입술에서 할렐루야가 흘러나오게 만들었네

(이후 후렴 생략)

Well your faith was strong but you needed proof

You saw her bathing on the roof

Her beauty and the moonlight overthrew ya

She tied you to her kitchen chair

She broke your throne and she cut your hair

And from your lips she drew the Hallelujah

바타이유에 의하면 이 모든 에로티즘과 관련된 소동들은 "인간의 불연속성" 때문이다. 고립된 채로 탄생에서 죽음까지를 혼자 버텨야 하는 실존적 조건에 처해 있는 인간 존재는 최초에 생겨나는 순간, 아주 찰나적으로만 존재했던 "존재가 연속성에 머무는 어떤 중요한 순간"[18]에 대한 향수를 지니고 있다. 구약의 언어로 표현한다면, 인류는 에덴동산에서 추방되어 살아가는 원죄original sin 이후의 기나 긴 시간 속에서, 신과의 소통과 합일이 가능했던 낙원에서의 짧았던 삶을 영원히 그리워하며, 그것을 어떻게든 다시 한 번 불러내 보고 싶어 한다. 바타이유는 그렇게 환영幻影처럼이나마, "서로 뒤엉켜 부서지는 파도"[19]처럼 "개체이면서 동시에 전체일 수 있는 존재"[20]에 대한 희구가 인간의 에로티즘—육체, 심정, 그리고 신성의—을 촉발한다고 말한다.

2절은 사랑의 감정과 강력한 성적 욕망이 어떻게 견고한 '인간의 불연속성'을 찢고 들어가는지 보여준다. 코언은 노래 전체를 통해 의식consciousness, 노동, 금기로 둘러싸여진 인간의 불연속성이 침습, 침입, 파괴, 무상해제 당하는 이미지를 'overthrow', 'shoot', 'break', 'cut', 'draw', 'outdraw' 등의 시어를 통해 보여준다. 비천했던 목동 시절에 이미 왕이 될 것을 예언하는 신의 기름부음을 받은 후, 오랜 세월 동안 초대왕인 사울로부터의 괴롭힘과 살해 위협을 극복하고, 왕위에 오른 다윗이 밧세바를 만난 때는, 전쟁 중이기는 했으나 그의 치세가 안정기에 이른 때였다. 관례대로라면 다윗은 군대를 이끌고 전쟁터에 나가 있어야 했으나, 성경은 그가 부하들만을 보낸 채, 예루살렘의 궁궐에 "지체tarry"(사무엘하 11장 1절 ASV)하고 있었다고 기록한다.

> 해가 돌아와서 왕들의 출전할 때가 되매 다윗이 요압과 그 신복과 온 이스라엘 군대를 보내니 저희가 암몬 자손을 멸하고 랍바를 에워쌌고 다윗은 예루살렘에 그대로 있으니라. (KRV)

이 부분을 묘사하는 성경의 어조는 왕의 마음가짐이 무언가 바람직한 궤도에서 벗어나 있음을 암시하는, 도덕적 · 종교적 비난의 뉘앙스를 지닌다. 그러나 바타이유적 관점으로 바라본다면, 이는 다윗에게 이성과 노동의 유한한 세계에서 벗어나 금기의 위반으로 열리는 "축제의 세계", "군주들의 세계", "신들의 세계"로 가는 출입구가 열렸음을 의미한다.[21]

저녁 무렵 침상에서 일어나 왕궁의 옥상을 거닐다가 건너편 집의 지붕에서 목욕하는 밧세바를 본 이후의 다윗을, 코언은 왕의 위엄과 막강한 권한과는 어울리지 않는, 대항 불가능의 힘에 휘둘리는 매우 수동적인 모습으로 묘사한다. 사실 이후 다윗의 행각은 밧세바의 임신을 감추기 위해 전장에 나간 남편 우리아Uriah를 불러 동침케 하려 하거나, 지나친 충성심으로 전쟁 중 아내와의 동침을 거절하는 그를 위험한 전선에 배치해 죽게 하는 등 갖가지 계략과 속임수의 사용으로 수동성과는 거리가 있지만, 그것은 다윗이 그를 "휘감았"던 욕망의 파도에 얼마나 속수무책으로 당했는지를 보여주는 반증이기도 하다. (삼손과도 겹쳐지는) 그는 익숙했던 자신의 자리 "왕좌"에서 옮겨져 전혀 다른 영역인 "부엌 의자kitchen chair"에 "묶"여 "머리칼을 [잘린]다."[22] 그러한 그의 입술에서 당황스럽게도 "할렐루야(신을 찬양하라)"가 흘러나온다. 이것은 의식적이거나 능동적인 신의 찬미라기보다는 코언이 표현하는 대로 '끌어내어진drawn' '할렐루야'이다. 이것은 레이 찰스Ray Charles(1930~2004)가 기쁠 때나 슬플 때나 함께 있어 주는 다정한 연인에 대한 환희와 그러한 그녀를 주신 신께 대한—성적 뉘앙스가 분명 존재하기는 하지만—감사를 담아 부르는 〈할렐루야 나는 그녀를 너무나 사랑해Hallelujah I Love Her So〉(1956) 속의 "할렐루야"나 헨델Händel(1685~1759)의 오라토리오 《메시아*Messiah*》(1741)에서 예수의 수난과 죽음 끝에 울려 퍼지는 엄숙하고도 장엄한 "할렐루야"와 본질적으로 다르다고 할 수는 없지만 분명히 다른 결을 지니고 있다.

그러나 이 순간은 바타이유가 언급했다시피 그 강력한 파워에 맞지 않게, 아니 바로 그 강력함 때문에 언제나 '찰나'적으로만 경험된다.[23] 바타이유는 ≪에로티즘≫에서 성행위를 잃어버린 연속성에 대한, (동물과는 구분되는) 인간 특유의 추구로 보는 동시에, 매우 동물적인 어떤 것으로 묘사하면서 동시에 그것의 덧없이 바스라짐을 지적한다. "교접"의 절정에 이르면, "한 쌍의 암수"는 그들을 괴롭히던 고질적인 불연속적 개체성을 벗어나 "연속성의 흐름"을 함께 느끼지만, 이것은 "진정한 의미에서의 결합"이라기보다는 폭력적인 "발작paroxysm"과 같은 것으로, 그 시간의 공유가 끝나면, "각자의 불연속성"은 여전히 견고하게 둘 사이를 가른다.[24] 〈할렐루야〉의 4절은 그 고점과 저점의 낙차를 정확히 보여준다.

(4절)

한때 당신은 알게 해 주었지.
당신 마음속에서 정말 무슨 일이 일어나고 있는지
그러나 지금은 나에게 전혀 보여주지 않아.
하지만 내가 당신 안에서 움직였을 때를 생각해 봐
그때 성령의 비둘기도 함께 날아올랐지
그리고 우리가 쉬었던 모든 호흡은 할렐루야였어.
There was a time when you let me know
What's really going on below
But now you never show that to me, do ya?
But remember when I moved in you
And the holy dove was moving too
And every breath we drew was Hallelujah

연인과의 결합으로 가능해진 황홀경의 시간과 공간에서, 인간의 불연속성은 육체적으로는 "내가 당신 안에서 움직"이는 융합으로 변화하고, 심리적으로는 "당신 마음속에서 정말 무슨 일이 일어나고 있는지" 내가 내 마음 보듯 알 수 있음으로써 깨어진다. 지극히 성스러운 순간에만 날아오르는 "성령의 비둘기"[25]가 이 순간을 인증한다. 그때 그들이 내쉬는 모든 호흡은 성性스럽고, 성聖스러운 '할렐루야'이다. 이 황홀경의 감정과 가장 근접하는 것은 카라바지오Caravaggio(1571~1610)의 회화나 베르니니Bernini(1598~1680)의 조각 등에서 재현되어 온 종교적 엑스터시religious ecstasy의 순간일 것이다.

이토록 강렬하게 "연속성을 향해 함께 열"렸던 둘이었으나 "발작이 지나면 각자의 불연속성은 여전히 거기에 있"는 채로 변한 것은 없다. 이제 그(녀)의 얼굴을 보더라도 무슨 일이 일어나고 있는지, 무슨 생각을 하고 있는지 전혀 알 수 없고, 그(녀)도 알려 주지 않는다. 이 고점과 저점 사이의 낙차는 너무나 커서 현기증과 허무함, 절망을 불러일으킨다.

(5절)

아마 저 위에 신이 존재할지도.
그러나 내가 사랑에서 배운 거라곤
나보다 먼저 총을 빼 든 사람에게 어떻게 총을 쏠지 뿐
그건 당신이 밤에 듣는 기쁨의 외침도 아니고
빛을 본 사람도 아니지
그것은 차갑고, 그것은 상처 입은 할렐루야.

Maybe there's a God above
But all I've ever learned from love
Was how to shoot somebody who outdrew ya
And it's not a cry that you hear at night
It's not somebody who's seen the light
It's a cold and it's a broken Hallelujah

사랑이 끝난 후, 화자는 자신이 사랑에서 배운 것이라곤 "나보다 먼저 총을 빼 든 사람에게 어떻게 총을 쏠지 뿐how to shoot somebody who outdrew ya"[26]이라고 회한에 젖어 읊조린다. 이것은 흔히 나에게 실연을 안긴, 변심한 연인에 대한 '사랑의 복수'로 연결될 수 있으나, "나보다 먼저 총을 빼 든 사람에게" 총을 쏘는 것은 사실상 가능하지 않고, 쓸데없다는 점에서, 그 제스처의 무효용성을 강조하는 의미를 지닐 뿐이다. 사랑이 끝난 후, 여전히 그의 입에는 "할렐루야"가 남아 있으나, 그것은 사랑의 절정에서 터져 나왔던 "밤에 듣는 기쁨의 외침a cry that you hear at night"[27]도 아니고 진리를 발견한 순례자 — "빛을 본 사람somebody who's seen the light"의 것도 아닌 "차갑고cold", "상처 입은broken" "할렐루야"이다.

차갑고 상처 입은 할렐루야는 성스러운, 기쁨에 찬 할렐루야와 어떻게 다른가? 둘 사이의 차이점에 앞서, 그의 입에서 여전히 "할렐루야"가 흘러나온다는 사실은 중요하다. 에로티즘에 모순적이지만 동시에 존재하는 금기와 금기의 위반이라는 요소가 그를 여전히 "할렐루야"의 자장 내에 머물도록 강제한다. 르네 지라르René Girard(1923 - 2015)는 금기의 존재를 인간 사회에 필요 불가결한 요소로 보고 있다는 점에서는 바타이유와 맥락을 같이하지만, 필연적으로 발생할 수밖에 없는 폭력의 재발을 막기 위해 "도처에 세워 놓은 성벽", 더 큰 폭력을 막기 위한 작은 폭력이라는 실용적이면서도 훨씬 냉소를 담은 관점에서 금기를 바라본다.[28] 그에 비해 바타이유는 금기는 위반되기 위해 존재하며, 위반될 때에만 완성된다는, 지라르에 비하면 낭만적인 관점을 유지하면서, 금기의 위반에서 오는 지양aufheben의 의미를 강조한다.[29] 금기를 위반하고자 하는 욕망, 위반에서 오는 두려움과 쾌락은 종교적 감정과도 다르지 않다는 것이다.[30]

다윗의 예를 들자면, 달빛과 밧세바의 아름다움에 도취되었던 순간이 지나자, 유부녀를 임신케 한 파렴치한과 살인자로서의 자신의 모습이 드러난다. 그전까지 그는 "비밀 화음secret chord"을 알고 있어 비파와 수금의 연주로 "신을 기쁘게please the Lord"(1절)하는 자였고, 신의 마음에 합하여 기름부음을 받았으며, "여호와의 언약궤가 다윗 성으로 들어오는"[31] 것을 보고 바지가 벗겨지는 것도 모를 정도로 춤을 추며 기쁨을 표현하여 아내 미갈Michal의 업신여김을 받을 만큼 '여호와의 신에 크게 감동'[32]된 자였다. 그러나 이제 그는 신이 보기에 악한 '소위所爲'[33]를 저질러 신의 계시를 받은 선지자 나단Nathan에게 책망과 훈계를 듣는 처지가 되었다.[34] 그러나 바타이유의 관점에서 보자면 다윗은 그 어느 때보다도 '신성'에 근접해 있다. 신성은 선이나 순결함만으로 이루어진 것이 아니라 악과 불결함을 포함하는 개념이기 때문이다. 그는 기독교에서 신성이 "창조신이라는 하나의 불연속적 인격체로 변형"[35]된 것을 지적하며, 나아가 "금기의 위반이 없이는 신성에 이를 수 없는데도, 죄를 전제하지 않고는 신성을 생각할 수 없는데도, 기독교는 죄를 배척"했음을 비판한다. 같은 맥락에서 지라르는 성스러움을 뜻하는 라틴어 'sacer'나 그리스어 'hieros'는 이로운 것과 해로운 것, 축복과 저주를 모두 뜻함에도 불구하고, 그 단어의 폭력성과 양면성을 제거한 번역을 주장한 비교언어학자 에밀

벵베니스트Emile Benveniste(1902~1976)를 비판한다.[36]

코언이 2절에서 다윗과 미묘하게 겹치도록 장치해 둔 삼손은 신성에 존재하는 폭력성과 양면성을 다윗보다도 더 드라마틱하게 드러내는 인물이다. 신에게 특별한 헌신을 하도록 구별되어진 나실인Nazirite[37]으로서 그는 금주와 "머리에 삭도를 대지 말라."[38]는 금기를 지니고 태어났다. '성별된consecrated', '구별된separated'의 의미를 지닌 히브리어 *nazir*에서 유래하는 나실인은 그 의미 자체에 긍정성과 부정성을 함께 내포하고 있었고, 그들을 대하는 사람들의 태도도 거룩한 자로 숭상하는 동시에 죄인으로 금기시하는 양가적인 면을 보였다.[39] 이스라엘이 왕정 국가가 되기 전, 사사judge로서 백성을 통치한 그의 삶은 술과 머리털에 대한 금기만을 지켰을 뿐, 온갖 방탕과 폭력의 기록으로 가득하다. 그의 첫 결혼은 블레셋 인들에 의한 아내와 장인의 화형, 그에 대한 복수로 이어진 여우 삼백 마리의 꼬리에 횃불 달기, 나귀의 턱뼈로 도륙한 일천 명의 시체 더미로 끝이 난다.[40] 그 이후 기생들을 찾아 "들어[가는]"[41] 삶을 살던 삼손은 이민족 여성인 델릴라를 만나 사랑에 빠진다—"이 후에 삼손이 소렉 골짜기의 델릴라라 이름하는 여인을 사랑하매."[42] 자신의 힘의 비밀을 캐내고자 하는 블레셋 여인을 사랑하는 그는 매일 밤 "재촉하여 조르"는 그녀 때문에, "번뇌하여 죽을 지경"이 되어, 평생 그 누구에게도 털어놓지 않은 자신의 금기에 대해 "진정을 토하[여]" 낸다. 델릴라는 삼손이 "자기 무릎을 베고 자"[43]는 동안 그의 머리칼을 잘라 낸다. 삼손은 행복의 절정에서, 연인의 배신, 여호와의 떠남, 힘의 소실을 경험하고, 블레셋 인들에게 붙잡혀 눈이 뽑힌 채 옥중에서 맷돌을 돌리는 인생의 밑바닥으로 급전직하한다. 흥미로운 것은 사사기의 기자가 삼손의 파국을 기술한 바로 뒤에 "그의 머리털이 밀리운 후에 다시 자라기 시작"[44]했음을 끼워 넣은 점이다.

흔히 기독교에서 다윗과 밧세바와의 간통사건은 그가 사건 후 지었다는 시편 32편이나 51편과 함께 언급되면서, 신 앞에서 모든 것을 털어놓는 '참회와 회개'가 이루어질 때 임하는 신의 용서와 완벽한 "정화"에 대한 메시지[45]로 해석된다. 삼손의 경우도 앞서의 방탕과 위반은 그가 머리털이 자란 후, "여호와께 부르짖어"[46] 블레셋 사람들에게 복수를 할 수 있도록 마지막으로 힘을 회복시켜 줄 것을 빈 후, 집의 두 기둥을 무너뜨려 그가 "죽을 때에 죽인 자가 살았을 때에 죽인 자보다 더욱 많았다."[47]는 대단원을 두드러지게 하는 장치로서 이용된다. 성 어거스틴Saint Augustine(354-430)이 구원에 다다르는 매개체로 역설적 축복을 내린 "복된 죄Felix Culpa"는 그러한 기독교적 해석을 드러내는 개념이다. 그러나 <할렐루야>에서 그려지고 있는 다윗과 삼손의 모습, 그리고 그들의 입술에서 흘러나오는 "차갑고 상처 입은 할렐루야"는 그러한 정화를 목표로 하는 "할렐루야"가 아니다. 코언이 70대에 임박해 발표한 "그렇다고 고철이 되는 것은 아니야.That don't make junk."(2001)에서 표현했듯이 신, 혹은 연인은 "나를 은혜로 높이 들어 올리지만/ 그 후 내가 떨어져야만 하는 자리로/ 되돌려 보낸다.You raise me up in grace,/ Then you put me in a place, / Where I must fall." 그러한 사랑과 신의 원리에 대하여 인간이 취할 수 있는, 혹은 취할 수밖에 없는 태도는 무엇인가? 뒤이은 가사에서 코언은 "나는 술과 싸웠지/ 그러나 취한 채로 싸워야만 했었네.I fought against the bottle, / but I had to do it drunk."라고 대답한다. 술이 허락하는 취함의 순간, 술과 싸우되 취한 채로 싸우는 인간의 부조리, 그러나 싸우기를 멈추지 않는 인간의 의지, 그러나 술이 깨기 전에 다시 술을 마시는 주정뱅이가 인간의 실존이다.

<할렐루야>에 응답한 대중들이 정념 가득한 가사에서 듣는 것은 바로 이것이 아닐까? 고점과 저점을 오가는 생의 롤러코스터에서 "차갑고 상처

입은 할렐루야"는 '성스런 할렐루야'에 못 미치는 이류의 찬양이거나, 반대로 그것이 승화된 더 고귀한 어떤 것이 아니다. "차갑고 상처 입은 할렐루야"가 바로 '성스런 할렐루야'이다. 그렇다면 수수께끼 같은 2절의 첫 번째 구절 "당신의 믿음은 강했지만, 그래도 증거가 필요했지"가 이해된다. 코언이 "증거proof"로 제시하는 것은 다윗과 삼손의 타락과 그 이후의 회개와 참회, 정화가 아니라, 강렬한 욕망에 휩싸였다가 깨어난 후의 폐허까지이다. 그것 자체가 "할렐루야"를 부를 믿음의 증거로 족하다.

## 코언 버전

아이러니하게도 대중들에게 소구력을 지니는 <할렐루야>의 메시지는 버클리 버전보다도 그전까지 대중들이 거의 접하지 못했던 코언 버전에서 더욱 분명히 드러난다. 가사의 배치나 구성뿐만 아니라 퍼포먼스 측면에서도 둘 사이의 차이는 뚜렷한데, 녹음 당시 20대 중후반이었던 버클리는 다윗 왕의 현현으로 보이는 모습으로, 그 자신이 "오르가슴의 할렐루야"[40]라고 명명한 대로, 섹슈얼리티를 강조하는 해식을 내어놓는다. 존 본 조비Jon Bon Jovi(1962~)는 같은 맥락에서 "후렴부는 절정이고, 나머지는 전희에 해당한다."고 언급하기도 하였다.[49] 반면 이 곡을 부를 당시 50세였던 코언은 환상이라고는 전혀 없는, 특유의 읊조리는 저음으로, 다소 건들거리며 부르는데, 이것은 인간이 (보편적으로) 처해 있는 궁지와 그 안에서의 필사적이고도 불가능한 분투, 체념, 절망을 담고 있는 목소리이다.

(코언 버전 3절)

당신은 내가 그 이름을 헛되이 일컬었다 말하지만

나는 그 이름이 뭔지도 몰라요

내가 설령 그랬다면, 진정 그 이름이 당신에게는 무슨 의미요?

모든 낱말에는

한 줄기 빛이 존재해요

그러니 당신이 들은 것이

거룩한 할렐루야인지 아니면 비탄에 잠긴 것인지는 중요하지 않아요.

You say I took the name in vain

I don't even know the name

But if I did, well really, what's it to ya?

There's a blaze of light

in every word

It doesn't matter which you heard

The holy or the broken Hallelujah

3절에서 코언은 <할렐루야>에 대한 자신의 해석이 구약 출애굽기에 나오는 십계명 중 제3계명 "여호와의 이름을 망령되이 일컫지 말라."를 어겼다는 비난, 즉 신성모독으로 여겨질 수도 있음을 의식한다. 실제로 <할렐루야>를 처음 들었을 때 많은 사람들이 신을 찬양하는 가스펠인지, 아니면 회의와 저항을 담은 불신의 노래인지에 대해 혼란감을 경험한다. 그러한 비난에 대해 그는 신의 이름을 불러서는 안 된다는 금기를 상기시키며, "그 이름이 뭔지도 [모]"른다는 레파티repartee로 응대한다. 한 걸음 더 나아가 그가 "설령 그랬다[모욕했다]"면, 자신이 모욕한 그 이름의 의미가 청자에게는 무엇인지 묻는다. "진정 그 이름이 당신에게는 무슨 의미요?well really, what's it to ya?"[50] 불신과 회의의 시대에 율법적, 종교적, 교리적 신의 개념이 아니라, 개인적인 신의 의미를 묻는다. (아마도) 당황하고 있을 청자에게, 위로인 듯, 일침인 듯, "모든 낱말에는 빛이 존재"하니, "거룩한 할렐루야인지 아니면 비탄에 잠긴 것인지는 중요하지 않"다고 얘기한다. 이것은 단순히 "모든 구름에는 은빛 자락이 있다Every cloud has a sliver lining"는 유의 낙관적 긍정의 제언이라기보다는 그가 빛을 표현하기 위해 사용한 "blaze"라는 단어—확 타오르는 불길이나 감정의 격발—에서 볼 수 있듯이, "삶이란 죽음의 불꽃놀이"[51]라고 보았던 바타이유의 입장에 가깝다.

〈할렐루야〉보다 훨씬 먼저, 오랫동안 재난이나 국가, 혹은 사회적 비극의 현장에서 추모곡으로 사용된 〈어메이징 그레이스〉[52]는 노예선의 선장에서 회심하여 목사가 된 작사가 존 뉴턴John Newton(1725~1807)의 경험처럼 "비참한 삶"의 지경에서, "잃었다 다시 찾아진", "보지 못했다가 다시 보게 된" 구원에의 감격과 신에게의 감사를 담고 있다. 반면 21세기에 들어와 부상한 〈할렐루야〉는 회의와 의심, 상처와 환멸을 품고 있는 현대인에게 그 상태 그대로 부를 수 있는 "세속의 할렐루야"를 제공함으로써 아이러니하게도 〈어메이징 그레이스〉에 버금가는 "영적인 국가spiritual national anthem"가 된 것으로 보인다.

(코언 버전 4절)

[ … ]

모든 것이 잘못되어 버렸을지라도,

나는 찬양의 주 앞에 설 테요.

내 입술[53]에 할렐루야만을 지닌 채로

And even though it all went wrong

I'll stand before the Lord of Song

With nothing on my tongue but Hallelujah

(후렴 생략)

마지막 절은 그것을 좀 더 분명히 드러내는데, 시적 화자는 "모든 것이 잘못되어 버"린 상태 그대로, 신 앞에서 "할렐루야" — 성스러운, 그리고 깨어진 — 를 부른다. 〈할렐루야〉가 대중들의 귀에 들어온 대표적인 계기가 9·11 테러로 붕괴되는 세계무역센터 빌딩을 다룬 영상의 배경음악이었다는 점은 그래서 끔찍하고도 의미심장하다. 임옥희가 바타이유를 인용하며 지적하듯, 잉여를 해결하는 방식으로 인류는 증여-선물교환의 고대적 관습을 버리고 매매-교환을 선택하여 쌓아올린 모든 것들을 1, 2차 세계대전을 통해 파괴하고 탕진하고 낭비했다.[54] 세계 자본주의의 중심 뉴욕에서, 세계 무역을 상징하는 마천루가 자국 국민이 탑승한 국적기에 의해 붕괴되는 장면은 제2차 세계대전의 종전 이후 인류의 축적이 또 한 번 파괴되고 탕진되는 순간이다. "모든 것이 잘못되어 버"린 그라운드 제로 Ground Zero[55]에서 들리는 "환멸적 각성"[56]을 담은 〈할렐루야〉에 대중이 응답한 것이다.

## 세속의 할렐루야

지금까지 본고는 레너드 코언의 <할렐루야>의 의미와 흔하지 않은 대중적 수용 과정을 가사에 나타난 성경적 인유, 그에 나타난 성性스러움과 성聖스러움의 수렴에 중점을 두고 살펴보았다. 선불교에 깊은 이해를 지니고 있으며, 상당히 긴 시간 선승으로서 수련의 시간을 가지기도 했으나 기본적으로는 유대교 신앙을 지니고 있는 코언은 구약 성경의 다윗과 삼손을 고대적 영웅이 아닌, 강렬한 성적 욕망에 추동되어 금기를 위반하는 일탈을 저지르고, 해방적 순간을 경험하며, 곧이어 뒤따르는 허무함 속에서 "상처 입은 할렐루야"를 부르는 일상적, 현대적 인간으로 그림으로써, 탈종교, 탈신앙의 시대를 살아가는 현대인들이 공감하여 함께 부를 수 있는 "세속의 할렐루야"를 제공하였다.

이러한 현대적인 해석은 바타이유의 에로티즘과 금기에 대한 통찰을 빌리면 좀 더 분명해지는데, 성적 욕망을 에덴에서 인류가 소실한 신과의 합일성, 연속성에 대한 추구로 보는 그의 관점에서 다윗의 일탈은 나태함과 교만이 불러온 재앙이 아니라, 이성의 유한한 세계에서 신성의 무한한 세계로의 지양이다. 삼손은 성적 욕망과 신성에 존재하는 폭력성과 양면성을 나실인이라는 그의 정체성과 삶을 통해 드라마틱하게 드러낸다. 호모 사케르homo sacher로서 나실인은 거룩하게 '성별된' 자인 동시에 주어진 금기를 위반할 경우 저주를 받는 운명에 처해 있다. 삼손의 인생은 연인 델릴라의 무릎이라는 행복의 절정에서 눈먼 채로 돌리는 맷돌이라는 밑바닥으로 순식간에 추락하지만, 아이러니하게도 그 순간에도 밀린 그의 머리카락은 다시 자라고 있다. 코언의 <할렐루야>는 죄를 저지른 후의 회개, 신의 용서, 정화된 후에 부르는 전통적인 '성스런 할렐루야'가 아니라, 그들이

처한 자리에서, 특히 대규모 재난에 직면하여 신을 믿을 수는 없으나 필요하다고 느끼는 대중들이 부를 수 있는 "현대의, 의심하는 이를 위한 기도문"[57]이 됨으로써 21세기의 영가가 되었다.

# 낭만적 사랑의 딜레마와 '둘' 차이의 진리절차

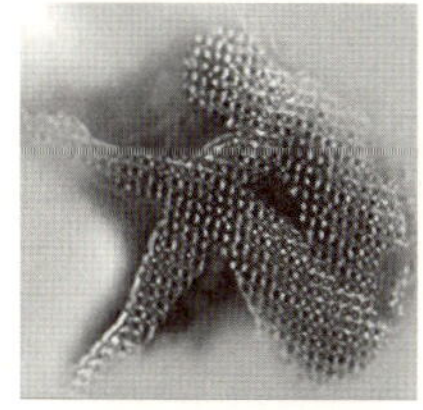

이 글은 문학과 현실 세계에서 다르게 나타나는 결혼과 낭만적 사랑의 문제를 고찰하기 위한 것으로, 19세기가 끝나고 20세기가 시작되는 시점에 쓰인 케이트 쇼팬의 ≪각성≫을 주 텍스트로 삼는다. 사랑의 발생에만 주력하고 사랑에 빠진 상상적이고 자아 중심적인 나르시스적 꿈을 꾸게 하는 여타 문학작품들과 달리 사랑과 결혼의 문제를 다루고 있는 이 작품은 현대 세계에서 '사랑의 자유를 확대하면서 사랑의 안전성을 확보할 수 있느냐'에 관한 문제를 사색하게 해준다. 즉 사랑의 선언 이후에 전개되는 사랑과 결혼에서 일어나는 장애의 지점들을 서사화하고 있다는 점에서 사랑이 하나가 아닌 둘의 사건임을 충실하게 보여준다. 따라서 이 글은 소설에서 엿볼 수 있는 사랑의 현대적 전망을 제시하고, '둘'의 차이를 경험하는 절차를 통해 사랑이 단순히 정념이 아닌 진리의 구축임을 논한다.

최은주

18, 19세기의 낭만적 사랑과 상상적 사랑은 연애결혼을 가능하게 하였다. 이때 발생한 사랑이 현대의 결혼 전반에 지대한 영향을 미칠 정도로 혁명적이다. 20세기의 문학·예술·영화에는 18, 19세기의 관념이 고스란히 반영되어 있다. 20세기 프랑스 소설, 알베르 코엔Albert Cohen의 ≪영주의 애인Belle du Seigneur≫(1968)은 사랑했지만 금세 서로 못 잡아먹어 안달하게 되는 솔랄Solal of the Solals과 아리안Ariane Deume에 관한 이야기이다. 그들은 바깥세상과 완전히 격리되어 있는데, 프랑스의 정치철학자 뤽 페리Luc Ferry는 이들에게 필요한 것이 사회적 매개로, "아무리 열렬한 사랑도 사회적 매개 없이는 공허한 관계, 파괴적이지는 않더라도 지독히 척박한 관계가 되고 만다."[1]고 주장한다. 제아무리 수많은 밀어와 한없는 키스와 사랑이 있어도 결국은 죽도록 권태로워지게 마련이므로, 사랑을 축조적으로 나타내기 위해서는 사회, 제삼자, 이행 대상이라는 것이 필요하다는 것이다. 코엔의 소설을 '자유롭게 각색한' 동명의 영화 <영주의 애인>(2012)으로 이야기를 옮겨 보자. 원작 소설보다 영화가 더 훌륭하기 때문이 아니다. 영화는 그 특성상 소설에서와 달리 사랑의 발생을 시각적으로 극대화시켜 보여준다. 국제연맹[2]의 차관 솔랄은 1930년대 국제사회의 긴장 상태 속에 무기력한 자신을 발견하고 상실감을 느끼는 중에 아리안과 마주친다. 그는 찰나적인 마주침, 그리고 시선을 사로잡는 순간의 영원한 정지에 이어, '태양같이 눈부신' 감정을 경험한다. 손이 서로를 어루만지고, 입술이 맞닿기까지의 망설임, 눈짓, 욕망과 긴장, 닿을 듯 닿지 않는 상태의 이어짐, 지연, 그리고 마침내 육체와 영혼, 모든 것이 겹쳐지고 포개어지는 순간 시공간은 그들만을 위한 것이 된다. 어릴 때 가장 행복한 순간 셋을 세면, 그 순간은 영원히 기억에 남았다는 아리안의 이야기를 듣자, 솔랄은 그들만의 사랑의 공간으로 이동할 수 있는 주문을 외우듯 '하나, 둘, 셋'을 센다. 예상할 수 있듯이 그 순간은 오래 지속되지 않는다. 순리이기라도 한 듯, 결국은 손바닥에서 모래알이 빠져나가듯 솔랄은 사랑의 짜릿함에서 빠져나온다. 남는 것은 반복적인 사랑의 행위와 사랑을 확인하는 언어, 그리고 더 많은 사랑에의 요구이다. 이러한 것들은 사랑이 끝나 간다는 안타까움이며, 비극적 결말의 암시이자, 영화가 끝나 간다는 신호이다. 비록 권태를 극복하기 위하여 열심히 장소를 옮기고, 마침내 그들만의 집을 사들이고 단장하면서 '새로 시작할 수 있는' 가능성을 찾는 동안에도 솔랄은 아리안에게서 떠나 있다. 그는 사랑을 파괴하기 위해서가 아니라, 지키기 위하여 떠났던 것이다. 계속 같이 있다면 아리안을 망가뜨릴 것만 같아 그는 멀리 떠나가지만 다시 돌아온다.

권태로워진 솔랄을 위해 아리안은 이야기를 창작한다. 전남편과의 결혼 상태에서 한 남자와 하룻밤을 보냈다는 거짓 이야기를 꾸며내면서, 방바닥에 놓여 있던 음반에서 본 오케스트라 지휘자의 이름을 그 상대라고 말한다. 그러니 이들에게 사랑의 발생만 있고, 한시적인 사랑을 지속시키기 위한 분투가 없었던 것은 아니다. 솔랄은 미친 듯이 반응하고 분노하면서 아리안의 옷을 찢고 강간한다. 그런데 이러한 솔랄의 반응은 아리안이 꾸민 이야기처럼 연극적이다. 아리안이 만든 연극 무대에서 자신의 역할을 충실히 보여주려는 듯 솔랄은 과잉된 몸짓으로 모든 감정을 폭발시킨다. 그들은 섹스를 통해 친밀성을 회복하는 듯하다. 그러나 솔랄의 폭력적인 연극은 끝나지 않는다. 지휘자의 공연 일정을 신문에서 발견한 그는 공연장으로 아리안을 데려간다. 격정과 권태, 질투와 무기력의 상태로 빠져드는 솔랄이 회복될 가능성은 없어 보인다.

쇠렌 키르케고르Søren Kierkegaard가 제시한 사랑에 대한 세 가지 경험의 단계, 즉 심미적 유혹자로서의 1단계, 윤리적 약속의 2단계, 결혼의 신뢰의 3단계를 거치는 식으로 사랑을 이행하는 것은 어려운 일이다. 윤리적인 약속과 결혼으로 이어지지 않더라도 사랑의 지속은 다른 방식으로 창출될 가능성이 있다. 알랭 바디우Alain Badiou는 사랑의 지속성을 다르게 받아들이라고 제안한다. 그는 사랑의 지속성이 서로가 항상 사랑하며 또는 영원히 사랑한다는 의미만이 아니라,

"미지의 무엇을 지속시키려는 욕망"[3]임을 지적한다. 삶이 있다, 그리고 사랑은 그 삶의 재발명인 것이다. 솔랄과 아리안은 결혼에 대한 언급조차 하지 않는다. 사랑의 격정에 빠졌던 그들은 다시 세상으로 돌아갈 수 없을 것 같은 기분에 빠지면서도, 사랑의 발생 그다음에 '무슨 일이 일어나야 하는가'에 대해서는 알지 못했다. 따라서 그들은 나의 동일자가 아닌, 타자의 경험, 차이의 경험과 마주하게 된다. 그것은 "최초의 장애물, 최초의 심각한 대립, 최초의 권태"[4]이다. 이 경험들을 사랑에서 거쳐야 할 지점들, 마치 장애물 경기에서 최종 지점이 아니라 통과해 가야 할 중간의 각 장애물인 줄을 모르고 단념해 버린다면 "사랑에 대한 큰 왜곡"[5]을 저지르게 되는 것이다.

사랑은 일방적인 감정일 경우가 아니고는 타인을 향해 선언하는 언어적인 행위이다. 선언의 단계에서 사랑의 업무가 완결되었다고 여기는 사람도 있지만, 선언 이후의 타인과의 의미 체험이 사랑의 본질이다. 마사 누스바움Martha C. Nussbaum이 이에 대해 잘 지적하였는데, 사랑은 "가장 경이롭고 가장 중요하며 자아에 의해 절실하게 요구되는 대상에 대한 특수한 종류의 의식"이기 때문에, "소유 및 통제, 호의가 나타나는 것은 그러한 의식에 대한 반응"[6]이다. 동시에 이때의 사랑은 일대일로서 마주하는 소통을 불가능하게 만든다. 사랑이라는 소통 매체의 발전은 소통 불가능성을 뛰어넘는 것이다. 인간들 간의 상호 침투는 "친밀 관계의 독립 분화와 코드화라는 결과를 낳은 그 강화 과정을 통해 소통 가능성을 또한 넘어서 버리기"[7] 때문이다. 이처럼 사랑에서 대화와 협상은 어렵다. 눈짓과 몸짓, 그리고 휩싸이는 격정이 자리하므로 사랑은 오히려 언어적 합의를 방해한다. 그리고 사랑을 입 밖으로 내는 순간, 두 사람은 자신의 현존을 표출하면서 타인의 입장과 감정이 아니라 자신의 입장과 감정에 몰입하는 사랑에 집중하게 된다.

솔랄은 끊임없이 아리안을 아름답다고 칭찬한다. 아리안은 솔랄의 부츠 신은 모습이 멋지다고 말한다. 그러나 사랑은 상대에 대한 칭찬만 가지고 지속되지 않는다. 솔랄은 자신이 슬리퍼를 신었어도, 자신에게 하반신이 없고 상반신만 있어도, 젊지 않다 해도 사랑할 것이냐고 묻는다. 그리고 이런 질문과 추궁이 아리안을 불행하게 만든다. 그러나 솔랄의 질문에는 의미가 있다. 솔랄은 자신의 '특징' 때문이 아니라 바로 솔랄이라는 사람 '자체' 때문에 아리안이 자신을 사랑하기를 원한다. 승마 부츠를 신었다거나, 젊다거나, 아름답기 때문이 아니라, 그 특징들이 다 사라져 버렸을 때조차도 여전히 자신을 사랑해 주기를 원하는 것이다. 그것은 바로 사랑하는 두 사람이 서로에 대해 대체 불가능한 존재이면서 동시에 "대체 불가능한 존재로 인정받기를 원한다."[8]는 뜻이다. 대체 불가능하다는 것은 사랑이 서로를 향하고 있다는 경험 속에서, 두 주체가 "자신들의 욕구 속에 각각 상대방에게 의존하고 있다는 사실을 알게 되는 것이다."[9] 때로 그를 나의 이상에 맞추기 위해 고집을 부리거나 화를 내며, 때로 나를 그의 이상에 맞추기 위해 나 자신을 없애 버리기도 하지만, 어느 한쪽이 더 많은 요구를 하거나 더 많이 사랑하면, 끊임없이 상대의 보답을 요구하느라 이 '사랑의 잉여분'이 중력으로 작용한다.[10] 즉, 새로운 차이 의식이 생겨난다.

바디우는 안전과 안락에 대항하여 위험과 모험을 다시 창안해야만 한다고 주장한다.[11] 솔랄과 아리안에게서 잠깐 발견되었던 사랑을 보호하기 위한 이야기의 창작 같은 것이 사랑에 필요한 것이다. 솔랄과 아리안이 사랑을 단순히 혼외 관계에서 일어난 하나의 '사건'으로만 매듭짓지 않은 것은 성과이다. 물론 아리안이 기혼 상태였으므로 스캔들이 되었지만 솔랄과 아리안은 사랑의 후속적 사업에 진입하였고, 그것이 얼마나 어렵고 고통스러운 것인지를 치열하게 보여주었다. 니클라스 루만Niklas Luhmann이 사랑이 여전히 흥미로울 수 있는 것은 바로 "소통 불가능성 덕분"[12]이라고 했듯이, 사랑의 발생에서 솟구치는 눈빛, 몸짓에는 언어적 소통이 필요하지 않다. 물론 사랑의 언어가 있기는 하다. 사랑에 의해 생산된 괄호 쳐진 (과잉된) 언어들은 분명히 존재하기 때문이다. 그러나 사랑으로 등장했다가 여러 난관들에 처하면서 둘 사이에는 사랑의 고비가 닥친다. 충만하게 서로를 갈구하는 듯한 이미지는 두 사람을 하나로 묶는 합일을 통과해 내고는 점차 평범해지면서, 끊임없이 서로를 속이고, 짓밟게 된다. 사랑이 권태로워지는 순간에는 언어 외에 소통할 것이 없음에도 불구하고 언어가 소통 수단의 역할을 하지 못한다.

이렇듯 사랑의 발생은 문학과 영화에서 충분히 채색되었다. 권태로운 삶에 흥미로운 이야기를 담아내면서, 보통 사람들 또한 현실에서 사랑이 발생할 것이라는 기대감을 갖게 했다. 사랑은 분명 "실현 가능한 보편성의 개인적 경험"[13]인 것이다. 그러나 동시에 "모든 사랑은, 제아무리 격렬하고, 다른 것들보다 더 빠르게 가장 격렬한 것이 된다 해도 결국 끝나기 마련"[14]이라는 스탕달Stendhal의 말은 오늘날 공공연하게 받아들여지는 사랑에 대한 진리이다. 따라서 사람들은 '현실적' 감각을 내세우면서 사랑을 불신한다. 사람들은 어떤 숭고한 사랑이 구조적으로 성공 불가능하다는 지각을 갖고 있는 것이다.[15] 숭고한 사랑이란 환상에 의해서만 지탱되고 있음을 알기에, 사람들은 사랑을 믿지 않는다고 장담한다. 그런데 사랑에 대해 유효기간만이 강조되지, 사랑의 독보적인 내밀한 친밀감을 이어가기 위한 지속 가능한 신념과 기획은 부재한다. 악셀 호네트Axel Honneth의 지적대로 사랑을 통해 결합된 사람들에게 애정을 이유로 짊어지게 되는 "특수한 의무가 등장"[16]한다는 사실은 알지 못한다.

이 글은 19세기 낭만적 사랑의 딜레마를 고찰하기 위한 것으로, 케이트 쇼팽Kate Chopin의 ≪각성The Awakening≫(1899)을 주 텍스트로 삼는다. 앞에서 거론한 <영주의 애인>은 키르케고르 세 가지 단계의 사랑 중 1단계만을 집중적으로 보여준다 할 수 있다. 반면, 사랑과 결혼의 문제를 다루고 있는 ≪각성≫은 현대 세계에서 '사랑의 자유를 확대하면서 사랑의 안정성을 확보할 수 있느냐'에 관한 문제를 사색하게 해준다. 따라서 이 글은 19세기 말의 소설에서 엿볼 수 있는 사랑의 현대적 전망을 제시하고, '둘'의 차이를 경험하는 절차를 통해 사랑이 진리의 구축임을 논할 것이다.

## 사랑, 소통 불가능의 서사 또는 '둘'의 사건적 지위

사랑의 발생에만 주력하는 여타 다른 문학작품과 달리, ≪각성≫은 두 남녀 로버트Robert Lebrun와 에드나Edna Pontellier 사이의 사랑의 발생은 물론, 에드나와 남편 레온스Léonce Pontellier 사이에 사랑의 지속성에 관한 문제 또한 내비치고 있다. 먼저, 에드나는 로버트로부터 선택받는 수동적 인물이 아니다. 분명한 것은 사랑의 발생 전에 에드나의 주체 경험이 있다는 점이다. 처음 배우게 된 수영과 라이즈 양Mademoiselle Reisz의 피아노 연주를 들으면서 에드나는 "오늘밤 수천 가지 감정들이 나의 온몸을 휩쓸고 지나갔어요. 그런데 그 반도 이해가 되지 않아요."[17]라고 말하면서, "오늘밤 라이즈 양의 연주가 불러일으킨 감정을 또다시 경험할 수 있을지 모르겠군요."라고 하는 등, 사물에 대한, 세계에 대한 자신의 감정에 눈을 뜬다.

그런데 에드나의 내면을 비춰 준 수영을 배우게 된 것과 라이즈 양의 피아노 연주를 듣게 된 계기는 모두 로버트의 도움에 의해서다. 로버트는 그랜드 섬Grand Isle에 머무는 동안 수영을 배우지 못한 에드나가 수영을 하도록 고집스럽게 이끌었으며, 라이즈 양의 피아노 연주를 들어보고 싶다는 에드나의 생각을 적극 도왔다. 이것이 결혼 생활의 역할 책임만을 묻는 남편 레온스와의 차이다. 이후 셰니에Chěnière 섬에서 둘만이 보낸 시간은 로버트와 에드나에게 하나의 의미 체험이 된다. 에드나는 자신이 '인간으로서 이 우주 속에서 차지할 자리를 인식하기 시작했고, 자신의 내부 세계와 주변 세계 그리고 개인적으로 유지해야 할 관계'를 깨닫기 시작했다. 사랑은 상대방에게 나를 기입하는 것만 있지 않다. 사랑을 받는 것은 하나의 인식이며 자신의 드러냄이다. 상대방의 사랑에 의해 자신이 격상한다는 인식을 하는 것이기도 하다. 묻혀 있던 자기 존재성은 이렇게 상대에 의해 먼저 발견된다. 마찬가지로 에드나가 자기 존재성을 의식하게 된 것은 로버트 때문이다. 따라서 로버트가 떠났을 때 에드나는 발작적으로 손수건을 물어뜯으며, 다른 사람은 물론 자기 자신에게도 자신의 마음을 찢어 놓고 있는 감정을 억제하고 숨기고자 했다. 떠나 버린 로버트에 대한 에드나의 감정은 "애증병존적 태도"[18]에 의한 것이었다. 로버트가 자신의 의견은 전혀 묻지 않고 떠나 버린 데 대한 원망과 미움이 있었던 반면 그의 부재로 사랑과 그리움은 더 커졌다 할 수 있다. 그가 멕시코로 떠나 있던 몇 달, 에드나는 결혼 전에 겪었던 사랑의 좌절이 자신을 단련시킨 것은 아니었다는 사실을 깨닫는다. 통렬한 아픔을 느꼈으며, 자신의 열정적인 요구가 거부당했다는 생각에 괴로웠다. 그를 잊어 보고자 노력하지만 그에 대한 생각은 강박관념처럼 그녀를 짓누른다. 그의 존재는 망각의 안개 속으로 녹아 들어가듯 사라졌다가도 또다시 이해할 수 없는 갈망으로 그녀를 채우며 강렬하게 되살아났다. 로버트가 떠난 후, 에드나는 다른 사람들과의 대화에서 로버트를 소환해 내고, 그를 자신 곁에 머물게 한다. 부재한 로버트가 에드나를 얼마나 사랑하든, 남아 있는 에드나는 홀로 사랑의 담론을 이어가야 한다. 16장부터 32장까지 로버트는 오로지 에드나의 이야기 속에서 존재한다. 그녀는 어디에 가든지 로버트의 흔적을 찾았고, 다른 사람들이 그에 대한 이야기를 하도록 유도했다. 로버트가 없기 때문에 로버트에 대한 이야기는 도처에 넘쳐 난다. 그녀는 로버트를 사랑하는 이유에 대해 "그 사람의 머리카락이 갈색이고 관자놀이까지만 자라니까 그렇고, 그 사람이 두 눈을 떴다 감았다 하고, 그 사람 코가 균형이 잡혀 있지 않아서 그렇다."고 하면서, 로버트가 없을 때 마음껏 그를 사랑한다.

로버트의 부재 기간은 에드나에게는 이전의 생활에 대한 반성의 시간이기도 했다. 그녀는 남편이 아니라, 자신이 하고 싶은 대로 행동한다. 그리고 마침내 로버트가 돌아온다. 멀리 도망쳐서 자신의 사랑을 감출 수 있었던 로버트는 돌아와 자신의 사랑을 인정하고, 에드나는 로버트의 부재에서 비로소 느꼈던 사랑의 감정을 로버트 앞에서 모두 드러낸다. "부인이 아무리 그 사람의 아내라고 해도 부인을 향한 나의 사랑은 어쩔 수 없었습니다. 그러나 내가 부인에게서 멀리 도망쳐 가서 부인을 보지 못하는 곳에 머물러 있는 한 그런 사실을 말하지 않아도 되었단 말입니다."는 그의 말은 낭만적 사랑의 발생을 여실히 드러내 준다. 사랑이 발화된 순간, 그 눈빛 언어, 그 신체 언어는 두 사람의 소통을 완성시키는 것이 아니라 더 이상 소통이 불필요한 자발적 구속력을 창출한다. 오직 사랑에서만 가능한 상호 침투가 이루어지지만 소통은 점점 더 미끄러져 갈 뿐이다. 그리고 소통으로부터 벗어난다. 이런 경험을 수용하는 일은 사랑이 어떤 상황에 있느냐에 따라 기쁜 것이 될 수도 있고 쓰라린 것이 될 수도 있다.[19] 사랑은 주체가 대상에게 기입한 나르시시즘이기 때문에, 그 대상은 주체와 일치된 무엇, 즉 자기화이자 소유물인 것이다.

로버트는 이미 에드나와의 결혼까지 고민했으므로 "만일 부인이 원하시기만 한다면 종교, 정절, 그 모든 것을 무시할 수 있습니다."라고 말한다. 이 말은 에드나를 사랑하기 때문에 모든 장애물에도 불구하고 자신을 내주겠다는 것이다. 그러나 에드나는 결혼 제도의 불합리성을 인식하고 있었다. 결혼은 개인 간의 자율적 결합이 아닌 남편의 아내라는 종속관계였던 것이다. 19세기의 결혼이 단 한 사람에 대한 영원한 사랑이라는 낭만적 이상에 의해 성립되었다면, 에드나는 그 이상이 결혼의 실상에서 실패했다는 것을 발견했다. 가족제도가 갖는 불합리함, 즉 가족이기 때문에 책임과 의무에 봉사하는 배우자와 부모의 역할 및 자신의 의무가 복잡하게 그러나 불평등하게 얽혀 있다. 에드나는 로버트 때문이 아니라 결혼 제도에서 남녀가 맡게 될 각자의 역할 분담 때문에 로버트에게서 남편의 역할 반복을 예상했을 것이다. 사실 그것이 그녀의 주요 각성이라 볼 수 있다.

그녀가 사랑을 통해 배운 것은 자기애이다. 습관적이고 수동적으로 살아온 지난 세월에 대한 각성은 남편에 종속된 자신의 역할에서 벗어나, 스스로 재능을 찾아내고 재산을 증식해서 독립하는 것이었다. 그녀는 "나는 이제 더 이상 폰텔리에가 마음대로 처분할 수 있는, 그 사람의 소유물이 아니에요."라고 하면서, "만일 폰텔리에가 '자, 로버트 군, 에드나를 데리고 가서 행복하게 살게나. 에드나는 이제 자네 것이네.' 하고 말한다면, 나는 당신들 모두를 향해 깔깔대고 웃어 줄 거예요."라고 말한다. 이렇게 해서 에드나는 로버트와 결혼할 생각이 아니라 사랑할 준비를 한다. 따라서 로버트에게 "이제 당신이 이곳에 오셨으니 우리 서로를 사랑하도록 해요. 나의 로버트. 이제 우리 서로에게 가장 소중한 사람이 되도록 해요."라고 말한다. 그러나 에드나가 눈치채지 못한 것이 있다. 자신은 결혼 제도가 아닌 사랑 자체를 원하는 반면, 로버트는 결혼을 통한 합일을 꿈꾸고 있다는 점이다. 로버트가 결혼 의사를 밝혔음에도 자신을 그 누구의 소유물이 아니라 자기 자신의 것임을 밝힐 때, 로버트는 족히 당황했다. 그의 얼굴은 하얗게 변했고 "그게 무슨 말입니까?"라고 묻는다. 로버트의 경험 세계는 레온스의 세계와의 동일함 속에 있다. 아내 또한 소유 재산이나 마찬가지인 시대에 그가 에드나의 내면을 이해하지 못한 것은 당연하다. 이미 이때 두 사람 사이에는 균열이 일어나고 있었지만, 서로의 마음을 더 전달하기도 전에 아델Adèle Ratignolle의 하인이 찾아와서 이들의 대화는 중단된다. 에드나는 출산 때 같이 있어 주기로 약속한 아델의 부름을 받았기에 자리를 떠야 했다. 이로써 단 36장에서의 짧은 사랑의 속삭임은 전개 국면으로 접어들지도 못하고 끝이 난다.

이와 같이 그들의 사랑 고백은 하나로 융합시키는 소통의 언어가 아니라 각각 두 사람의 지위에서 앞으로 전개될 갈등 요소를 내포하고 있었다. 그들은 사랑에 의해 서로를 내줄 준비가 되어 있지만 동시에 자기중심적 욕망의 존재임을 벗어날 수 없었다. 로버트는 사랑 그 자체의 사랑이 아니라 레온스를 대신해서 결혼 제도에서 맡아야 할 책무를 이어갈 생각이었다. 그에게 사랑의 고백은 바디우의 비유대로 선언이며, 에드나와의 만남을 우연이 아니라 운명으로 만드는 것이었다. 그가 고백한다면 사랑의 감정은 진리가 되고, 거기에는 언어에 대한 책임이 따를 것이었다. 그가 생각하는 책임은 물론 에드나를 아내로 맞이하는 것이다. 그가 생각해 낸 사랑의 완성은 결혼 이외에는 없었다. 그러나 그는 그 일이 무모하다는 것도 알고 있었다. 로버트는 그랜드 섬에서 어머니가 운영하는 방갈로에서 휴가를 보내면서 기혼 여성들의 시종 역할을 해 왔다. 경제적 여유가 없어 여송연 대신 담배를 말아 피던 그가 멕시코에서 돌아온 후에는 여송연을 한 상자나 구입했으며, 자신의 그런 행동에 대해 "내가 점점 무모한 짓을 하는 것 같습니다."라고 말한다. 비록 그가 더 이상 그랜드 섬에서 에드나의 곁에 머물며 시중들던 거리낌 없는 청년이 아니라 사랑의 감정에 고뇌하는 남자로 발돋움하였다 하더라도, 궁극적으로 그 무모함을 실행하지는 못한다. 에드나가 아델의 집에 간 몇 시간은 소설에서는 드러나지 않지만 로버트의 고뇌가 드리워졌을 기다림의 자세를 추론하게 한다. 그는 에드나의 말들을 곱씹어 생각했을 것이다. 그리고 마침내 "안녕, 그건 부인을 사랑하기 때문입니다."라는 쪽지만을 남겨 두고 영원히 떠난다. 그는 에드나가 낭만적 기질을 펼치도록 도와준 낭만적인 연인이었지만 사랑에 응하지 못하고 떠나자, 에드나는 낭만적 사랑의 환영을 처절하게 깨닫는다.

사랑이 '사유'이듯이 에드나는 로버트가 멀리 멕시코에 있었을 때 자신과 더 가깝게 느낀 바 있다. 그러나 막상 그가 현실 세계에서 가까이 왔을 때 자신의 생각에서 구성된 대상과는 일치하지 않았다. 돌아온 로버트와의 공존, 그의 목소리, 그의 손의 감촉이 있었음에도 그는 더 멀리 있었다. 그들은 똑같은 무대에 똑같은 시간에 등장하지 못하는 것이다. 두 사람이 사랑을 느낀다 해서 동시에 통할 수는 없다. 그들이 그러한 소통의 한계를 초월하는 것 같은 순간에도 욕구불만은 남는다. 에드나가 갈망하는 것이 로버트를 제외하고 이 세상에 하나도 없었다면, 그녀는 어째서 로버트를 찾아 나서지 않은 것인가. 그녀가 깨달은 것은 사랑의 헛수고였다. 강력한 에로스가 에드나 자신에게는 있었지만 로버트에겐 없었다. 사랑과 결혼의 문제가 이들 앞에 첫 장애물이 되었을 것이기 때문이다. 이로써 로버트에 의해 촉발되었던 에드나의 각성 또한 의미를 잃고 만다. 따라서 이 소설을 "낭만적 사랑에 대한 비판"[20]이라고 보는 주장도 있다.

## 결혼과 낭만적 사랑의 문제

개인이 그의 사랑을 향유하고 감정을 표출하고 행복을 추구하고 찾으려 하는 것은 얼마든지 승인된다. 하지만 결혼, 가족, 교육과 같은 제도들을 이런 원칙 위에 세우는 것은 별개의 사안이다.[21] 문학만이 새로운 사랑을 기입할 뿐이다. 문학만이 새로운 사랑의 공간을 창조하는 데에 바쁘고 더 이상 사랑의 믿음까지는 아니더라도 "언제나 사랑에 빠진 상상적이고 자아 중심적인 나르시스적"[22] 꿈을 꾸게 한다. 저메인 그리어Germaine Greer와 같은 페미니스트는 '낭만적인 싸구려 소설들'의 주요 플롯이 "사랑에 빠지는 것과 키스, 결혼 선언과 임박한 결혼식"으로, 여러 이야기들이 "간통과 망상과 실망 혹은 향수 같은 보조 주제들을 다루지만 가정적이고 낭만적인 신화는 계속해서 여성 문화의 중심으로 남아 있다."[23]고 지적하고 있다. 문학이 사랑의 선언 이후에 전개되는 사랑과 결혼에서 일어나는 장애의 지점들을 서사화하지 못하고 있기 때문이다.

≪각성≫은 결혼과 낭만적 사랑의 문제에 대해 어느 정도 현대적인 관점의 질문을 던지고 있다. 레온스는 에드나가 몇 차례의 사랑에 좌절한 후에 만나 결혼한 사람이다. 격정에 휘몰리지는 않았어도 그녀는 그가 좋았다. 이렇게 시작된 결혼 생활은 두 사람 개인만의 자율적 사랑이 아니라, 근대 가족의 이상인 부부간의 성별 역할 분담에 의해 이루어졌다. 즉, 에드나는 아내이자 어머니로서 사랑의 정서적 지원을 맡은 가족의 일원이었다. 소설에서도 그랜드 섬에 모인 여인들은 거의 모두 '모성이 강한' 여성들로 강조된다. 자녀들을 우상으로 삼고, 남편들을 숭배하며, 개인으로서의 자신들은 묻어 버린 채 가정의 수호천사로서의 역할을 신성한 특권으로 여기고 있었다. 레온스는 "19세기 가정에 군림했지만

가정을 이해하지 못한 남편"[24]의 특징대로 자신의 성별 역할 분담을 충실히 이행하고 있었다. 즉, 아내를 종속화하고 사물화하는 근대 가족의 위상을 그대로 보여준다. 레온스가 자신의 모든 소유물 속에 에드나를 포함시키는 것에서 암시되듯이, 에드나는 타자의 고유성을 인정하는 문제와는 별개로 이 집에서 레온스의 법적 소유물이다. 그리고 그가 밖에 나가 가족을 위해 생활비를 벌어야 하는 역할 분담에는 상대적으로 아내인 에드나가 아이들을 돌보는 역할과 가정의 애정을 책임져야 한다는 전제가 깔려 있다. 그것은 거부할 수 없는 진리이다. 에드나가 묘사한 그랜드 섬에서 휴가를 보내는 여성들의 모습이 바로 레온스 같은 남편에 상응하는 아내의 역할이기 때문이다.

에드나는 결혼 전 짝사랑으로 그친 에로틱한 환상과는 거리가 있었지만 무난한 결혼 생활을 해 왔다. 그녀의 의견이 반영되지 않는 남편의 울타리 속에서 아이들을 돌보며 성실하게 묵묵히 살았다. 그것은 격정적인 감정이 식어 권태에 이른 사랑이 아니라, 처음부터 자신을 예속시킨 삶이었다. 의례적인 화요일의 손님초대와 같은 익숙하고 습관적인 삶이다. 그렇다 해도 불편하다든가 억울하다든가 하지 않았다. 그것은 그렇게 이어져나갈 삶이었기 때문이다. 다른 삶의 경험이 부족한 에드나로서는 전부라 할 수 있는 삶이었다. 그것이 사랑이 아니었다고 말하기는 애매하다. 레온스는 "오로지 아내만을 위해 온갖 노력을 아끼지 않고 열심히 살고 있다."고 주장하기 때문이다. 그러나 그의 주장은 실상 에드나를 위한다기보다는 자신이 추구하는 삶의 실현을 위한 것이다. 1장에서 햇볕에 탄 에드나에게 "당신은 알아볼 수 없을 정도로 까맣게 타 버렸군."이라고 말한 것에 대해 "남편은 아주 값나가는 개인 소유품에 흠이라도 생긴 양 못마땅한 표정으로 아내를 바라보면서 한마디 덧붙였다."는 화자의 묘사가 이어진다. 자본주의 체제의 근대 가족에서 아내와 자식은 남자의 완벽한 삶을 구성하는 재산목록 같은 것이었다. 에드나 또한 자신의 성별 역할에 습관적으로 익숙해져 있었다. 이와 같은 성별 역할이 표면으로 인식되지 않았다면 문제가 되지 않았을 수도 있다. 그동안의 레온스가 하는 잔소리들은 마치 그림자나 스쳐 가는 안개와 같아 막연한 고통을 주기는 해도, 남편을 원망하게 할 정도라거나 자신의 운명을 한탄할 정도는 아니었다. 말없이 알아서 처신하는 남편의 일관된 헌신이나, 한량없이 친절한 태도에 비하면 남편의 짜증이나 잔소리는 그다지 대단한 일로 여기지 않았던 것이다. 주기적으로 반복되어 온 역할 책임에 대한 레온스의 추궁은 에드나가 아이들을 돌보는 역할을 게을리한다는 것에 있다. 그러나 레온스가 막상 스스로 또는 다른 사람이 수긍할 수 있을 정도로 아내가 어떤 면에서 아이들에 대한 의무를 소홀히 한다고 설명하려 든다면, 그것은 쉽지 않은 일이었을 것이다. 아내에 대한 그러한 생각은 막연한 느낌에 지나지 않아서, 중개 업무만으로도 바빠서 꼼짝 못하는 자신이 "가족을 위해 생활비를 벌어야 하는데, 아이들에게 어떤 불행도 닥치지 않도록 보살피기 위해 집에 머무를 수는 없는 일이 아니겠는가."라고 말로 표현한 다음에는 항상 뒤에 가서 후회했다. 그는 그런 자신의 경솔했던 행동에 대하여 에드나에게 물질적으로 충분한 보상을 해주곤 했다. 아내를 어린아이 취급하듯 야단을 쳐놓고 다시 과일과 파이, 사탕으로 가득 채운 선물 상자를 보내면서 달래는 것으로 넘어가는 것이었다. 그런데 애정과 호의라는 최선의 의도 속에서 보상이 이루어졌다고 해도, 레온스는 상호 소통 방식이 아닌, 돌본다는 개념에서 아내를 다뤄 왔다. 이러한 방식의 반복은 에드나에게 '지루한 잔소리'에 그치지 않고 마침내 표면상의 문제로 빚어진다.

루만은 18세기 이후의 영국 가족에 대한 관찰에서 가정의 친밀한 결속과 경제적 부양 및 이윤 추구에 대해 관찰하면서 "인격적 결속과 소유 관념을 조합하는 일은 이 두 영역이 점차 기능적으로 분화되어 가면서 더욱 어려워지며 결국 의미론적으로 신뢰를 잃게 될 수밖에 없다."[25]고 지적했다. 집과 재산, 아내와 아이들을 포함한 소유에 대한 사랑이 필요할 뿐더러 정서적인 것의 소유를 사랑하는 것이 부인되지 않는다. 그러나 이것은 루만의 지적대로 완전히 다른 문제인지 모른다. 레온스가 결혼을 어떻게 생각하는지를 들여다보면 그것은 장사치인 그의 성격에 맞게 이윤 추구이다. 결혼의 이익이 없다면, 그는 자기 방식대로의 투자도 하지 않았을 것이다. 레온스는 완전히 자신의 방식대로 가정을 설계하는 사람이다. 에드나와 레온스 간에 합류적 사랑[26]이 불가능하다는 해석은 역할 분담의 경계가 분명한 시대적 배경에 기초한다. 그럼에도 불구하고 아이러니하게 이 부부의 소통 방식은 현대 세계에도 유효하다.

소유 재산적인 일방적 가족 설계를 하는 레온스에게서 벗어나기 위하여 에드나는 집을 나간다. 자신만의 집으로 옮기면서 그녀는 자신이 구입한 것들을 모두 다른 집으로 옮겨 가도록 지시했고, 모자라는 다른 사소하고 간단한 물건들은 그녀 자신의 재원으로 충당했다. 그녀는 분명 정신적 독립에 경제적 독립이 수반되어야 한다는 믿음을 가지고 있었고, 이것은 분명 현대적인 이해관이다. 가족은 내적 연관이 본질적으로 사회적이고 경제적인 강제에 의해 결정되었던 구조에서 전반적으로 정서적 결속이 통합의 원천이 되는 순수한 관계로 변화되었다. 따라서 오늘날 핵가족은 의사소통의 과정이 무엇보다도 구성원의 개인적 감정을 표현하는 관점과 경향 위에서 실현되는 생활 세계를 의미한다.[27] 레온스는 에드나가 다른 곳에 거처를 정하려는 의도를 가지고 있다는 편지를 받고, 에드나에게 "다른 사람들이 뭐라고 말하지를 곰곰이 생각해 보라."는 답장을 한다. 그는 자기 자신의 이름이나 아내의 이름과 연관 지어 그런 스캔들이 생기리라고 생각해 본 적이 한 번도 없었다. 아내의 결정에 대해 자신의 이익을 따져 보던 그는 혹시 자신의 집안에 불운이 닥치게 되어, 이전보다 가계의 규모를 줄일 수밖에 없었다는 식의 소문이 돌 것에 대해 염려한다. 그렇게 되면 앞으로 자신의 사업에 헤아릴 수 없는 악영향이 끼칠지도 몰랐다. 그는 서둘러 사업가다운 재치와 영리함으로 이 상황을 처리했다. 집을 리모델링하기 시작하면서, 일간지에 자신들이 해외에서 여름을 보낼 계획이라는 내용으로 기사를 실은 것이다. 그러나 그는 소설의 25장부터 마지막 39장까지 한 번도 등장하지 않는다. 부재하는 남편이 시킬 수 있는 것은 자신의 소유 재산뿐이다. 물론 여기에는 에드나와 아이들이 포함된다. 부재하는 남편이 에드나와의 정서적 결합을 찾을 방도를 찾지 못하고 해결할 수 있는 방법은 물질적인 것으로 아내를 만족시키는 것이었다. 그러나 물질적인 탐닉, 안정된 결혼의 이상에서 벗어난 에드나에게 보이기 시작한 것은 모든 집안의 절차가 자신의 의지나 기분과는 상관없다는 것이었다. 휴가와 손님 접대와 음식 준비가 모두 남편의 손에 의해 정해져 있었다. 그 속의 사물들과 마찬가지로 에드나도 남편의 인생 계획 속에 포함된 일부에 지나지 않았다. 레온스가 결혼 전 사랑에 빠진 것 또한 정해진 인생 설계도에 포함된 것 같다. 그는 자신의 설계도를 파악하고 있었지만, 변화하는 에드나의 심경에 대해서는 알지 못했다. 그는 결혼 전에 했던 사랑의 선언을 결혼 이후에도 빈번히 다시 해야만 했다. 그리고 그 선언은 에드나만을 향한 울림이 아니라 레온스 자신의 내면을 향한 울림이어야 했다. 그래야만 사랑의 첫 시선과 눈빛을 되살려 내면서 사랑의 다짐을 다시 이행할 수 있기 때문이다.

그런데 사랑이 이미 어느 정도 전개된 결과 서로 간의 신뢰가 일정하게 허물어지고 또 그리하여 이상화나 신비화가 서서히 침식되어 가는 시점에서 스스로를 타자에게서 절대적 대상화하려는 시도는 오히려 일종의 폭력으로 느껴질 수밖에 없다.[28] '사랑한다'고 말하는 것이 하나의 선언이자 사후적인 책임인 경우도 있지만, 반면에 하나의 주장이며 상대방을 붙잡으려는 거짓이 되기도 한다는 것이다. 한편, 열병으로서의 사랑이 붕괴되거나 소멸되지 않을 경우 서로의 세계를 공유하는 사랑으로 발전할 수 있을 것이라는 주장도 있다.[29] 그것은 나를 둘러싸고 구성되어 있는 세계로, 나에게 이미 주어져 있는 세계, 내가 그 속에 던져져 있는 세계 그리고 나의 내면에 자리 잡고 있는 세계이다. 그 세계 속에 나에게 중요한 사물과 사람들이 존재한다. 이 세계가 바로 나 자신이며, 상대방은 나 자신의 일부이자 내 세계를 이루고 있다. 동일한 맥락에서 루만은 사랑에서 각별한 공동의 세계를 구성하는 것이 중요하다고 말한다. 사랑만이 중요하다는 점이 실로 뜻하는 바는 사랑이 하나의 세계를 혼자서 구성한다는 것이지만, 사랑 자체를 위해 하나의 세계를 구성한다는 것을 뜻하기도 한다는 것이다.[30] 이때 서로에게 적응하는 것과 서로를 기쁘게 해주는 것 이상의 것이 관건이 된다. 그런 기쁨은 욕구가 고갈되어 익숙해지면 급속하게 사라져 버리기 때문이다.

호네트가 지적했듯이 완전히 통계적이고 이상화된 배려와 애정상만을 전제했을 때 내적 긴장은 도외시된다. 배려하는 행위들 자체가 개인적 이해관계를 쉽게 좌절시킬 수 있기 때문이다.[31] 가족은 본질적으로 인륜적 관계로, 결혼을 통한 법적 효력이 있는 사랑을 바탕으로 한다. 사랑은 자연적 충동의 만족을 목적으로 하는 반면, 가족은 그러한 충동을 억제한다. 그러나 여전히 결혼은 사랑을 근거로 하기 때문에 절대적인 안정성을 보장하지는 못한다. 그렇다고 사랑과 결혼의 결합은 "스스로를 파괴하는 일"[32]이라고 단정해 버릴 수는 없다. 사랑의 선언은 "우연의 고정"[33]에 대한 견고한 구축이고 이를 유지할 보편적인 방법으로 결혼이 선택되지만,

결혼 생활에는 개연적으로 유지되어야 할 것들이 존재한다. 즉, 사랑에서의 비개연적인 소통 기회들을 유지하는 것과 누군가를 사랑하면서 그에 맞추어 세계 경험을 받아들일 때 타인이 자신이 원했던 것과는 다르게 나타나는 지점들에 이른다.[34] 결혼 자체가 견고한 구축을 내재하고 있는 것이 아니라는 것이다. 따라서 사랑과 결혼의 결합이 두 사람의 관계를 끝장낸다는 것을 진단만 할 것이 아니라 학습의 필요성이 뒤따라야 한다.

에드나의 내적 변화는 레온스의 눈에는 급진적인 외적 변화로 보인다. 매주 진행하던 화요일 손님 초대에 예고도 없이 나타나지 않는가 하면, 집안일도 버려두고 그림을 그리면서 몇 시간씩 보내기도 한다. 남편에게 이런 에드나가 정상으로 보일 리는 만무하다. 레온스는 아내가 정신적으로 약간 불균형해지는 것은 아닌지 때때로 의구심을 가졌다. 사랑이 진부한 형태로 변하는 가족서사에서 여성만이 사랑의 역할을 담당하여 감정 노동을 하고 있다는 것에 대해 레온스는 알지 못했다. 따라서 아내가 점차 본래의 모습으로 변하고 있으며, 세상 사람들 앞에 모습을 드러내기 위해 입는 의상과도 같은 허구적인 자신의 모습을 날마다 한 꺼풀씩 벗어버리고 있다는 것을 알 수도 없었다. 사랑을 지속하려는 궁극적인 선택으로 성립된 결혼이지만, 사랑이 결혼과 가족의 범주로 들어갈 때는 다른 경험이 발생한다. 즉 여성의 구조적 종속이 뒤따르는 결혼과 가족은 사랑을 향유한다는 문제와는 거리가 멀고, 따라서 여성들의 거부가 갈등 구조를 형성할 수밖에 없는 것이다. 그렇다 했을 때 문제는 결혼과 사랑의 양립 불가능성에 대한 인식이 사랑에 대한 불신을 촉발시킨다는 점이다. 에드나는 자신이 마련한 집에서 의무감으로부터 벗어나기 위해 한걸음 나아갔다고 생각한다. 그녀에게 의무란 사랑의 지속을 위한 궁극적 완성인 결혼 생활의 의무는 아닐 것이다. 그녀에게 의무는 그보다

강압적이며 명령적인 것에 가깝다. 그녀는 비가 주룩주룩 내리거나 울적한 날이면 집을 나와 그랜드 섬에서 사귄 친구들을 찾아 나섰다. 그렇게 하지 않는 날에는 집안에 틀어박혀 마음의 평화와 안락을 위해 이제는 너무나 친숙해져 가고 있는 자신의 감정을 아주 소중하게 보듬고 있었다. 그 감정이란 절망은 아니었지만, '삶의 약속이 깨져 충족되지 않은 채로 남을 것 같은' 감정에 사로잡히게 되었다. 그녀는 어떤 일이, 아무 일이라도 발생하기를 원했다. 이와 같이 그녀는 충동적일 만큼 젊었다. 그만큼 그녀의 각성은 나르시스적인 것에 가까우며 자살하기까지 자신이 무엇을 욕망하고 요구했는지 모호하다.

사랑에서 중요한 것은 사랑을 활용하고 개별화하고 구체화하는 것이다. 에드나와 로버트의 관계에서도, 에드나와 레온스의 관계에서도 사랑이 축조되지 못했다. 사랑이 실천적으로 이행되기 위해서는 사랑의 감정만 가지고서는 안 된다는 것을 로버트가 잘 보여주고 있다. 사실 레온스와의 결혼 자체가 이러저러한 사랑에 좌절한 에드나에게는 이미 구원이었다. 소설에서 드러나듯이 에드나는 결혼 전에 짝사랑이나 비극 배우에 대해 품었던 환상 이외에 제대로 된 사랑을 해보지 못했다. 그때 레온스가 나타났다. 그녀는 남편에게서 법적 보호를 받는 편안한 삶 중에 로버트를 만났다. 그의 조용한 배려와 숭배가 그녀의 마음을 천천히 사랑의 감정에 빠지게 한 것이다. 로버트에게서 과거의 에로틱한 환상이 다시금 나타났지만, 이때 훨씬 더 진지한 자아에 대한 각성이 함께 일어난다.[35] 32장에서 에드나는 자신의 두 눈으로 세상을 보기 시작했으며, "저 깊숙한 인생의 저변에서 흐르고 있는 기류를 깨닫고 이해하기 시작했다."고 하였다. 그러나 이러한 자아에 대한 각성에도 불구하고, 로버트의 영원한 이별 앞에서 낭만적 사랑의 불가능성을 인식한다. 그리고 그를 대신할 사람으로 '오늘은 아로빈, 그리고 다음날은 그 밖의 다른 사람이겠지. 나에게는 별다를 것이 하나도 없으니까'라고 생각하면서, '레온스 폰텔리에는 걱정할 필요가 하나도 없어. 단지 라울Raoul과 에티엔Étienne이 문제로구나'라고 잠시 두 아들에 대한 염려를 할 뿐이다. 현대성과 연루시켜 볼 때 그녀의 결함이 여기에 있다. 그녀는 남편과의 문제를 깨달으면서 결혼 제도와 낭만적 사랑의 양립 불가능성을 확고하게 인정할 뿐 어떠한 변화 가능성도 고려하지 않는 것이다. 로버트가 자신에 대해 결코 이해하지 못할 것이라고 생각했지만, 그녀는 정작 그녀가 의식하고 발전시키고자 한 것이 무엇이었는지 알지 못했다. 그녀는 여성에 대한 세상의 시신에 불만족하면서도 자신의 의사 결정을 주체로서의 자발 의지로 보이게 할 정도로는 치열하지 못했다.

## 삶의 조직 원리로서의 사랑

친밀한 결속, 경제적 부양 및 이윤 추구라는 전혀 다른 측면이 충돌하면서 낭만적 사랑은 이미 불가능한 것으로 흘러갔다. 그러면 그럴수록 낭만적 사랑이 가진 강렬함은 더욱 커져 갔다. 그리고 여성이 노동인구로 진입한 이후에 더 순수하게 낭만적인 이유에서 결혼할 여유를 갖게 되었다. 이것은 여성들이 경제적 생존을 위해 결혼 제도에 덜 의존하게 되었다는 것을 의미한다.[36] 다시 말해 사랑 때문에 결혼하고 사랑 때문에 결혼 관계가 유지될 수 있다는 것이기도 하다. 아내의 감정 노동에 의한 사랑의 의무가 아니라 부부 모두 사랑을 갈구하기 때문이다. 이 말에는 사랑의 한시성에 의해 결혼 관계의 해체가 더 쉬워졌음을 의미한다. 그렇다면 이제 결혼은 좋은 삶을 위한 조건으로서 서로의 의사 결정권을 공유하면서 공동의 삶을 기획할 필요가 있다는 것에 핵심이 있다. 분명 친족 관계와 대가족의 붕괴 이후에 더욱 고독해진 인간 삶에서 감정적 결속 관계를 보여줄 수 있는 것은 낭만적 사랑의 가능성이라 할 수 있다. 그러나 여전히 사랑의 불안정함과 사랑의 파괴가 가능하다. 합류적 사랑이 대안으로 제시되기도 하지만, 합류적 사랑은 낭만적 사랑 복합체가 가진 '영원한', '하나뿐이며 유일한' 특성과 어긋난다. 오늘날 '별거하고 이혼하는 사회'는 합류적 사랑이 부상하도록 만든 원인이라기보다는 오히려 효과로 나타난 것이다.

합류적 사랑이 현실적 가능성으로 점점 더 강화될수록, '특별한 사람'의 발견이 갖는 가치는 떨어지게 되고 '특별한 관계'의 중요성은 더욱 부각되게 된다. 에드나와 레온스에게 합류적 사랑은 결여되어 있다. 그것은 시대적 사회관이기도 했으나 부양권과 소유권이 모두 남편에게 있는 세계에서 부부가 공동의 동등한 위치에 있지 않았기 때문이다. 에드나의 인식에 기인한 레온스와의 불화는 이 소설이 레온스를 부재하게 만들면서, 오히려 부부의 갈등을 타결할 지점을 상실하는 결과를 초래한다. 에드나는 무조건 방어적인 태도를 보이며, 레온스는 아내에 대한 법적 소유권자로서의 입장만을 고수할 뿐 어쩔 줄을 모른다. 마침 아이들도 시어머니 댁에 가 있으므로 에드나에게는 투쟁하고 극복할 가족이 곁에 없는 셈이다. 로버트마저 17개의 장에서 부재하는 동안 에드나의 사랑은 상호 침투적인 열정과 갈등이 부재한 혼자만의 것이다. 부재의 의미는 두 사람이 하나의 상황에 함께 있을 때 처하게 되는 장애물을 극복할 기회를 얻지 못한다는 점에서, 상호 소통이 결여되며 욕망과 욕구 또한 공허하게 메아리칠 수밖에 없다. 로버트는 에드나가 아닌 라이즈 양에게만 편지로 에드나의 안부를 물었고, 레온스는 편지로 모든 의사 결정을 했다. 이것은 통보에 지나지 않는다. 에드나의 사랑 또한 상상력을 통해서 키워졌을 뿐이며, 남편과의 법적 결혼 관계는 유명무실한 상태에 놓인다. 레온스는 아내의 상태를 만델라 의사에게 맡길 뿐, 심화된 대화의 시도도 하지 못한다. 그는 에드나와 달리 현대 세계를 전망하지 못했다. 물론 그는 그의 입장에서 성실했다고 주장할 것이다. 그러나 결혼 초부터 지금까지 무조건적으로 순종해 오던 아내의 반항을 어떻게 다스려야 할지 전혀 알지 못한다. 그는 자신의 사업을 위해 아내와의 불안한 상태를 감추는 데만 급급할 뿐이다. 에드나의 자살이 라이즈 양이 이전에 품었던 의문처럼 '인습과 편견의 넓은 평원 위로 높이 솟아오른' 것인지에 대해서는 의견이 분분하지만, 에드나가 죽은 이후에도 에드나는 자살이 아닌 익사로 밝혀질 터이니, 레온스의 삶은 품위를 잃지 않고도 이어질 것이다.

가족구성원들 간의 관계 유형은 점차 관습적 역할 기대의 지배를 점점 덜 받고 개인적 감정과 기분의 흐름에 의존하게 되는 한, 변화된다. "친절하면서 능력 있는 남편이지만 아내를 진정한 대화 대상이나 독립체로 보지 않는"[37] 레온스가 후기 근대의 표징이라면, 현대에는 근대에 구축된 남녀 역할의 부담에서 벗어나면서 새로운 토대의 부부 관계가 필요하게 되었다. 사랑을 근거로 결혼했다 해도 남편에 대한 여성의 종속이 전제했던 근대와 달리, 현대에는 상호간의 절대적인 감정적 결속이 요구된다. 즉 사랑 때문에 결혼하고, 사랑 때문에 부부 관계를 유지하는 시대로 진입한 것이다. 현대의 삶이 개인의 자유를 증대시킨 반면, 더 고독하며 불안정하게 만들었기 때문이다. 그만큼 사랑은 불안정해지고 사랑에 대한 요구도 증가하였다. 그러나 또한 고독과 삶의 불안정성에서 벗어날 수 있는 피난처를 사랑에서 찾기 때문에 가족의 의미는 더욱 강화되었다. 그러나 가족 내에서 여성만의 의무였던 사랑이 점차 부부의 사랑을 통해 서로 교류하면서 서로에 대해 이야기하고 세계에 대해 이야기하면서 서로의 입장을 확인하고 수정하면서 공유된 입장을 개발하게 되었다.[38] 결혼은 사랑을 완성하는 것이 아니라 사랑의 고백이 타자와 함께 경험하는 의미 체험으로 활용되는 장인 것이다.

의미 체험이란 타자의 고유성을 인정하면서 겪는 좌절과 실망을 포함한다. 그러나 좌절과 실망은 타자에 대한 자기 동일시 때문에 발생한다. 앞에서도 설명했듯이, 내가 속한 세계의 사물과 사람이 나 자신만큼이나 소중하다면 타자는 나의 세계를 구성하는 그 자체로의 고유성을 보호받을 수 있어야 한다. 사랑이 여성만의 의무가 아니라, 남녀 모두가 갈구하는 것이라면, 그리고 부부 각자가 독립적인 존재가 된다면, 서로가 공동의 삶을 계획하고 이와 관련된 모든 문제에 있어서 의사 결정권을 공유하는 진정한 파트너가 될 수도 있을 것이다. 물론 이 속에 가족이 법이 아니라 연대성의 영역으로 살아남을 수 있다는 주장과 더불어 기존의 성별로 특수한 노동 분화 형태가 존속되도록 내버려 둔다는 관념도 숨어 있다. 따라서 절망적 노스탤지어에 이끌려 다시 한 번 배려와 사랑이라는 정서적 결속에 국한되는 가족의 이상을 불러내려고 해서는 안 된다.[39] 다시금 여성이 일방적으로 사랑의 업무를 떠맡는 역할을 담당할 것이기 때문이다. 여성 혼자서 오랫동안 담당해 온 감정 노동은 사랑이 환상이며 망상이라는 결론에 도달하게 만든다. 그렇게 해서 낭만적 사랑은 다시금 "현실도피"로서의 "은밀한 꿈"[40]이 된다. 그러나 사랑은 발생의 순간이 아닌, 발생 이후에 두 사람 앞에 나타나는 장애물의 매 지점마다 사랑을 회복시키고 재발명하는 문제에 주력해야 한다. <영주의 애인>에서 사랑에 권태로워진 솔랄을 위해 솔랄과 합의하지 않고 감행한 아리안의 창작극과 달리, 두 사람이 함께 사랑을 발명하고 활용할 때만이 사랑이 현대 삶의 조직 원리로서의 힘을 가질 수 있는 것이다.

# 성, 사랑, 폭력의 노래[1]
## — *M. Butterfly*

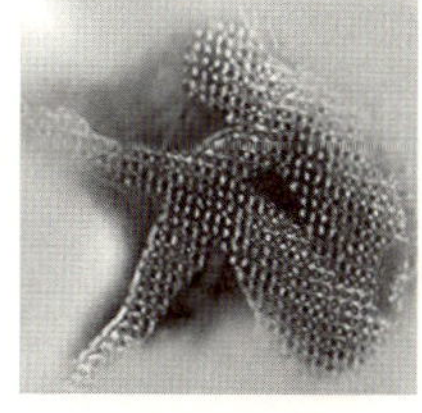

데이비드 황의 ≪M. 나비≫는 실화를 바탕으로 한 작품으로 '성, 사랑, 폭력'의 주제를 밀도 높게 집약하고 있다. 주인공 갈리마르는 푸치니의 <나비 부인>이 노래하는 서양 남성과 동양 여성의 사랑과 그 종말을 자신의 몸으로 재현해 낸다. 자신의 부인, 아들의 어머니였던 송은 20년을 함께 산 완벽한 여성이었으나, 법정에서 실제 남자임이 밝혀지면서 갈리마르는 <나비 부인>의 덫에 걸린 상태가 되고 만다. 제국주의적 눈멂과 나르시시즘으로 인한 갈리마르의 사랑은 "M. 나비"라는 기표로 대체할 수 있다. M은 갈리마르의 이상적 여인이었던 송이면서, 투옥된 갈리마르가 연기하는 나비 부인을 표상한다. 완벽한 여자와 사랑을 한 갈리마르의 시간은 푸치니의 오페라 <나비 부인>처럼 그 자신이 나비 부인이 되어 무가치한 핑커튼을 기다리다 죽음을 택한 초초상처럼 성, 사랑, 폭력의 노래로 생을 마감한다.

**윤소영**

## 나비 부인의 노래

데이비드 헨리 황David Henry Hwang의 ≪M. 나비*M. Butterfly*≫(1988)[2]는 브로드웨이에서의 성공적인 공연 후 현재까지도 지속적으로 무대에서 만나 볼 수 있는 작품으로 꾸준히 현장의 선택을 받고 있다. 한국에서의 최근 공연은 2014년이었고, 이 역시 많은 관객의 관심을 이끌어 낼 수 있는 현장성이 보장된 작품이었다. 더불어 ≪M. 나비≫에 관한 주된 관심과 연구는 텍스트 자체보다는 무대에의 재현성에 천착하는 편이고, 주제적으로는 '제국주의'와 '성 정체성'이라는 두 가지의 큰 얼개가 연구의 쟁점으로 나타나 있다. 벗어날 수 없는 이 두 주제 외에도 '미국인 정체성의 위기'라는 시각으로 접근한 연구 역시 정신분석학적으로 더 강화된 면을 보여준다.

이 극의 배경 담론은 1986년 국가 기밀 유출 혐의로 기소된 프랑스의 전 외교관이었던 베르나르 브루시코Bernard Boursicot의 실화[3]와 푸치니의 오페라 〈나비 부인*Madame Butterfly*〉을 적절히 교차 수용한 것이다. 표면적으로는 프랑스인 남편과 중국인 부인이 중국에서 프랑스까지 두 공간을 넘나들며 부부로 살고, 둘 사이에는 아들까지 두게 된다. 주인공인 아버지는 중국에 잡혀 있는 아들을 구하기 위해, 국가 기밀을 유포하는 내란죄를 저지르게 되는데, 법정에 서게 되었을 때야 비로소 20년간 덮여 있던 충격적인 진실에 직면하게 된다. 프랑스인인 남편은 투옥된 감옥에서 오페라 〈나비 부인〉을 1인 공연하던 중 자살을 함으로써 극을 마감한다. 하지만 한 겹을 벗겨 내면 '나비 부인'이라는 기표를 중심으로 르네 갈리마르Rene Gallimard와 송 릴링Song Liling의 관계가 형성됨과 동시에 전복되는 과정을 되풀이하면서 푸치니의 오페라 〈나비 부인〉의 노래와 내용이 전체 구조를 견실하게 채우고 있다.

이 극은 사이드Edward Said의 오리엔탈리즘이 주목하는 서구인이 동양에 대해 상정하는 지배력을 상징한다는 점과 "동서양의 이미지 전복을 통해 제국주의 인식론을 해체"[4]하는 것이라는 점을 토대로 삼아 갈리마르의 사랑은 무엇이고, 이로 인해 폭력이 어떻게 구조화되는가를 드러내고 있다. 이렇게 ≪M. 나비≫는 성에 대한 다양한 논의에서부터, 사랑의 의미와 작동 방식, 그로 인해

야기된 폭력으로 점철된 이야기다. 단적으로 이 텍스트는 성, 사랑, 폭력의 세 요소가 탄탄한 축을 이루며 각 담론을 상호 보완적으로 강화하고 있다. 기본적으로 드러난 구조는 서양/동양의 대비 및 남/녀의 대비를 통해 이항 대립적 극단을 극명하게 그려 내고 있다. 그러한 표면적인 덮개를 제거하면, 이 극은 20년간 함께 산 부부가 남자-남자 관계였음이 밝혀지게 되었을 때, 남편은 자신의 부인이었던 동양의 여인이 남자였다는 사실을 죄인으로 기소된 법정에서 확인하게 되면서 동석한 모든 이에게 믿을 수 없는 충격을 전하게 된다. 이 지점에 대해 갈리마르가 동성애였다는 주장과 이성애라는 주장이 공존하고 있다. "공격적이고 권능을 지닌 남성으로서의 자기 이미지를 보존하기 위해 연인이 여성이라는 환상을 유지해야만 하는, 따라서 자신의 성 정체성을 부정하는 동성애자"[5]라는 주장과 "서구 남성과 동양 여성의 이성애가 실제로는 남성 동성애였다는 사실 또한 이성애/동성애의 이분법을 허물어뜨리고 본질주의적인 섹슈얼리티 관념을 해체"[6]한다는 주장을 모두 살펴볼 수 있다. 이 부분과 관련해 본고에서는 성 정체성의 문제 자체보다는 갈리마르의 정체성, 주체화의 과정이 성 정체성과 더 깊이 관련되어 있고, 성애에 대한 갈리마르의 태도에 주안점을 두어 그 의미를 추적하고자 한다. 특히 갈리마르와 송의 관계에 내재한 동양/서양의 남자에게 있어 사랑과 폭력이 어떻게 작동할 수 있는가에 대해 분석함으로써, 폭력으로 인지할 수 있는 면모와 그 이유에 대해 파악하고자 한다.

우선 '성'의 문제는 '사랑'이라는 요인과 함께 작용한다. 브루시코의 실화에서 보여주는 충격적인 면모는 한 남자가 한 남자를 남자로 인지하고 사랑한 것이 아닌, 남자를 여자로 오인하고 사랑하는 사건이 발생했다는 점이다. 브루시코의 실제 사건에서처럼 남자를 여자로 수용했던 그들 간의 사랑은 동성애가 아닌,

이성애였다는 점이 주목할 만하다. 즉 '서양/남자'와 '동양/여자인 남자'의 대비를 간명하게 보여주는데, 이 극의 남자 주인공인 갈리마르는 서양을, 여자로 알고 있던 송은 동양을 대변한다는 점에서는 억압과 지배의 구조인 제국주의 담론과는 불가결하게 결부되어 있다. 그래서 "송은 기꺼이 나비가 되기도 하고 다시 남성이 되기도 함으로써 백인 이성애의 이데올로기를 전복시키는 정치적 전략을 수행하고 있다."[7] 동양에 대해 무지의 상태이기도 한 갈리마르는 문명이라는 이름으로 서구의 가치와 이데올로기를 동양에 전파하여 문명화를 꾀하고, 동양을 지배하기 위한 기제로 활용한다. 특이한 면모는 남자의 몸을 통해 동양의 여성이라는 존재가 이미지로 재현되고 있다는 것이다. 그런 점에서 가장 믿기 힘든 부분이라 할 수 있는 것은 둘의 관계에서 몸이 매개되어 있음에도 불구하고 아내 역할을 하는 남자는 자신의 몸을 통해 여자의 몸을 구현해 내고, 남/여라는 생물학적 몸이 다름에도 불구하고 남자로서의 몸을 여자의 물리적인 신체로 상대가 받아들일 수 있게끔 하는 상황이 가능했다는 점이다. 그래서 이 작품에서 집중적으로 살펴봐야 할 요인은 성, 사랑, 폭력의 세 축에 모두 몸이 관련되어 있다는 점이다.

본고에서 다루고자 하는 성sexuality은 남성/여성의 생물학적 성sex까지도 포함하여 포괄적으로 논의하고자 하는데, 생물학적으로 구분되는 몸의 다름이 엄연한 상태임에도 불구하고 두 사람 간에는 성의 문제, 성관계가 결부되어 있기 때문이다. 더불어 성의 문제는 사랑이라는 주제와 불가분의 밀착 관계를 엮어 내면서 갈리마르에게 행해진 모든 것들이 폭력으로 귀결되고 있다는 중요성을 띤다. 이에 본고에서는 성, 사랑의 문제를 조르주 바타이유Georges Batallie의 ≪에로티즘*Erotism*≫과 줄리아 크리스테바Julia Kristeva의 ≪사랑의 역사*Histoires D'Amour*≫를 통해 읽어 내고, 한 인간의 파멸을 이끌어 낸 폭력에 대해서는 르네 지라르René

Girard의 ≪폭력과 성스러움*La Violence et le Sacre*≫을 접목해 설명해 보고자 한다. 성, 사랑, 폭력이라는 세 기표를 아우르기 위해, 성과 사랑의 문제에 대해서는 바타이유의 ≪에로티즘≫이 설명하고자 하는 존재성에 대한 부분을 차용할 것이고, 크리스테바의 나르시시즘적 사랑이라는 주제는 갈리마르의 사랑을 분석하기에 가장 적절할 것으로 여겨진다. 폭력의 주제는 욕망에 의해 발생하는 폭력이라는 지라르의 입장이 이 텍스트를 분석하기에 알맞은 시료인지를 살펴보고자 한다.

## 성sex/sexuality의 아리아

이 극은 회상 장면을 보여주는 극중극의 형태로 진행되는데, 1960~1970년대의 10년간의 배경은 북경이고, 1966년부터 현재까지는 파리를 배경으로 삼고 있다. 감방에 수감 중인 갈리마르는 65세이다. 그는 31세에 결혼해서 아내 헬가Helga에게 8년간 충실했지만 푸치니의 <나비 부인>을 관람하면서 변화의 바람을 맞게 된다. 갈리마르의 여성관은 작품/무대에 잠시 등장하는 학창시절 친구 마르크Marc와 여자에 대한 노골적인 이야기를 나누는 부분에 잘 드러나 있다. 서양 여자에 대한 갈리마르의 인식은 발가벗은 창녀일 뿐이다. 그 시절에 느낀 여성에 대한 부담감 등이 현재의 프랑스 아내와의 관계에서 여전히 해소되지 못하고 있음을 드러내면서 송과의 관계를 통해 여성에 대한 새로운 세상을 바라보게 된다고 할 수 있다. 그러므로 서양/남성의 시각에서 바라본 반대급부의 기표는 지배와 가르침의 대상으로서의 동양/여성이라는 점이 가장 부각되어 있다. 더불어 송이 만들어 내는 동양 여성에 내재한 이미지는 순종의 미덕까지 구현해야 하는 몸이고, 역설적으로는 성을 통해 (갈리마르에게) 폭력을 행사하는 몸이다. 남자의 몸으로 존재하면서도 '이미지에서 몸으로' 여성의 역할을 재현해 내는 송은 동양 여성이 가져야 할, 갖고 있을 것이라 예상하는 기대 가치를 '몸'으로 분명하게 구현해 내고 있다. 송은 경극을 무대에 올리는 배우이기 때문에 여성을 재현해 내는 것이 가능했던 것인데, 그의 말처럼 "오직 남자만이 여자가 어떻게 행동할 것인지를 알기 때문"[8]인 것처럼 여성을 만들어 내는 것은 몸과 이미지에 의해서라고 할 수 있다. 즉 여성의 몸은 생식기가 여성이라는 것 외에도 몸에 내재한 여성이라는 사회학적 성이 강요하고 강조하는 젠더로서의 여성스러움은 지배 담론에 의해 이미 부여된 바이다. 여자의 몸을 가진 여성이 주장하고 알고 있는 여성의 몸은 여성적 이미지를 통해 몸에 안착하는 것이다. 그러므로 여성적 이미지는 남성이 여성에 대해 기대하는 부분이고, 여성 또한 벗어나기 힘든 문화적 요구인 셈이다. 가부장제가 고착시키고자 하는 부분 중에서 가장 커다란 얼개는 남/녀에 대한 문화적 규정이고, 관계의 정립이다.

갈리마르는 '백인', '남성', '정부 관료' 등 우월적 지위의 표상이지만 동료 및 부인 즉, 서구에 속한 존재들과 함께할 때는 가장 열등한 지위를 점하고 있다. 이렇게 나락으로 떨어진 그의 자존감을 상승시켜 주는 대상은 '동양인', '여성', '배우'라는 기표를 갖고 있는 송이다. 가르침을 기다리는 수줍은 소년의 가슴을 가진 여인이라는 갈리마르의 생각에서 송과 갈리마르의 관계를 알 수 있다. 가르침을 기다리는 몸을 가진 동양 여성인 송의 몸은 밟히고 찢기는 몸이 아닌 대접받고 사랑받는 몸이라 할 수 있다. 폭력에 노출된 몸이 아닌, 진정한 사랑을 느끼게 하는 몸이면서, 사랑을 나누는 여인의 몸이지만, 역설적으로는 갈리마르가 송의 진짜 몸, 즉 남자일 때의 몸을 확인하는 순간, 구역질을 느끼고 만다. 그 몸이 남자의 몸으로 보이는 순간 그가 가졌던 사랑은 한순간에 물거품이 되고 만다. 분명 여자의 몸으로 알고 사랑했던 몸이 가짜가 아닌 진짜임에도 불구하고 남자의 몸이라는 것을 확인하게 되면서, 송과 나눈 사랑은 무지의 상태에서 벌어진 것이기 때문에 폭력적 경험이 되고 만다. 성과 사랑이 모두 폭력적인 이유는 바로 이 지점에서 확인할 수 있다. 제국주의적 환상이 작동하는 방식은 지배하고 지배당하는 몸이 관여되어 있으나, 그 둘 간에는 옷이 벗겨지기 전까지는 진정한 사랑을 느낀 몸이 존재하고 있는 것이다.

갈리마르와 송이 만나는 공간 역시 중요하다. 갈리마르가 처음 송을 접하게 된 공간은 중국이고, 〈나비 부인〉 공연장이다. 그 후 송을 만나기 위해 중국 정통 경극 무대를 찾아가게 되는 갈리마르는 동양인 무리 속에 돌출해 있는 유일한 백인이다. 하얀 그의 얼굴은 마치 익명의 섬처럼 부유하며, 진정한 자기 정체성을 구축하지 못한 상태라 할 수 있다. 갈리마르의 흔들린 자아상은 자신이 남성성을 확보하지 못한 모습을 통해 잘 드러나 있다. 그가 가장 남자다운 모습을 보여주는 것은 송과 함께할 때이다. 가르침을 기다리는 수줍은 존재로 여기는 송이기 때문에, 갈리마르는 일대일의 관계에서 자신이 여자라고 생각하고 있는 대상에 대해 서양의 남자면서 가르치는 사람이라는 우월적 지위를 주상하고 인정한다. 미소년 같은 동양 여자를 진정한 여자가 되도록 가르친다는 논리에 입각해 있기 때문에 그가 가르치고자 하는 것은 서양의 문명이고, 동양에 대한 그의 시각은 문명의 손길이 닿지 않은 순백의 세계일 뿐이다. 특히 동양의 여인에 대해서는 때 묻지 않은 순수함보다는 문명이 가 닿지 않은 무지의 세계로 보고 있기 때문에 자신이 가르쳐야 한다는 입장에 서고자 하는 것이고, 서구 제국주의의 자아도취의 면모를 여실히 드러내는 것이다. "개와 중국사람 절대사절"이라는 푯말은 그 당시

시대적 상황을 단적으로 보여준다. 지배와 복종을 강요하면서 비문명적이라 여기는 대상에 대해 문명의 옷을 입히고자 하는 의도는 성관계 즉 남녀 관계에서도 지난하게 유지되어 온 남성우월주의 및 이성중심주의와 상통하는 것이다.

그래서 송은 갈리마르가 진정한 남자로 존재하기 위해 반드시 필요한 완벽한 여성이다. 남성으로서 가르치고 지배할 수 있는 대상으로서의 여성이었던 송은 서양의 여성처럼 전라의 상태로 몸을 다 드러내 보이는 여성의 몸이 아니기 때문에 갈리마르에게는 더더욱 완벽한 여성일 따름이다. 몸으로서의 여성을 논함에 있어, 갈리마르가 남자로서의 정체성을 확인하는 과정에서 송이라는 여성이 매개하게 된 상황은 '이미지로서의 여성만이 존재'한다는 입장과 조우한다. 여성은 '성녀 아니면 창녀'인 시각에서는 갈리마르에게 있어 송은 성녀이고 완벽한 여성의 이미지 자체라 할 수 있다. 즉 갈리마르가 여성을 느끼고 바라보는 시각은 그저 이미지로 존재할 따름이고 이를 위해 그가 취하는 것은 자아도취적 사랑일 뿐이다. 더불어 동양의 전통 의상을 입은 송은 "전 이 옷이 제게 어울리는지조차 알지 못해요."라는 말로 자신의 생물학적 성과, 자신의 정체성에 대해 암시한다. 여성의 복장을 하고 있으나 실제 자신이 그 옷에 잘 어울리는지에 대해서는 자신의 시선이 아닌 타인의 시선에 대해 확신하지 못하고 있는 것이다.

"사랑은 정체성의 혼미와 언어의 혼란을 야기하는 갑작스런 혁명이자 대격변이다."[9]라는 주장처럼 자신이 사랑할 완전한 여성을 만났다는 갈리마르의 눈먼 사랑은 제국주의적 지배 환상으로 인한 것이다. 자신이 생각한 이상적인 여성상은 곧 동양의 여인이었고, 그 여인의 다 드러내지 않은 몸이 특히 갈리마르의 눈에 환상의 옷을 덮어씌우는 결과를 초래한 것이다. 그로 인해 갈리마르는 눈이 있어도 (몸을) 보지 못한 사람이 되고 만다. 심지어 같이 부부로 생활하는 가운데에서도 송이 동양의 여인이기 때문에 함부로 옷 아래의 속살을 제대로 보지 못하는 것이다. 이는 <길가메시 서사시>에서 옷을 입혀 부끄러움을 인지하게 하는 것과 유사한 부분이다. 옷으로 덮여 있어 그 옷을 벗겨 내면 마치 피부를 벗겨 낸 듯 아무런 면역력도 갖지 못한 속살이 드러나는 것으로 여긴 것이라 할 수 있다. 자신의 눈에 보이는 동양 여인의 옷매무새, 몸가짐 등은 모두 몸뚱이를 덮고 있는 피부처럼 벗겨 내서는 안 되는 것이고, 벗어버릴 수도 없는 것이라 여긴 것이다. 특히 철저하게 자신의 확신에 의거해 사랑을 했기 때문에 아들을 낳았다는 부분까지도 믿을 수밖에 없었다고 할 수 있다. 즉 단 한 번의 의심도 없이, 최소한의 의심도 없이 완벽하게 믿을 수 있었던 것은 철저하게 자신의 신념에 모든 무게를 두었기 때문이다. 갈리마르의 신념은 곧 자신이 남성으로서의 존재감을 확인받는 것과 관련되어 있다.

송은 남자가 여자에게 바라는 이상향을 '경험 없고, 순결하며, 수줍은 처녀'라는 기표로 확증해 버린다. 인식의 주체인 갈리마르는 프랑스 여자들에게 느끼고 경험했던 바와 대척점에 있는 중국의 미소년 같은 여자에게 영혼까지도 모두 바칠 수 있을 정도다. "사랑은 연인에서 출발하지만 일종의 해방과도 같은 존재의 연속성에 이르게 된다."[10]는 주장처럼 경계 및 위계를 뜻하는 구분의 빗장을 느슨하게 풀어 버린다. 즉 사랑은 갈리마르와 송 사이의 경계를 허물어 버리는데, 이때 서양과 동양, 문화와 자연, 남자와 여자의 위계도 해체되는 것이고, 그들의 몸은 남/녀로 분화된 몸이 아닌 그저 살로서의 성관계로 전이된다고 볼 수 있다. 바타이유는 사랑을 분절이 아닌 연속성으로 바라본다. 그런 점에서 에로티즘의 최종 목적은 "경계의 제거와 상호 융합"[11]이며 문명화 과정에서 지워진 존재의 연속성이 보장되는 것이라 할 수 있다. 갈리마르가 서구 사회에서 상실한 자신의 존재의 연속성을 회복하는 것은 송과의 사랑이라는 상호 융합을 통해서이다. “사랑은 종교 이후의 종교이며, 모든 믿음의 종말 이후의 궁극적 믿음이다.”[12]라는 표현에 딱 들어맞는 것이 바로 송을 향한 갈리마르의 사랑이다. 갈리마르는 송에 대해 이미지든 몸 자체든 종교 이후의 종교처럼, 궁극적인 믿음을 투사할 뿐이다. 송에 대해서는 정중한 시선과 마음가짐으로 일관하는 갈리마르는 자신에게 순종할 아름다운 여자를 평생 기다려 왔노라고 말한다. 1막 13장에서 부영사로 승진한 갈리마르는 송을 찾아가 “나의 나비요, 아니요?”라고 물으며 사랑을 확인하고자 한다. “경험이 없어요… 순결해요… 옷을 벗기지 말아 주세요… 수줍은 중국 처녀예요.”라는 말을 일삼으면서도 “남자를 기쁘게 하는 법”을 안다고 말하는 송은 임신을 핑계로 자신을 (여자로) 감싸고 (남자임을) 덮어 주고 있는 옷을 지켜 낼 수 있다. 나르시시즘적 사랑에 도착된 나머지 갈리마르는 실제 몸을 가진 대상을 사랑하면서도 더 나아가 행위 즉 성관계를 통해 몸을 향유하는 과정에서조차 자신이 만든 이미지에 대한 자아도취적 사랑에 의해 송의 실제 몸마저도 허구의 이미지로 대체해 버리고 만다. 그렇기 때문에 송과의 사이에서 아들이 태어났다는 것에 대해 수긍하게 되는 것이다.

“명예로운 죽음이/ 삶, 불명예스러운 삶보다/ 낫다. Death with honor/ Is better than life/ Life with dishonor.”라는 <나비 부인>의 한 구절이 공연을 보던 갈리마르의 입에서 흘러나온다. 송의 공연을 보면서 갈리마르가 느낀 점은 서양 남자를 향한 사랑과 기다림으로 인한 그녀의 고통을 이해할 수 있기 때문에 보호해 주고 싶다는 것이다. 이때부터 갈리마르는 이미 나르시시즘적 사랑에 빠지고 만 것이다. 특히 <나비 부인>의 줄거리를 좋아하는 갈리마르로서는 나비 부인의 죽음이 무가치한 핑커튼을 위해 “순수한 희생”을 한 것으로 수용하고 있다. 그래서 송이 말하듯 "순종적인 동양 여성과 잔인한 백인"이라는 입장 표명에 대해 갈리마르는 자신이 원하는 이상향이 초초상Cio Cio San 같은 나비 부인이기 때문에 다른 부분에 대해서는 문제의식을 갖고 있지 못하다. 송은 동양 여성이 서양 남자를 기다리다 자살하는 것을 아름다운 것으로 표현하고 있는 갈리마르에게 북경 오페라를 보러 오라고 권하는데, 송은 나비가 동양 여성에 대한 환유로 기능하고 있음을 잘 알고 있기 때문이다. 갈리마르는 "중국 사람들이 그 오페라를 싫어하는 건 백인이 나비 부인을 소유했었기 때문"이라 생각한다.

신체적 정신적으로 모두 허약하기만 한 갈리마르에게 진정한 남자다움을 느끼게 해주는 존재는 송이다. 갈리마르는 서양 여성뿐 아니라 서양 남자에 대해서도 열등감을 느끼는 것을 표출한 송에 대해 "남자가 부릴 수 있는 절대적인 권력이 용솟음치는 것을 느꼈"다는 표현과 함께 자신이 이상적으로 꿈꾼 여성임을 확신한다. 남자들 사이에서 갈리마르는 너무나 무력한 존재로, 남성적이지 못하고, 남성성을 보장받을 수 없는 상태이지만, 송과 함께 있을 때 자신이 말하듯 "서양 악마"[13]일 수 있다. 2막에서는 순수와 무지의 세계처럼 다가온 송은 갈리마르가 알고 있는 세상에 대해 다 알고 싶다고 하면서 베트남에 대한 그릇된 정보를 제공하여 미국의 대비 태세에 대한 정보를 캐낸다. 결국 법정에 섰을 때 비로소 송의 성 정체성을 알게 된 갈리마르에 대해 송은 남자를 여자라고 생각해서 20년간을 속은 채 부부로 산 서구 남자의 심리는 "국제적 강간 심리"라는 말로 정리해 버린다. 국제적 강간 심리에 대해 송은 "여자는 스스로 생각할 수 없다."는 것과 "입으로는 아니라고 말하지만 눈으로는 원하는Her mouth says no, but her eyes says yes." 성관계라고 정의 내린다. 갈리마르는 자신이 보고자 한 것만을 보았고, 믿었던 것이다. "제가 바로 당신의 환상"이라고 말하는 눈앞의 송은 "햄버거만큼이나 현실적"이다. 부연하면 송은 갈리마르에게 있어 환상 속에 존재한 완벽한 여인이 아닌 "완벽한 거짓말" 자체였던 것이다. 서양 남자의 성관계에 관한 환상은 '첫 남자'라는 것과 '가장 크다'는 기표에 대한 종교적 믿음 이상의 믿음이다. 또한 송의 지적처럼 서양 남자의 오만함이 "다른 사람의 운명을 뜻대로 움직일 수 있다는 믿음"을 낳은 것이다. 그러므로 동양에 대해 맹목적으로 눈멂의 상태에 놓이게 됨으로써 벌어진 국제적 강간 심리를 대변하는 갈리마르 역시 나비 부인의 환상에 강간당한 격이라는 점에서 이 극은 역설적이다.

## 성과 사랑의 변주곡

그렇다면 '성'의 구분은 과연 이 텍스트에서는 어떤 장치가 되는가? 갈리마르는 프랑스의 외교관이고, 프랑스 여성과 결혼하여 함께 중국에 파견을 와 있다. 직장 동료와의 관계에서 전혀 기를 펴지 못하는 갈리마르는 그의 침실에서도 마찬가지다. 실오라기 하나 걸치지 않고 침대에 앉아 있는 부인의 모습에서 그는 성욕을 전혀 느끼지 못하고 오히려 성욕을 뱉어내는 상태라 할 만큼이어서 프랑스 부부로서의 삶에는 성애가 없어 보인다. 갈리마르는 프랑스 아내와 함께 있을 때에는 자신의 남성성을 확인할 수 없고 존재성을 회복할 수도 없다.

그렇다면 갈리마르에게 존재성의 회복을 위해 운용된 사랑은 무엇이고 갈리마르가 사랑한 것/대상은 무엇인가. 갈리마르의 사랑은 자신의 정체성을 구축해 가는 과정에서 빚어낸 이미지에 대한 나르시시즘적 사랑의 전형이라 할 수 있다. 프로이트는 사랑을 나르시시즘과 관련시키는데, "사랑의 대상을 선택하는 것이 만족스럽다는 것은 그 대상이 주체의 나르시시즘과 어떤 관계를 확보해 줄 때이다."[14] 갈리마르가 가장 남성적인 존재로 등극하게 되는 것은 송과 사랑하는 관계가 형성되었을 때부터이고, 일에서의 자신감, 동료를 대함에 있어서도 남자다운 모습을 발휘하게 된다. 흥미로운 점은 남성으로서 한 여성과의 성관계를 이루어 냄에 있어 자신이 이상적으로 꿈꿔 왔던 여성을 만났다는 점과 그 여성을 자신의 진정한 사랑으로 수용하고 있다는 점이다. 이렇듯 에로스는 인간에게 결여된 욕망이다. 송은 갈리마르의 억압된 남성성에 불을 지피는 역할을 한다. 갈리마르에게 있어 자신의 정체성을 확인하는 길은 송과의 사랑에 의해서라 해도 과언이 아니다. 일견 갈리마르에게 가장 결여된 감정이 있다면, 그것은 사랑일 것이고, 결여를 극복함으로써 자신을 확인할 수 있다는 점에서 환상이든 상상이든 송이라는 여성적 존재는 남자로서의 갈리마르를 존재하게 하는 근본적인 원동력이라 할 수 있다. 갈리마르의 사랑은 그 어느 순수의 사랑을 넘어서는 지점에 있다. 서양 여성의 발가벗은 몸에 염증을 느끼는 프랑스 남자인 갈리마르는 여성의 실제 몸에 대한 혐오를 가지고 있다. 그에게는 보이지 않는 몸, 정신으로 느끼는 몸, 다 보지 않아도 되는 몸이 바로 그가 추구하는 여성의 몸이라 할 수 있다. 즉 자신이 믿는 몸이 바로 여성의 몸인 것이다. 서양 여인의 다 드러난 속살을 굳이 눈으로 확인하지 않는 것처럼 갈리마르는 보인다고 해서 보이는 것이 다 믿을 수 있는 것은 아님을 실질적으로 보여준다. 하지만 그의 사랑은 동양에 대한 무지에서 기인한 동양 여인을 사랑하는 법일 뿐 아니라 동양을 지배하는 성적 제국주의의 사랑이 낳은 기이한 사랑이다. "사랑, 보이지 않는 것을 보는 눈"[15]이라는 맥락에서 갈리마르에게 있어서는 보이지 않는 것이 바로 자신에게서 찾고자 했던 남자로서의 정체성 및 인간으로서의 주체성이라 할 수 있다. 송에 대한 사랑은 결국 자신을 찾아내는 눈을 뜨게 해준 것이라 할 수 있다.

그의 눈은 여성을, 여성의 몸을 탐닉하는 응시하는 눈이 아니다. 그의 눈이 송에게 머무는 것은 자신의 환상이 견고하게 빚어낸 완벽한 여성상을 구축하는 것이라 할 수 있다. 갈리마르는 "동양에 대한 환상"을 가진 "순수한 상상력 그 자체"라는 말로 자신의 사랑이 작동한 방식을 규정한다. 자신이 사랑한 단 하나의 사랑인 송은 전라의 몸을 보여준 적이 없는 정숙한 처녀지로서의 동양의 여인이었다. 그래서 호송차에서 옷을 벗고 다가오며 연인으로써 둘만이 나누었던 표현을 던지는 송에 대해 갈리마르는 제대로 쳐다볼 수가 없다. "사랑으로 정의되는 것, 그것은 빛의 확산이며 영혼이 바라보고 사랑하는 하나로부터 비쳐지는 반사"[16]라는 지적처럼, 절대로 직시하지 못하는 갈리마르가 만든 이상적 여인인 송은 갈리마르에게 있어서는 빛이고 진리라도 되는 듯 이상향 그 자체다. 하지만 옷에 가려져 그 빛을 보지 못했던 것이다. 성관계를 나눌 때에도 동양의 사랑법이라며 벌거벗은 몸을 보이지 않게 해 달라는 송의 요청을 받아들여 그렇게 부부 관계를 지속해 온 것이다. 그래서 현실 속에 분명하게 존재하는 몸인데도 불구하고 마치 이미지로서의 몸처럼 향유할 수 있었던 것이다. 갈리마르는 현실에서 송을 젖가슴을 가진, 질을 가진 여자로 인식하며 성관계를 맺는다. 하지만 그들의 성관계는 가장 사랑하는 여인과 나눈 성관계가 아닌 실제로는 동성애자가 아닌 남자가 연인이라 생각한 대상(남자)과 나눈 성관계였다는 점에서 갈리마르의 충격은 송을 직접 쳐다볼 수도 없을 만큼 크고, 결국 자신에 대한 혐오가 극대화되는 것이다.

동양에 대한 신비감과 호감은 잠재적 무의식을 일깨워 내기에 충분하다. 아무것도 어떻게도 할 수 없는 상태에서 행해지는 실제 송의 몸이 드러나는 것 자체가 가히 폭력적이다. 믿음을 한순간에 깨뜨리는 사건은 진실을 지워 버리는 장이 되고, 자신이 만든 이상적 여성에 대한 이미지는 곧 제국주의적 나르시시즘으로 인한 것이기에 갈리마르는 나르시시즘에 입각한 이미지 소비 행태를 벌인다.

> 송 : 아니에요, 르네. 그 청을 아무리 달콤한 말로 은근슬쩍 감추어도 소용없어요. 감추지 마세요. 비열한 당신의 모습 그대로를 보이시란 말예요. 당신에 대한 저의 사랑이, 당신에게 복종할 만큼은, 당신이 제게 어떠한 최악의 조건을 제시해도 거기에 복종할 만큼은 된다는 사실을 알아주세요. (사이) 자, 이리 오세요. 그리고 옷을 벗기세요. 이제 당신은 무슨 일이든 마음대로 할 수 있어요. 그럴 권한을 가지고 계시죠. 사랑해요, 르네. 전 당신 수중에 있어요. 전 제 남자 앞에선 무력해진답니다.
>
> SONG: No, Rene. Don't couch your request in sweet words. Be yourself—a cad—and know that my love in enough, that I submit—submit to the worst you can give. [Pause] Well, come. Strip me. Whatever happens, know that you have willed it. Our love, in your hands. I'm helpless before my man.[17]

송이 위에서처럼 말하자 갈리마르는 벗은 몸을 보고 싶다던 말과는 달리 또다시 송을 지켜 주게 된다. 2막 6장에서 송이 위기를 모면하게 되는 것은 임신했다고 알림으로써 이다. "가면을 쓴 나르시스, 남자와 여자"[18]의 모습은 이런 식으로 극대화되어 나타난다. 가면을 쓴 여자였던 송에게 모든 사랑을 남김없이 투사하였으나 그 반사광은 너무도 강해서 그를 태워 버릴 지경에 이르는 것이다.

그가 남자라는 가면을 통해 가리고 직시하지 못한 사랑은 완벽한 결합이 아닌 말도 안 되는 조롱거리에 불과한 것이다. 즉 나르시스는 물에 비친 자신의 반영이 자기 자신이라는 점을 받아들이지 못하고 있고, 또한 자신이 그 반영의 원인임을 인지하지 못한다. 자신이 반영의 원인임에도 그 반영을 사랑하는 것은 자신이 누구인지를 정확히 모르고 있기 때문이다.

모든 것이 드러나는 순간 그가 택한 것은 이국적 공간에서 자신을 처음 끌어들인 〈나비 부인〉의 노래와 스토리이다. 이방인인 서구의 남자가 오페라 〈나비 부인〉에 출연한 여주인공의 공연을 다시 보기 위해 찾아간 곳은 바로 중국의 경극 공연장이다. 경극의 여주인공은 과장되고 짙은 화장으로 마치 가면을 쓴 상태로 이를 시각적으로 재현해 낸다. 즉 여자의 가면을 쓰고 무대라는 메타성 속에서 또다시 여자를 연기해 냄으로써 동양의 여성이라는 신세계를 표상하는 것이다. 하나의 특수한 공간처럼 작용하는 동양의 여성이라는 거울을 통해 자신을 들여다보고 있는 나르시스인 갈리마르는 이제 갈리마르가 아니다. 즉 갈리마르는 동양의 여성이라는 강물에 비춰진 자신의 반영을 보고 만족감을 느끼는 것이다.

2막 3장에서 감옥으로 다시 공간이 바뀌면서 갈리마르는 "동양에 대한 환상을 갖고 있습니다. 그리고 이 환상은 내 삶이 되어 버렸습니다. There is a vision of the Orient that I have... It is a vision that has become my life."라고 말한다. 이는 "주체는 자신을 이상적 타자와 동일시함으로써 존재한다. 이상적 타자는 말하는 타자이고 환영이자 거울 너머의 상징적 대타자와의 동일시"[19]임을 여실히 드러내 보이는 장면이다. 즉 갈리마르가 갈망했던 상징적 대타자였던 나비 부인은 현실에 존재하지 않고, 스스로가 나비 부인이 됨으로써 동일시에 이르는 것이다. 이 부분에서 갈리마르는 20년간 송과 부부로 산 자신의 삶이 얼마나 거짓말 같은 시간이었는지, 스스로 부정하고 싶어도 부정하기 힘든 자신의 정체성의 일부였는가에 대해 통탄한다.

> 사랑. 그것을 왜 인정하지 못 하느냐구요? 그건 저를 산산이 해체시키는 일이기 때문입니다. 사랑이 제 판단력을 비뚤어지게 했고, 제 눈을 멀게 했으며, 제 얼굴의 선마저도 다시 그었습니다. … 마침내 거울을 바라보았습니다. 전 거기서 … 한 여자의 얼굴 이외의 그 어떤 것도 볼 수 없었습니다. Yes—love. Why not admit it all? That was my undoing, wasn't it? Love warped my judgment, blinded my eyes, rearranged the very lines on my face … until I could look in the mirror and see nothing but … a woman.[20]

이렇듯 자신의 손에 들고 있는 거울에 비추어 봐도 보이는 얼굴은 갈리마르 자신의 얼굴이 아닌 중국 여배우로 분장한 얼굴뿐이다. 덧붙여 자기 자신도 인정할 수 없는 자신의 그릇된 시선은 바로 "사랑했던 여자의 가면을 벗기고 나니 … 일개 남자에 불과했다는 사실, 그 이상도 그 이하도 아니라는 그 통렬한 깨달음The devastating knowledge that, underneath it all, the object of her love was nothing more, nothing less than … a man."[21]일 따름이다.

갈리마르의 사랑을 무의미한 바보짓으로 만들어 버린 송은 젠더를 속이고 남성이 여성으로 둔갑해 서양 남성의 시력을 상징적으로 멀게 한 사기극을 조작하여 제국주의적 환상에 의해 짓밟힌 사랑이 무엇인지를 보여준다. 이는 "제국주의적 편견을 발견해 가는 인지적 과정"뿐 아니라, "백인/중산층/남성이 겪는 낭만적 사랑에의 동경과 정복욕, 남성적 자아에의 집착과 환상의 추구, 결국 이를 가능케 하는 그의 열정이다."[22] 결국 갈리마르의 나르시시즘적 사랑이 거짓이었음이 드러나고, 자신의 믿음이 모두 깨지는 순간 그에게 남은 것은 강물에 비친 자신의 추악한 반영뿐이다. 자신의 숭고한 사랑에 대한 모든 시간, 관계, 결실 등이 모두 거짓으로 판명나자 그에게 남은 것은 이미지로서의 완벽한 여성에 대한 혐오스러움, 즉 거울에 비친 분장한 나비 부인의 모습만이 있다. "환상과 추락의 나르시스적 그림자 대신 이상적 통일성을 통해 자기 내면으로 이끌고 가는 성찰에서 나르시스는 초월되고 내적 공간에서 개체성과 총체성이 통합"[23]되어야 하지만 그러한 혐오감은 "에로티즘의 최종적 의미는 죽음"[24]이라는 바타이유의 주장처럼 자살이라는 가장 극단적인 폭력을 행사하게 한다. 결국 자신이 나비 부인인지, 핑커튼인지, 갈리마르인지, 송의 남편인지 전혀 구별되지 않는 상태면서 그 어떤 구분조차도 무의미하다는 점을 내비치며 스스로에 대한 처벌을 가하는 것이다.

## 폭력의 광시곡

이 극에서 폭력은 세 가지 양태를 보인다. 우선 송이 갈리마르에게 행사하는 폭력, 갈리마르가 스스로에게 행사하는 폭력, 그리고 관객에게 전달되는 폭력을 생각할 수 있다. 물리적인 폭력을 행사하는 것보다 더한 폭력은 아무것도 할 수 없는 상태, 의지를 배제한 채 몸이 무력함에 놓여 있는 어찌할 수 없는 상태로 몰아넣는 것이라 할 수 있다. 피가 튀는 극한의 혈전이 아닌 눈으로 볼 수 있지만 보이지 않는 폭력이 그보다 더한 폭력이라 할 수 있다. 이 극에서는 직접적인 폭력 행사는 없으나 원천적인 부재로 인해 형상화되는 폭력은 감각으로 느낄 수 있는 통증을 넘어서는 폭력이라 할 수 있다. 송이 갈리마르를 대하는 태도는 극한의 폭력[25]이라 할 수 있다. 물리적 폭력을 사용하지 않고도 갈리마르에게 폭력을 행사하는 것은 사랑이라는 기표 뒤에 감춰진 '무지'라는 기표가 작동했기 때문으로, 동양에 대한 무지에서 기인한 동양 여성에 대한 이미지의 낙인 효과도 가세했음을 알 수 있다. 김지혜는 이와 관련해 "갈리마르의 취약한 이성애적 남성성은 오리엔탈리즘의 젠더 역학에 의존해서 송을 버터플라이로 여성화해야만 확립될 수 있다."고 주장한다. 송은 "남자들은 자신이 듣고 싶어 하는 것만 믿는다."고 말하며 갈리마르가 품었던 사랑이 허구였음을 폭로하고, 나비 부인이라는 이상향을 완전히 무너뜨림으로써 사랑을 통해 갈리마르가 진정한 남성으로서의 정체성을 확립해 내는 것을 불가능하게 한다.

갈리마르는 분명히 남자의 성을 갖고 있다. 하지만 남성/여성의 구분과 위계가 가하는 권력의 폭력성에 농락당한 갈리마르의 성은 '아버지 되기'라는 과정과 연결되어 있다. 특히 갈리마르가 프랑스에서 반역죄를 저지르게 되는 것은 자식에 대한 아버지로서의 사랑 때문이었다는 점에서 처절하기까지 하다. 아버지이기 때문에, 아버지로 살아남기 위해, 갈리마르는 부정을 저지르게 되고, 자신의 가족을 지킨다는 명분으로 첩자가 되는 것도 마다하지 않는다. 그런 점에서 그는 아버지의 역할을 충실히 해내기 위해 애쓴 한 인간일 뿐이다. 하지만 그가 범한 오류는 눈이 있으되 보지 못하고, 자신의 신념에 따라 추호의 의심도 없이 한 남자를 여자로 보았다는 점이다. 결혼 생활을 영위한 두 사람/남자 사이에 아이까지 낳게 된다는 설정이 어처구니없이 보일 수 있으나 실화를 바탕으로 하고 있다는 점에서 단순하게 취급할 것이 아니다.

그렇다면 성을 통해 폭력을 행사한다는 것은 어떤 의미인가? 갈리마르는 송의 몸을 한 치의 의심도 없이 여자의 몸으로 이해하고 수용하고 있다. 송과 갈리마르가 함께할 때 여성의 몸이 하나의 시뮬라크르simulacre로 존재하는 공간이 발생한다. 동양의 여성에 대해 무지한 상태인 서양의 남성에게 송은 만들어낸 시뮬라크르로서의 몸이라 할 수 있는 동양의 여성을 무대적 환상이라는 장치로 구현해 낸 것이다. 이렇게 진짜가 아닌 가짜였음에도 가장 진짜 같은 진짜가 된 이유는 에로티즘의 작동 방식과 관련성을 띤다. 전술한 대로 프랑스에서의 갈리마르는 진짜 남자다움이라고는 찾아보기 힘든 가짜 같은 남자였다. 남자의 몸을 가지고 있으나, 남자다움을 그 안에 담고 있지 못하다는 점으로 인해 성관계 시 남자답게 폭력적이지는 않았다고 볼 수 있다. 성관계를 통해 남자들이 행하는 성적 폭력은 지배 욕구에 대한 환유라 할 수 있지만, 다 드러난 여성의 성기에 가하는 성애가 아닌, 옷에 가려진, 감추어진 몸에 조심스럽게 이루어지는 성관계였다는 점이 갈리마르가 느낄 수 있는 남자로서의 확신을 대변한다. 갈리마르가 지칭하는 '완벽한 여자'라는 기표는 언어에 대한 주도권이 전혀 없었던 이전의 상태와는 극단적으로 대조를 이룬다. 동양의 상황에 대해 언급하는 갈리마르의 한 마디 한 마디는 곧 진리이고, 아버지의 세계에서 누리는 특권인 것이다. 이 모든 것을 가능하게 해준 것은 가장 서양 남자답게 갈리마르가 '완벽한 여자'를 지배하고 가르침으로써이다. 이런 식으로 갈리마르는 자신의 진정한 정체성까지도 구축하게 되는 상황에 이르게 되고, 임신까지 했다는 송의 말에 가부장 즉 아버지가 된다는 것이 남자로서의 삶에 어떤 의미인가를 다시금 확신하게 되는 것이다. 특히 동양 여인에 대한 가르침과 지배에서 그치지 않고 자신의 분신이라 할 수 있는 2세를 생산한다는 것은 남자로서의 진정한 정체성 구축에 한걸음 더 가까워진 것이기에 갈리마르에게는 무엇보다도 중요한 가치라 할 수 있다. 그래서 아들을 살리기 위해서는 정보를 빼내야 한다는 송의 말에 진정한 아버지로서의 역할을 하기 위해 부정을 저지를 수밖에 없다. 결국 피할 수 없는 이러한 현실 앞에 눈물을 흘리는 것은 자신이 남자로서도, 아버지로서도 건재할 수 있는 가능성을 확보하고자 했으나 무산되었기 때문이다.

송을 통해 동양에 대한 식견을 갖게 되는 갈리마르는 유용한 정보를 상부에 보고하게 됨으로써 자신의 자존감을 드높이고, 남성성을 최고조로 발휘할 수 있게 된다. 하지만 동양에 대한 정보가 송이 꾸며낸 가짜인 것처럼 완벽한 여성에 대한 갈리마르의 비전 역시 감옥에서 공연할 때 볼 수 있는 나비 부인 같은 것이다. 즉 거울에 비친 가짜 나비 부인처럼 자신이 그려 낸 환상의 반영이고, 나르시시즘적 사랑으로 인한 환영과 같은 가짜일 따름이다. 그래서 몸은 몸이나 진짜 몸이 아닌 것처럼 몸으로 존재한다. 벌거벗은 헬가의 몸과 대조적으로 송의 몸은 20년을 같이하면서도 눈으로 볼 수 없고, 확인할 수도 없는 역설적인 몸이다. 송의 몸은 실제로는 남자의 몸이지만 진짜 남자의 몸이 아닌 여자의 몸으로 존재했기 때문에 현실 속에 드러난 시뮬라크르의 공간으로 작용한 몸이라 할 수 있다. 남자의 몸으로 여성을 구현해 내는 것을 볼 때 성 정체성은 몸을 통해서만 규정되는 것이 아니라는 것을 알 수 있다. 남성의 몸임을 알고 있음에도 불구하고 그의 몸에서 배어나는 여성다움은 남자의 몸을 가지고 있는 송을 여성으로 보게 만든다. 송이 갈리마르의 나비가 되어 달콤하게 대화하는 목소리와 소녀 같은 몸짓은 그 누구도 여성이 아니라고 부정하기 힘들 정도다.

지젝은 "'남성적' 코기토는 존재를, '나는 존재한다'를 선택한다. 하지만 그것이 얻는 것은 실제 존재가 아닌 한낱 사유에 불과한 존재"[26]라는 주장을 편다. 이 점에서 갈리마르는 자신의 사유에 불과한 존재인 '나비 부인'을 얻고자 하는 것이다. 환상-응시로서의 코기토로서의 갈리마르는 성적으로 우월한 지위를 갖고 있음에도 불구하고, 결핍의 존재이다. 특히 그러한 결핍의 면모는 아내 헬가와의 관계,[27] 친구 마르크와의 대화에 잘 드러나 있다. 대타자인 어머니에게 팔루스가 결여되어 있듯이 갈리마르 역시 최후에는 나비 부인이 되어, 팔루스가 결여된 존재임을 드러낸다. 자신의 존재성을 확보해 주는 이상적 여인이 왜곡된 환상에 의해 설치된 것임이 만천하에 밝혀지면서 팔루스의 부재는 더더욱 공고해질 뿐이다.

프랑스 철학자 르네 지라르는 ≪폭력과 성스러움≫에서 폭력의 원인이 인간의 욕망에 있음을 지적하며, 타인에 대한 모방 욕망에서 폭력이 비롯되었다는 분석을 내어놓는다. 즉 모방 욕망은 내재적으로 발생하는 것이기보다는 이상적인 것을 동경하는 데서 생기는 것이다. 갈리마르에게 있어 이상적인 것을 동경하는 것은 단연코 '완벽한 여성'과의 사랑이다. 하지만 그의 욕망은 자발적 욕망이기보다 타인에 의한 비자발적 욕망이며, 이러한 욕망으로 인해 사람들은 다른 사람을 질시하고 욕망을 달성하려는 '짝패'와의 경쟁에서 우위를 점하기 위해 폭력을 행사하는 것이라 여긴다. 갈리마르가 품고 있는 큰 욕망 중 하나는 아버지가 되고자 함이다. 이를 적절히 이용하는 송은 갈리마르를 무고한 희생양으로 만들기로 한다. 그래서 가장 폭력적인 장면은 송이 아이를 등장시킬 때라 할 수 있다. 불가능한 존재인 그들 사이의 아들을 현실 속으로 불러들이는 그 장면은 남성의 몸으로 잉태할 수 없는 아이에 대해 거짓으로 일관하는 송의 태도가 갈리마르에게는 더없이 폭력적임을 보여준다. 그래서 진정한 사랑의 대가로 남은 것은 아버지로서 자신의 정체성을 구현하려는 한 남자에게 가짜 아들을 생산해 내어 아버지라는 존재성을 단숨에 지워 버리게 한 사건이라 할 수 있다.

"전 환상을 갖고 있었습니다. 동양에 대한I have a vision. Of the Orient."

이라고 고백하는 갈리마르는 곧이어 "사랑 때문에 기꺼이 자신을 희생시키는 여자 Women willing to sacrifice themselves for the love of a man."라는 말을 덧붙인다. 여기서 말하는 사랑은 갈리마르가 송에 대해 품었던 사랑이고, 그렇기 때문에 감옥에서 자신을 기꺼이 희생시키는 여자인 나비 부인 역할을 하는 것에 대해 설명하는 것이다. 크리스테바의 지적처럼 "나르시스의 대상은 정신의 공간이다. 그 대상은 자기를 표현하는 몸짓 그 자체, 즉 환각"[28]이듯이 갈리마르는 감옥에서 <나비 부인>을 연기한다. 공연을 하면서 자신에 대해 스토리텔링 하는 가운데, 점차 얼굴을 오페라의 여주인공으로 화장하여 자신을 나비 부인으로 변모시키고 있다. 그 자신이 남자에서 나비 부인이 되기까지의 시간과 기억을 다시 재해석해 내면서 자신을 '마담 버터플라이'라고 부를 만큼 자신에 대해 철저히 분석해 내고 있다. 갈리마르는 복장 전환 및 화장을 통해 그토록 갈망한 나비 부인에 대해 재현해 냄으로써 자기 자신을 객관적으로 바라보는 장치를 마련하는 것이다. 세상 사람들을 모두 웃게 만든 그 사건으로 인해 "내 이름은 갈리마르, 또한 나비 부인으로 알려져 있죠."라는 대사에서 알 수 있듯이 갈리마르의 사랑은 떠나간 서양 남자인 핑커튼을 기다리다 자살에 이르는 나비 부인처럼 몸의 뒤바뀜, 전도를 또 한 번 일으키는 것이다. 이 부분에 대해 "이성 젠더에 기초한 제국주의적 환상을 포기하지 않기 위해서 스스로 완벽한 여성, 버터플라이가 될 수밖에 없다."[29]는 주장처럼 그 자신이 행하는 완벽한 버터플라이의 모습에서 목격할 수 있는 것은 폭력성이다. 자신의 환상이 완벽한 신념으로 작동하였으나, 거울에 비친 화장으로 덮인 얼굴처럼 누구의 얼굴인지 정확하게 구분되지도 않을 정도인 갈리마르는 깨진 거울 조각으로 자신의 목을 그어 버림으로써 '나비 부인'으로 생을 마감하게 된다. 이는 "타자와의 차이와 동일성을 협상하는 과정에서 정형화는 자기애와 공격성을 동시에 수반"[30]한다는 점을 이끌어 내기에 충분하다. 함축적 의미의 M은 남자Monsieur와 여자Madame를 모두 포괄해 버림으로써 성의 차이를 지워 버리고 만다. 갈리마르 자신이 함께한 이상적 여인이었던 중국 배우 송이 구가한 나비 부인은 갈리마르 역시 해낼 수 있는 역할이었고, 핑커튼을 오매불망 기다리는 동양의 여인이 아니었음에도 그는 자살을 택하고 만다. 이는 "명예로운 죽음이/ 삶, 불명예스러운 삶보다/ 낫다."는 마지막 주장처럼 자신에게 가할 수 있는 폭력의 극대치라 할 수 있고, 지금까지 살아온 송과의 삶이 거짓이었다는 것에 대해 스스로 내린 처벌과 같은 것이다. 결론적으로 20년간을 남자가 아닌 여자로 철저하게 한 남자를 속인 송은 갈리마르에게 행할 수 있는 최대치의 폭력을 행사한 것이다. 처절하게 발기발기 찢기고 벗겨진 갈리마르에게는 남아 있는 수치심조차도 없다. 그래서 그에게 남은 선택은 나비 부인의 가면을 뒤집어쓴 채 자살을 택하는 것 외에 다른 길은 없다.

## 나비 부인으로 마감하다

'성, 사랑, 폭력'의 주제를 밀도 높게 집약적으로 보여주는 텍스트인 황의 ≪M. 나비≫는 실제 사건에 기반을 둔 작품이다. 갈리마르는 푸치니의 〈나비 부인〉이 노래하는 서양의 남성과 동양의 여성이 어떤 식의 사랑을 하는가를 스스로, 온몸으로 재현해 낸다. 20년을 함께 산 완벽한 여성이었던 자신의 부인이자, 아들의 어머니였던 송이 실제 남자임이 밝혀지면서 갈리마르는 〈나비 부인〉의 덫에 걸린 상태가 되고 만다. 핑커튼을 기다리는 나비 부인의 노래는 1차적으로는 송이 갈리마르의 마음에 가닿게 되는 첫 노래로 작용하고, 감옥 무대에서는 갈리마르의 배경음악이

되어 성, 사랑, 폭력을 모두 담아내는 노래가 되고 만다.

갈리마르에게 사랑으로 작동한 것은 제국주의적 눈멂뿐 아니라 나르시시즘으로 인한 것이기 때문에 한마디로 나르시시즘적 사랑이라 할 수 있다. 또한 비가시적 폭력인 제국주의적 폭력은 곧 무지로 인한 상상의 발동이다. 가시성을 덮어 버린 제국주의적 환상으로 인해 갈리마르는 눈이 있어도 보지 못하고, 몸이 있어도 확인하지 못한 채 20년을 지내 왔다. 갈리마르를 묘사하는 '제국주의적 환상'이라는 기표는 "M. 나비"라는 이름으로 해석할 수 있다. M은 일차적으로는 갈리마르의 이상적 여인이었던 송을 가리키는 것이고, 더불어 성적으로는 부옥된 갈리마르를 표상하는 기표이기도 하다. 즉 M이 여자를 의미한다면 오페라의 주인공 마담 버터플라이와 송 릴링을 뜻하고, 남자를 의미한다면 실상에서의 송이 여성으로 가장한 경우와 한편으로는 감옥에서 <나비 부인>을 연기하는 갈리마르의 최후라고 볼 수 있다. 성sex과 성sexuality의 역학 관계에 있어 나비 부인을 연기하는 인물들은 남/녀의 성을 모두 갖고 있다. 여성을 연기하는 무대 위의 남성이 가장 여자다움을 잘 알고 있다는 것은 여자다움이라는 여성성은 곧 남성 중심 사회에서 요구하는 가치를 실현하는 것과 결부되어 있다. "오직 남자만이 여자가 어떻게 행동할 것인지를 알기 때문"이라는 송의 말처럼 여성이라는 존재는 이미지와 문화적 함의로 존재하는 것이다.

송이 여자이기로 한 것은 무대 위의 여성을 연기하는 배우로서의 송이 아닌, 갈리마르를 사랑한 송이라는 여자이기로 한 것을 뜻한다. 세상이라는 무대에서 그가 펼칠 수 있는 성적 정체성은 갈리마르를 통해 여성으로 분하는 것이기 때문이다. 갈리마르의 동양에 대한 맹목적 사랑이라는 제국주의적 환상에 힘입어 송은 여자 역할을 완벽하게 소화해 내고, 프랑스 남자의 아내가 되며,

더불어 아들을 낳는 몸이 되기까지 한다. 송이 구가하는 성은 남성의 몸을 통해 구현해 내는 가장 여성에 가까운 몸으로 일견 출산까지 가능한 가장 여성적인 여성의 몸이라 할 수 있다. 하지만 중국 전통 의상을 입고 있는 갈리마르의 '나비'일 때는 가장 이상적인 여성의 모습을 구가하면서도 송의 살을 덮고 있는 옷을 벗겨 내면 갈리마르의 나비는 온데간데없고 그저 남자의 몸만 있을 뿐이다. 갈리마르는 자신이 나비 부인 즉 동양 여인을 헌신짝처럼 버리는 핑커튼 역할을 하고자 했지만 결국 마지막에 나비 부인으로 일생을 마치고자 한다. 결국 (서양)남성이지만 진정한 정체성을 구축할 수 없었던 갈리마르는 이상적 (동양)여인과 사랑에 빠지게 되고, 동양 여인과의 성관계를 통해 자신의 남성성을 회복할 수 있었다. 하지만 20년간 완벽한 여자와 사랑을 이루어 왔다는 갈리마르의 시간은 푸치니의 오페라 <나비 부인>처럼 그 자신이 나비 부인이 되어 무가치한 핑커튼을 기다리다 죽음을 택한 초초상처럼 성, 사랑, 폭력의 노래로 생을 마감하는 것이다.

# 후 주

## 거리의 소멸과 에로스, 그리고 시각과 촉각

1 이 글은 ≪통일인문학≫(2016.03)에 실린 <시각화된 에로스와 촉각의 실종>을 이 책의 형식에 맞게 수정한 것이다.

2 뤽 페리, 이세진 옮김, ≪사랑에 관하여 21세기 새로운 삶의 방향을 제시하다≫, 은행나무, 2015.

3 한병철, ≪에로스의 종말≫, 민음사, 2015, 15-16쪽.

4 한병철, 위의 책.

5 김덕영, ≪게오르그 짐멜의 모더니티 풍경 11가지≫, 길, 2007, 134-159쪽.

6 시각중심주의에 대해서는 David Levin, *Modernity and the Hegemony of Vision*, U of California P, 1993, pp.1-29을 참고하기 바란다.

7 한병철이 ≪에로스의 종말≫에서 그러했듯이 이 글에서 나도 에로스와 사랑이라는 용어를 개념적으로 구분하지 않고 사용할 것이다. 에로스는 아가페가 아니며 또한 섹스로 환원될 수 없는 성적 사랑이라고 정의하는 것으로 만족하기로 하자.

8 Malcolm Waters, *Modernity: Critical Concept. II*, London: Routledge, 1999, p. 276.

9 김덕영, 앞의 책. 특히 4장, <개인>을 참조하기 바람. 그에 따르면 18세기의 양적 개인주의가 동일성을 강조했다면 19세기 이후 차이를 강조하는 질적 개인주의가 싹트기 시작하였다(158).

10 Eric-Emmanuel Schmitt, Tr. Jeremy Sams, *Enigma Variations. Eric-Emmanuel Schmitt*, Plays: 1, London: Methuen, 2002, p. 200.

11 한병철, 앞의 책, 41-42쪽.

12 이러한 입장을 지지하는 저술로 Andrea Dworkin, *Pornography: Men Possessing Women*, London: The Women's Press, 1981와 Catharine MacKinnon, *Only Words*, London: Harvard University

Press, 1993을 참고할 수 있다.

13 Laura Kipnis, *Bound and Gagged: Pornography and the Power of Fantasy in America*, New York: Grove Press, 1996.

14 아감벤에게 중요한 것은 포르노가 재현이나 환상이냐 하는 질문이 아니라 그것의 정치적 이용에 관한 것이다. 이에 대한 논의로 Sergei Prozorov, "Pornography and profanation in the political philosophy of Giorgio Agamben," *Theory, Culture and Society*, 28/4, 2011, pp. 71-95를 참고할 수 있다.

15 김종갑, 〈실재를 향한 열정으로서 포르노〉, ≪비평과 이론≫, 17권 1호, 2012, 237-260쪽.

16 한병철, 앞의 책, 69-70, 74, 80쪽.

17 한병철, 앞의 책, 66, 71쪽.

18 아로르노와 호르하이머, 김유동・주경식・이상훈, ≪계몽의 변증법≫, 문예출판사, 1996, 160-239쪽을 참고하기 바란다.

19 Hans Blumenberg, "Light as a Metaphor for Truth," *Modernity and the Hegemony of Vision*, Ed. David Levin, U of California P, 1993을 참고하기 바란다.

20 이러한 촉각의 경멸에 대해서 Constance Classen, *The Deepest Sense*, U of Illinois: Urbana, 2012, pp. xii-xvi 참고. 근대로 접어들면서 문명화된 유럽이 시각인(eye-man)이라면 무지몽매한 아프리카는 피부인(skin-man)으로 간주되었다.

21 김종엽, 〈레비나스, 그리고 가까움의 현상학〉, ≪철학과 현상학 연구≫, 제53집, 2012, 20쪽에서 재인용.

22 한병철, 앞의 책, 47-48쪽.

23 Immanuel Levinas, Tr. Michel Smith, *alterity and transcendence*, New York: Columbia UP, 1999, p. 170.

24 Plato, Eds. Edith Hamilton・Huntington Cairns, *Collected Dialogues*, Princeton UP, 1989, p. 77.

25 Immanuel Levinas, *Ibid.*(1983), p. 170.

26 조르주 바타이유, 조한경 옮김, ≪에로티즘≫, 민음사, 2009, 148과 19쪽.

27 줄리아 크리스테바, 김인환 옮김, ≪사랑의 역사≫, 민음사, 2008, 22쪽. 크리스테바의 어머니는 "사랑과 죽음을 좌우하는 시원적 어머니"이다.

28 Julia Kristeva, Tr. Leon Roudiez, *Power of Horror*, New York: Columbia UP, 1984, pp. 1-4.

29 줄리아 크리스테바, 앞의 책, 290-324쪽을 참고하기 바란다.

30 조르주 바타이유, 앞의 책, 23쪽.

31 김민정, 〈메를로-퐁티의 살적 존재론과 몸의 반성〉, ≪미학≫, 제79권, 2014, 71쪽.

32 각주 19를 참고하기 바란다.

## 사랑, 성의 가면

1 이 글은 ≪여성문화의 새로운 시각-3≫(2004, 월인)에 실린 〈염세론의 여성관〉을 수정 보완한 것이다.

2 ≪쇼펜하우어 인생론≫, 최민홍 역, 집문당, 1988, 82쪽. 이 저작의 4장과 5장이 각각 〈사랑에 대하여〉와 〈여성에 대하여〉이다. 이 저작은 ≪인생론≫으로 표기하도록 한다.

3 ≪의지와 표상으로서의 세계≫, 곽복록 역, 을유문화사, 1994. 이 저작을 인용할 때는 ≪세계≫라는 약어로 표기하고 쪽수를 표시하기로 한다.

4 ≪인생론≫, 82쪽.

5 ≪인생론≫, 45쪽

6 ≪인생론≫, 82쪽

7 ≪인생론≫, 84쪽.

8 ≪인생론≫, 85쪽.

9 ≪인생론≫, 87쪽.

10 구체적으로 쇼펜하우어는 여성의 매력의 시기를 월경이 가능한 기간, 특히 18세에서 28세로 잡고 있다. ≪인생론≫, 63쪽. 이런 점은 오늘날의 상황과 현격한 차이를 나타내므로 당시 사람들의 생리적 조건을 확인해 볼 필요가 있는 사안이다.

11 ≪인생론≫, 82쪽.

12 ≪인생론≫, 87쪽.

13 ≪인생론≫, 87쪽. 쇼펜하우어의 예술관은 플라톤의 이데아 이론에 그 기초를 두고 있다. ≪의지와 표상으로서의 세계≫ 제3권에 그의 예술론이 흥미롭게 개진되어 있다.

14 "여자에게 언제나 후견인이 필요하다. 그러므로 그녀들이 자식의 후견인이 될 수 없는 것이다. 여자의 허영심에는 … 오직 물질적인 방면, 즉 자기 육신의 아름다움이나 금빛으로 번쩍이는 장식품이나 그 밖의 고급 소지품 같은 겉치레에 쏠리는 고약한 경향이 있다." 여성에 대한 그의 여러 독설들을 살펴볼 때, 당시 유럽 사회에 만연되어 있던 '귀부인'이라는 '요물 계급'에 대해 쇼펜하우어는 지독한 혐오감을 가지고 있었던 것 같다. ≪인생론≫, 89쪽.

15 ≪인생론≫, 81쪽.

16 ≪인생론≫, 53쪽.

17 ≪인생론≫, 59쪽.

18 ≪인생론≫, 56쪽.

19 ≪인생론≫, 60쪽.

20 ≪인생론≫, 60쪽.

21 이런 점에서 쇼펜하우어는 정조와 간통이 남자와 여자의 경우에 각각 다르게 평가되어야 한다고 본다. "정조란 남자에게는 부자연스럽고, 여자에게는 자연스러운 것이다. 그러므로 아내의 간통은 그것이 부자연스러운 범행이라는 것에서 남자의 간통보다 훨씬 지탄을 받아 마땅한 것이다." ≪인생론≫, 62쪽.

22 ≪인생론≫, 63쪽.

23 ≪인생론≫, 64쪽. 쇼펜하우어에 따르면, 지능은 어머니로부터, 그리고 의지나 성격은 아버지로부터 유전된다. 그러나 그는 이에 대한 명확한 설명은 제시하지 않는다. 여러 곳에서, 여성에게는 객관적 인식 능력, 혹은 "이성"이 결여되어 있다고 말하는 것으로 보아, 그는 지능을 일종의 주관적 인식 능력 혹은 여성에게 고유한 술책 능력, 기계적 지력으로 간주하는 것 같다.

24 ≪인생론≫, 64-5쪽.

25 ≪인생론≫, 65쪽.

26 ≪인생론≫, 66쪽.

27 ≪인생론≫, 66쪽.

28 ≪인생론≫, 66-67쪽.

29 ≪인생론≫, 67-68쪽.

30 ≪인생론≫, 68쪽.

31 ≪인생론≫, 69쪽.

32 ≪인생론≫, 78쪽.

33 ≪인생론≫, 74쪽.

34 ≪인생론≫, 75쪽.

35 ≪인생론≫, 76쪽.

36 ≪인생론≫, 79쪽.

37 쇼펜하우어의 체계의 형성 과정에 관한 설명을 위해 빅토르 델보스(Victor Delbos)의 *De Kant aux postkantiens*(칸트로부터 후기 칸트주의자들까지), Paris, Aubier, 1940, pp. 171-188을 주로 참조했다.

38 *Le monde comme volonté et comme représentation*(의지와 표상으로서의 세계), trad., A. Burdeau, éd. de R. Roos, Paris, PUF, 1966, 521쪽. 쇼펜하우어의 이 주저는 크게 3부로 구성되어 있다. 1부는 그의 사상이 그 자체로 담겨 있으며, 2부는 "칸트철학의 비판"으로서 일종의 부록이며, 3부는 1부에 대한 보충 설명 혹은 해제이다. 이 중 1부만이 국내에 번역되어 있다. ≪인생론≫에 담긴 〈사랑에 대하여〉도 이 저작 3부에서 〈사랑의 형이상학〉이라는 제목으로 포함된 장(章)이 큰 수정 없이 수록된 것이다.

39 ≪세계≫, 231쪽.

40 ≪세계≫, 45쪽.

41 ≪세계≫, 47쪽. 시간과 공간, 그리고 인과성을 쇼펜하우어는 인식의 형식 혹은 충족이유율이라고 명명한다. 표상은 충족이유율에 다름 아니다.

42 쇼펜하우어의 체계는 칸트의 선험적 관념론과 불가분의 관계에 있지만 양 체계 사이에는 환원될 수 없는 차이가 존재한다. 칸트는 감성적 직관의 대상으로서의 객관적 실재를 인정하는 반면, 쇼펜하우어는 그런 감성적 직관을 일종의 식물적 지각으로 보고 직관은 지성적인 것일 수밖에 없다고 주장한다. 결국 '의지'라는 형이상학적 원리를 제외한 모든 것은 주관적 인식 작용의 결과, 즉 '표상'이 되어 버린다.

43 ≪세계≫, 151쪽.

44 ≪세계≫, 220쪽.

45 ≪세계≫, 343쪽.

46 ≪세계≫, 362쪽.

47 ≪세계≫, 381쪽.

48 프랑스의 철학자 필로넨코는 코기토(cogito ergo sum), 즉, "나는 생각한다, 고로 존재한다."라는 데카르트의 문구의 '생각'을 '고통'으로 대체하여 쇼펜하우어의 비관론의 핵심을 표현하고 있다. A. Philonenko, *Schopenhauer*, Paris, Vrin, 1980, p. 232.

49 ≪세계≫, 380쪽.

50 ≪세계≫, 382쪽.

51 ≪세계≫, 382쪽.

52 ≪세계≫, 385쪽.

53 물론 쇼펜하우어에 따르면 죽음은 죽음의 이데아를 볼 수 있는 이들에게는 아무것도 아니다. 왜냐하면 이데아로서의 죽음은 삶 자체의 한 부분이며, 영원한 종은 개체의 죽음으로 손상되는 것이 아니기 때문이다. 그러나 개인적 삶에 천착하는 이들에게 죽음은 하나의 충격이며 삶의 공허함의 증거다.

54 ≪세계≫, 386쪽.

55 ≪세계≫, 407쪽.

56 ≪세계≫, 451-452쪽.

57 ≪세계≫, 454쪽.

58 ≪세계≫, 459쪽.

59 ≪세계≫, 460쪽.

60 ≪세계≫, 463쪽.

61 ≪세계≫, 486쪽.

62 ≪인생론≫, 81쪽.

63 ≪인생론≫, 79-80쪽.

## 신체적 에토스와 변신의 윤리학 — 트랜스 에티카라는 문제적 기획에 대하여

1 이 글은 2015년 11월 ≪현대유럽철학연구≫ 제39집에 실린 <데리다의 문자와 여성-진리>라는 필자의 최근 논문을 부분적으로 발췌하여 수정, 보완한 글임을 밝힌다. 윤지영, <데리다의 문자와 여성-진리>, ≪현대유럽철학연구≫, 제39집, 2015, 161-213쪽.

2 정석현, <아도르노 성좌 개념에서 객관성과 상호성 문제에 대한 연구>, ≪코기토≫, 제73집, 2013, 237쪽.

3 위의 논문, 244쪽.

4 "성좌는 인식 대상이 아니라 사물들을 인식하는 주체가 그 사물들 간의 관계에 대한 경험을 비체계적이고 불연속적으로 형상화한 것이며, 이것은 사물들 간의 관계만이 아니라 그 관계들과 그것들을 인식하는 주체의 해석까지 포함하는 관계적 형상을 의미한다."(위의 논문, 238쪽) "그러나 성좌도 그 성좌를 형상화한 주체의 동일성의 사유에 의해 강압적인 것으로 전락할 수 있다고 아도르노는 경고한다."(위의 논문, 243쪽)

5 거세-진리라는 표현은 자크 데리다가 ≪에프롱; 니체의 스타일≫이라는 저서 프랑스어판 47쪽에서 사용하였다. Jacques Derrida, *EPERONS, les styles de Nietzsche*, Paris: Flammarion, 1978, p. 47.

6 생성의 블록이라는 표현은 들뢰즈와 가타리가 ≪천개의 고원≫에서 쓴 표현으로, 프랑스와 주라비크빌리(François Zourabichvili)에 의하면 모든 생성은 두 가지 이질적 용어들의 관계 혹은 조우로서의 블록을 형성하는 것이라고 본다. François Zourabichvili, *Le vocabulaire de Deleuze*, Paris: Ellipses, 2003, p. 30.

7 트랜스 에티카(trans ethica)라는 용어는 윤지선의 2013년 6월 프랑스 철학회 발표문 제목이기도 하다. 윤지선이 창안한 이 용어는 윤리적 전회의 의미를 지니는데, 필자는 이 용어를 적극적으로 차용해 옴으로써 기존의 집단적 에토스-관습과 상식, 도덕률 등을 강화하는 본질의 윤리학에 대한 비판점이자 대안으로서 트랜스 에티카를 사용하고자 한다.

8 김종갑은 <탈신체적 로고스에서 신체적 에토스로: 몸의 수사학>이라는 논문에서, 에토스를 신체적인 것으로 로고스를 탈신체적, 즉 탈육화된 것으로 비교, 분석하고 있으며 필자는 이러한 표현을 차용하였다. 김종갑, <탈신체적 로고스에서 신체적 에토스로: 몸의 수사학>, ≪수사학≫, 제16집, 2012, 41-62쪽.
그러나 필자는 김종갑의 견해와는 다르게 아리스토텔레스 수사학에서의 에토스를 신체적 에토스로 보기보다, 의미화 효과로 전락한 신체-기표로 해석한다. 필자가 쓸 신체적 에토스라는 개념은 탈로고스적 수사학에서의 에토스로서 의미 효과로 예측 불가능한 차이의 범람 지대로 보기 때문이다.

9 위의 논문, 43쪽.

10 한석환에 의하면, "연설가의 성품에 대한 청중의 인상은 연설을 통해 만들어져야 한다는 것이다. 그렇지 않다면, 성품은 수사학의 탐구 대상인 설득의 요소에 속하지 않는다."(한석환, 〈아리스토텔레스 수사학의 철학적 기초〉, ≪철학≫, 제74집, 2003, 45쪽)고 보고 있다. 즉 연설가의 성품은 오로지 연설이라는 로고스 내적인 것이며 연설을 더욱더 설득력 있게 만드는 데 기여하는 것이지, 연설 이외의 연설가의 성품 따위는 전혀 고려의 대상이 되지 않는다는 것이다. 이러한 점에서, 연설가의 성품에 해당하는 에토스는 그 자체로 다뤄질 수 있는 독립적 요소가 아니라, 로고스라는 이성적 담화 능력의 설득력을 강화하는 부차적 수단에 불과한 것이다.

11 Jonathan Barnes(ed.), *The Complete Works of Aristotle*, New Jersey: Princeton University Press, 1984, 1356a9. 이 문장들에 대한 번역은 김종갑의 논문에서 제시된 번역을 가져온 것임을 밝힌다.

12 김종갑은 "아리스토텔레스에게 로고스와 에토스는 서로 상응하는 관계에 있어야 했다."(김종갑, 앞의 논문, 60쪽)고 보고 있으나 필자에게 있어서는 아리스토텔레스의 수사학은 여전히 에토스를 로고스의 종속물로 보고 있다고 해석한다.

13 Jonathan Barnes(ed.), *op. cit.*, p. 93.

14 물론 아리스토텔레스의 수사학에서 성품(ethos)이나 감정(pathos)을 촉발시키는 방법도 수사학의 기술적 수단이라 할 수 있다. 왜냐하면 여기서 수사학의 궁극적 목적은 설득인데 이러한 설득을 위해 에토스와 파토스도 동원되기 때문이다. 그러나 무엇보다도 소피스트 논박(183b34 이하)에서는 수사 추론에 해당하는 로고스(logos)의 사용이 아리스토텔레스 수사학의 특이점으로 강조되고 있다. 한석환은 "아리스토텔레스에 있어서, 본래적인 의미의, 사안과 직접 관련되어 있는 설득의 수단은 수사 추론이다. 아리스토텔레스가 자신의 수사학 첫머리(1354a11-16)에서 그전까지 수사 기술을 다뤘던 사람들이 미처 생각하지 못했던 것이라고 하면서 수사추론을 논급했던 것도 바로 그런 이유 때문이다."(한석환, 앞의 논문, 42쪽)

15 "아리스토텔레스는 에토스를 통해서 인물의 도덕적 성품이나 자질이 드러난다고 생각하였다."(Jonathan Barnes(ed.), *op. cit.*, 1450b8)

16 김종갑, 앞의 논문, 51쪽.

17 아리스토텔레스에게 있어 노예, 여성, 아이, 외국인이라는 비시민이 취하는 에토스는 귀족, 남성, 내국인, 아버지가 취하는 에토스와 전적으로 구별되는 것이었다. 각 계급들은 에토스라는 사회적 도덕적 규범들이자 본질에의 충실성을 반복하도록 강요받았는데, 이것은 다음의 인용 구절에서 잘 나타난다. "마찬가지로 여자는 여자인 것으로 충분하지 않다. 여성적으로 보여야 한다. 용감하거나 현명하게 묘사되어서는 안 된다. 그것은 남성적 미덕이기 때문이다."(Jonathan Barnes(ed.), *op. cit.*, 1454a20) 여성의 에토스라는 신체-기표의 헐벗은 반복은 여성적 본질에 대한 구현이어야 하며 이러한 맥락에서 남성적 덕—

말과 행위, 표피와 심층부의 일치성을 넘보아서는 안 된다고 아리스토텔레스는 보고 있다.

18 자크 랑시에르는 ≪정치적인 것의 가장자리에서≫라는 저서에서 정치와 치안을 비교하며 전자가 법 파괴적, 전복적인 판 재구성을 통해 몫 있는 자들의 독점 구조를 파기하고 나아가 새로운 판의 융기를 가능하게 하는 분할 원리의 해체에 해당한다면 후자는 미리 정해진 이름과 자리의 질서를 위계적으로 보존하는 정주적 분배 논리라 할 수 있다.

19 들뢰즈는 ≪차이와 반복≫ 74-75쪽에서 재현의 질서에 충실한 반복성을 동일성의 원리에의 강화라 보았으며 이를 헐벗은 반복, 즉 가난하고도 어떠한 차이의 운동도 발생시키지 않은 협소한 반복성으로 강력히 비판한다. 질 들뢰즈, 김상환 옮김, ≪차이와 반복≫, 서울: 민음사, 2004, 74-75쪽.

20 존재의 의미를 다의적으로 범주화하여 그 다양한 의미의 있음에 위계성을 부여하는 것을 의미한다.

21 들뢰즈는 헐벗은 반복과 대비해서 옷 입은 반복을 긍정적, 동태적 반복으로 규정한다(질 들뢰즈, ≪차이와 반복≫, 74-75쪽).

22 들뢰즈는 ≪차이와 반복≫의 서론 25-29쪽에 이르기까지 특수성과 일반성, 특이성과 보편성의 관계를 면밀히 논증하며 반복을 후자에 위치시킨다. 필자는 들뢰즈의 관점을 차용하여 신체적 에토스의 반복을 특이성이라는 옷 입은 반복으로 보며 이때의 특이성은 도덕적, 자연적 법칙에 대한 위반이라 할 수 있다.

23 '나는 처녀가 아니다'라는 페이스북 페이지는 십대섹슈얼리티인권모임으로 나이와 권위, 위계와 성적 억압에 저항하는 청소년들의 단체로 소개되고 있다.

24 들뢰즈는 옷 입은 반복을 법칙에 물음을 던지는 것으로 본다.(질 들뢰즈, ≪차이와 반복≫, 29쪽)

25 변이체라는 개념 제창은 <유령-스펙트럼 프로이트-리비도-코나투스(libido-conatus)는 가능한가?> 269쪽에서 처음으로 개진되었다. 윤지영, <유령-스펙트럼 프로이트-리비도-코나투스(libido-conatus)는 가능한가?>, ≪철학논집≫, 제38집, 2014, 243-276쪽.

26 왜냐하면 인간은 이미 실체적 단위가 아닌 다양한 양태로 인식되고 존재하기 때문이다. 인간은 컨베이어 벨트 속 하나의 부품과도 같은 기계로 출근시간, 퇴근시간, 야근시간, 회식시간 등에 의해 몸이 효율적으로 조직되며, 주민등록번호나 여권번호의 정보 단위로 추상화되어 표식된다. 또한 자본의 논리에 의해 끊임없이 사물로 대상화되어 교환, 대체, 양도당하기도 한다. 즉 인간은 기계와 정보, 사물이라는 비인간적 존재자들과 확고하게 변별되는 것이 아니라, 이미 이러한 이질적 방식을 통해 인간화되는 것이다. 이것은 무엇을 의미하는가. 다시 말해, 인간화(humanisation)의 방식은 이미 순수성의 담보가 될 수 없다고 필자는 분석한다.

27 "나쁜 모든 것은 행위 역량의 감소로 측정되어지고(슬픔-증오), 좋은 모든 것은 이 역량의 증가로 측정되어진다(기쁨-사랑). Gilles Deleuze, *Spinoza Philosophie Pratique*, Paris: Les Editions de Minuit, 1981, p. 73.

28 들뢰즈는 ≪스피노자; 실천철학≫ 프랑스어본 35쪽에서 선과 악을 좋음과 나쁨과 대비시켜 구별한다.

"좋음과 나쁨이라는 존재 양식들의 질적 차이들이 선과 악이라는 가치들의 대립을 대체한다."(Gilles Deleuze, *Spinoza Philosophie Pratique*, p. 35)

29 들뢰즈는 *Spinoza Philosophie Pratique*(≪스피노자; 실천철학≫)의 프랑스어본 33쪽에서 스피노자의 ≪정치신학대전≫의 4장을 인용하며 나쁨을 규정하고 있다. "악과 병들, 죽음의 범주에 속하는 모든 현상들은 이러한 종류에 속한다. ―잘못된 만남, 소화불량, 중독, 관계의 해체"(Gilles Deleuze, *Spinoza Philosophie Pratique*, p. 33)

30 들뢰즈는 기쁨을 다음과 같이 정의한다. "우리의 본성과 일치하는 몸을 만났을 때에, 이 몸의 관계가 우리의 몸을 함께 구성할 때에, 우리는 그 몸의 역량에 우리의 역량이 덧붙여진다고 말할 수 있다." (Gilles Deleuze, *Spinoza Philosophie Pratique*, p. 40)

31 본질과 본성의 이름으로 노예제의 피지배자들은 지배자들의 영토 확장을 위해 전쟁 용병화되었고, 나아가 지배자의 몸의 확장판이 된 유사-자아로서 지배자가 해야 할 고된 노동을 전담하는 자로 배치되어 왔다. 이것은 지배자들과 피지배자들의 관계를 더욱 공고히 조성하도록 하는 방식이었으며 제국의 승리라는 기쁨의 함성을 더욱더 울려 퍼지게 해 왔던 것이다. 노예제의 지배자들이 누리던 정복과 승리의 기쁨이 피지배자들에게는 굴종의 슬픔으로 작동한다면, 이와 같이 한쪽의 기쁨이 반드시 두 몸의 상호적 기쁨으로 이어지거나, 반대로 한쪽의 슬픔이 두 몸의 상호적 슬픔으로 이어질 수 있다는 믿음은 몸과 몸의 조우 방식을 여전히 가로지르고 있는 권력(pouvoir) 기제들을 간과한 것이라고 할 수 있다. 왜냐하면 들뢰즈는 독재 체제의 예를 들며 이것을 슬픈 정동의 상호적 의존, 교환 행위로 규정하지만 필자에게 있어 독재 체제에서도 기쁨이라는 정동과 슬픔이라는 정동은 상당히 복잡하게 얽혀 있는 것이라고 보기 때문이다. "독재자는 성공하기 위해 영혼들의 슬픔을 필요로 하듯이, 슬픈 영혼들은 욕구를 충족하고 퍼져 나가기 위해 독재자를 필요로 한다."(Gilles Deleuze, *Spinoza Philosophie Pratique*, p. 37)

32 들뢰즈는 슬픔을 다음과 같이 정의한다. 슬픔은 "삶에 대한 증오이자 삶에 반하는 원한이다."(Gilles Deleuze, *Spinoza Philosophie Pratique*, p. 37)

33 들뢰즈는 슬픔을 석출, 혹은 삼산, 고정과 고착으로 규정한다. "우리가 우리의 몸과 일치하거나 맞지 않는 외부의 몸을 만날 때, 다시 말해, 그 몸의 관계가 우리의 관계와 합성되지 않을 때에, 모든 것은 마치 그 몸의 역량이 우리의 역량과 대립되는 것처럼 적출과 고착화를 실행한다."(Gilles Deleuze, *Spinoza Philosophie Pratique*, p. 40)

34 들뢰즈는 윤리적 기쁨을 사변적 긍정의 상관물이라고 결론지으며 챕터 2를 마무리한다.

35 "모든 의미에서, 좋은 것은 유용한 것이며, 나쁜 것은 해가 되는 것이다."(Gilles Deleuze, *Spinoza Philosophie Pratique*, p. 72)

36 들뢰즈는 도덕과 윤리를 구분하며 도덕을 신과 절대성, 실체 등의 초월적 심급을 전제하는 것으로 본다. 이에 반해 윤리학은 초월적 심급들에 의해 외재적으로 설명되어야 할 것이 아니라, 삶이라는 내재성의 장에서 펼쳐지는 것이다. 즉 윤리학은 수직적 초월성 대신 수평적 내재성을 전면적으로 내세운다.

이러한 맥락에서 들뢰즈는 다음과 같이 말한다. "윤리학의 모든 길은 내재성에서 이루어진다."(Gilles Deleuze, *Spinoza Philosophie Pratique*, p. 42)

37 필자는 라캉의 실재(le réel) 개념을 계승하여, 실재를 비의미와 무의미라는 의미의 공백이자 의미의 창조 지점으로 보며 이것을 통해 기존의 시공이 찢어진다고 해석한다.

38 ≪폭력비판을 위하여≫라는 저서에서 발터 벤야민은 신화적 폭력과 신적 폭력을 구분하며 전자를 법 제정적, 법 보존적 폭력으로 후자를 혁명적 폭력으로 정의 내린다. 신화적 폭력이 기존 질서 유지를 위한 보수적 폭력이라면 신적 폭력은 카오스의 도입을 두려워하지 않는 새로운 창조 에너지라 할 수 있다.

39 예를 든다면, 인간 중심의 공간 조성 방식에서 벗어나 변이체들의 공동 공간 형성권으로 넘어온다면, 도로망 확충을 위해 야생동물의 서식지를 파괴한다거나 야생동물의 생태계 파괴로 인해 먹이를 찾아 인가로 접근한 동물을 살상하는 일 등이 얼마나 인간 중심적 공간 조성권의 독점인지가 날카로이 비판될 것이다. 인간의 관점에서 해충과 잡초, 해악적 동물을 규정, 판단하는 행위가 지구를 인간만의 소유물로 보는 태도이며, 나아가 지구적 관점에서 인간이 가장 큰 위협적 바이러스일 수 있다는 발상의 전환을 촉구하는 것이자 인간 중심적 공간 분배판을 무너뜨리는 새로운 공간의 배분과 형성 문제를 화두로 던지게 하는 것이 트랜스 에티카이다. 또한 낮 시간을 생산성이 높은 시간대로 정상화하여 대부분의 학교, 회사, 병원, 은행, 관공서 등의 체계가 돌아가는 현실에서 밤 시간은 음성적 범죄 활동의 지대로 내몰려 왔다. 그러나 이러한 낮 중심의 생산 체제로만 개편된 출근, 퇴근, 등하교, 검진 시간 등이 특정 유형의 인간만을 생산성 높은 성실한 시민으로 규정하는 것이었다면, 이러한 시간 체제화 방식에서 벗어나 다양한 시간대의 사회들이 세분화되어 형성된다면, 이것은 일원화된 인간 양산이 아닌 차이들의 유희로서의 새로운 몸의 습속 형성 또한 가능하게 할 것이다.

## 폭력적 과거를 수용하는 능동적인 방편

1 이 글은 2015년 ≪비교문화연구≫ 제41집에 실린 필자의 논문 <도래하는 과거를 수용하는 트라우마의 능동적인 방편>을 일부 수정, 보완한 글임을 밝힌다.

2 Shoshana Felman, *The Juridical Unconscious: Trials and Traumas in the Twentieth Century*, Cambridge: Harvard UP, 2002, p. 171.

3 Allan Young, *The Harmony of Illusions: Inventing Post-Traumatic Stress Disorder*, Princeton: Princeton UP, 1995, p. 28. 가령 우리는 9·11 테러 사건 후 병원에서 생긴 한 에피소드에서 바로 "장거리 트라우마 효과"의 대표적인 예를 찾을 수 있다. 9·11 테러 사건이 벌어진 뒤 몇 주가 지나서 일면식이 없는 5명의 소녀가 동일한 증상으로 그 의사를 방문한 일이 있었다. 그들 각각은 음식물을

삼킬 수 없어 단기간에 엄청난 몸무게가 빠졌다고 한다. 다섯 명 모두 쌍둥이 빌딩이 폭파될 때 날아온 잔해와 건물의 파편이 목에 걸려 그런 증상들을 만들어 냈다고 믿고 있었다는 것이다. 검사 결과, 약간의 수축이 있는 것을 제외하고는 그런 증상을 일으킬 만한 어떤 물리적인 요인도 발견하지 못했다고 한다. <상처 입은 뉴욕(Wounded New York)>에서 주디스 그린버그(Judith Greenberg)는 이 소녀들의 증상은 그들이 영상으로 목격한 끔찍한 장면과의 동일시로 인해 생겨났다고 해석한다. 그 장면과의 동일시가 너무 강해서 그것이 그들의 몸으로 들어갔다는 것이다. 이런 현상은 마치 흡연자 옆에서 담배 연기를 마시는 간접 흡연자처럼 "이차(간접)적 트라우마(secondhand trauma)"를 입는 것과 같은 이치로 설명되기도 한다. 지나 로스(Gina Ross)는 이 "이차적 트라우마"는 대개 직접적인 피해자와 가까이 있는 사람이거나 관련이 있는 사람들에게 발생하지만 그 밖의 다른 주변인들에게도 생길 수 있다고 경고한다. 문제는 이 "간접적인 트라우마"의 증상이 직접적인 피해를 입은 사람들이 보이는 '외상 후 스트레스 장애' 증상과 너무도 흡사하기 때문에, 9·11 테러 사건을 간접적으로 목격한 뉴욕의 시민들 모두가 그렇다고 말할 수 없겠지만, 그들 중 많은 사람들이 외상 피해자와 같다는 견해를 피력한다. Gina Ross, *Beyond the Trauma Vortex: The Media's Role in Healing Fear, Terror, & Violence,* Berkeley: North Atlantic Books, 2003, p. 73.

4 Cathy Caruth, "Trauma and Experience: Introduction," *Trauma: Exploration in Memory,* Baltimore: Johns Hopkins UP, 1996, p. 4.

5 Kali Tal, *Worlds of Hurt: Reading the Literatures of Trauma,* New York: Cambridge UP, 1996, p. 115.

6 Alan Gibbs, *Contemporary American Trauma Narratives,* Edinburgh: Edinburgh UP, 2014. p. 241.

7 오노레 발자크, 강주헌 옮김, <아듀>, ≪사랑과 행복의 비밀≫, 서울: 큰나무, 2000.

8 오카 마리(岡眞理), 김병구 옮김, ≪기억·서사≫, 서울: 소명출판사, 2004, 68쪽.

9 마리, 앞의 책, 49쪽.

10 van der Kolk, Bessel and Fisler, Rita, "Dissociation and the Fragmentary Nature of Traumatic Memories: Overview and Exploratory Study," *Journal of Traumatic Stress,* 8.4(1995), p. 521.

11 Charotte Delbo, Trans. Rosette Lamont, *Auschwiz and After,* New Haven: Yale UP, 1995, p. 267.

12 Jonathan Shay, *Achilles in Vietnam: Combat Trauma and the Undoing of Character,* New York: Atheneum, 1994, p. 18.

13 Miggel Sherer, *Still Loved by the Sun: A Rape Survivor's Journal,* New York: Simon & Schurster, 1992, p. 179.

14 주디스 허먼, 최현정 옮김, ≪트라우마: 가정폭력에서 정치적 테러까지≫, 서울: 플래닛, 2007, 34쪽.

15 Caruth, *op. cit*,. p. 5.

16 수잔 브라이슨, 여성주의 번역모음 '고픈' 옮김, ≪이야기 해 그리고 다시 살아나≫, 서울: 인향, 2003, 127쪽.

17 Ruth Leys, *Trauma: A Genealogy*, Chicago: U of Chicago P, 2000, p. 111.

18 마리, 앞의 책, 67쪽.

19 여기서 제시된 "트라우마 기억"의 개념은 캐시 캐루스, 반 데어 코크, 반 데어 하트(van der Hart)와 같은 현대 트라우마 이론가들의 관점에서 서술된 것이다. 이 기억은 일반적인 사건을 기억할 때 거치는 정상적인 절차를 밟지 않기 때문에 아무런 왜곡이나 손상 없이 그대로 보존된다는 것이 이들 이론가들의 견해이다. 가령, 캐루스의 경우, 트라우마를 겪는 과정에서 피해자의 기억 속에 사건의 내용들이 왜곡 없이 그대로 기록되는 것은, 사건 당시 피해자가 자신에게 일어난 일을 온전히 인식하거나 이해하지 못하는 것과 관계가 있다고 주장한다. 그녀의 견해에 따르자면, 트라우마적 기억은 피해자의 정상적인 의식 과정을 거치지 않았고(망각을 통해 트라우마적 사건이 기록되는 역설적인 상황), 또 그렇기 때문에 그 기억의 도래는 피해자에게 첫 대면에서의 충격과 같은 강도의 치명적인 효과를 자아내게 된다. 따라서 말로 표현하기에 너무 끔찍한 공포나 고통의 현실을 생각의 과정을 거쳐 말한다는 것 자체가 그 고통의 현실을 오히려 축소시키거나 은폐하고, 심지어 왜곡시킬 여지가 있다는 것이다. 왜냐하면 그런 경험을 말하는 사람의 개인적인 인식과 언어능력뿐 아니라 그/그녀가 속한 사회, 정치, 문화적인 해석의 틀을 비롯한 다양한 요소들에 의해 영향을 받을 수 있기 때문이다. 여기서 어려운 문제가 제기된다. 사건 발생과 동시에 피해자가 그 당시의 상황을 제대로 인식하지 못함으로써 사건의 진실은 있는 그대로 보존될 수 있을지 모르지만, 그 대가로 피해자는 자신에게 일어난 그 생생한 사건을 말로 표현할 수 없거나, 말로 설명해서는 안 되는 것이다. 말을 한다는 것은 정상적인 의식의 과정을 거쳐야 하는 것이고, 그렇게 되면 진실이(있는 그대로의 사실) 왜곡되거나 변형될 수 있기 때문이다. 역으로 피해자 자신이 겪은 충격적인 과거의 진실을 말하지 못한다면, 피해자는 병리적인 기억 때문에 여전히 병적 상태로 남아 있어야 한다. 그런 의미에서, 트라우마적 경험을 말한다는 것은 병적인 상태로부터의 치유와 관련이 있는 것이다. 바로 다음에 설명될 "서사 기억"은 바로 이 병적인 상태의 극복과 관련해서 말할 수 없는 것, 즉 트라우마를 말로 표현하고 극복하는 방법과 관련이 있다.

20 브라이슨, 앞의 책, 162쪽.

21 Leys, *op. cit.*, p. 112 재인용.

22 Dominick Lacapra, *History in Transit: Experience, Identity, Critical Theory,* New York: Cornell UP, 2004, p. 90.

23 *Ibid.*, p. 90.

24 Suzette Henke, *A Shattered Subjects: Trauma and Testimony in Women's Life-writing,* New York: St. Martin's P, 2008, p. 112.

25 브라이슨, 앞의 책, 165쪽.

26 Laura Micciche, "Writing Through Traum," *Composition Studies*, 29.1, 2001, p. 131.

27 Ursula LeGin, *Dancing at the Edge of the World: Thoughts on the Words, Women, Place*, New York: Grove, 1989, p. 7.

## 데이트 폭력

1 최근 뮤지컬 여배우 납치 및 살인미수, 헤어진 여자 친구 살해, 결별을 선언한 여자 친구에게 염산을 뿌리는 등 친밀한 연인 관계에서 일어나는 범죄도 폭력에서 살인에 이르기까지 매우 심각한 실정이다. 데이트 폭력과 관련된 TV 방영 자료는 다음과 같은 것이 있다. MBC PD수첩, "죽음을 부르는 데이트 폭력", 2015년 6월 16일; MBC PD수첩, "데이트 폭력, 괴물이 된 남자들", 2016년 1월 12일; SBS 그것이 알고 싶다, "죽음을 부르는 데이트, 두 얼굴의 연인", 2016년 4월 9일.

2 이렇게 보면 데이트 폭력에 대한 개념 정의는 "당사자 중의 한 명이 관계를 종료할 때 또는 다른 사람에게 보다 헌신적인 관계가 이루어질 때까지 관계를 계속하기 위해 명시적이든 암묵적이든 사회적 상호작용과 공동 활동을 위해 만남을 갖는 두 사람의 관계에서 발생하는 신체적 · 정서적 · 성적 폭력 및 스토킹과 통제행동"으로 넓게 파악할 수 있을 것이다. 홍영오 외, ≪여성 대상 폭력에 대한 연구: 친밀한 관계에서의 폭력을 중심으로≫, 한국형사정책연구원, 2015, 48쪽 참조.

3 박현정, 〈데이트 폭력의 위험요소와 대책에 관한 고찰〉, ≪법학논총≫, 제22권 제2호, 조선대학교 법학연구원, 2015, 502쪽 이하 참조.

4 우리나라는 데이트 폭력에 대한 사회적인 인식이 아직 부족하고 수사기관의 소극적인 대처로 인해 가해자에 대한 법률적 규제라든지 피해자에 대한 보호 대책에 대한 연구보다는 데이트 폭력 피해에 대한 위험 요인, 피해 영향 요인 등 심리학적 내지 사회학적 입장에서 활발한 연구가 이루어지고 있다. 현재 데이트 폭력에 대한 법률상 규제는 유형에 따라 형법 내지 특별법에 의존하여 다른 폭력범죄와 동일하게 적용하고 있어 데이트 폭력만을 위한 체계화된 적용 법률이 없으며, 보복범죄와 같은 2차적 피해에 대한 연구가 아직은 미흡한 실정이다.

5 2016년 2월 1일 경찰청 보도자료 참조.

6 홍영오 외, 앞의 책, 61쪽 이하. 이 연구에서는 친밀한 연인 사이에서 발생하는 폭력의 피해 실태를 공식범죄통계, 상담소의 상담통계, 설문조사 등 다각적인 방법으로 파악하고, 공식범죄통계와 청구전조사서에 대한 기록조사 및 심층면접을 통해 범죄자의 특성을 분석하고, 이들 조사를 바탕으로 친밀한 연인 사이에서 발생하는 폭력을 예방하기 위한 대책과 피해자들을 보호하기 위한 대책을 제안하는 등 광범위한 연구 결과를 보여주고 있다.

7 한국여성의전화, ≪2014년 상담통계 및 분석≫, 한국여성의전화 가정폭력/성폭력상담소, 2015, 10쪽.

8 오세연 외, 〈데이트 폭력의 실태와 대응방안에 관한 연구〉, ≪한국경찰학회보≫, 31권, 한국경찰학회, 2011, 8쪽.

9 로빈 월쇼, 한국성폭력상담소 부설연구소 울림 역, ≪그것은 썸도 데이트도 섹스도 아니다≫, 미디어일다, 2015, 158쪽 이하.

10 '한국여성의전화'가 실시한 조사에서 데이트 성폭력 경험이 있다고 응답한 여학생의 72.1%는 성폭력이 일어났을 때 별다른 조치를 취하지 않았으며, 29.5%의 여학생만이 친구나 선배, 가족에게 사실을 말했고, 전문기관에서 상담을 받거나 경찰에 신고한 여학생은 한 명도 없었다. 그래서 많은 데이트 성폭력 피해자들은 성폭력이 일어난 뒤에도 가해자와 관계를 끊지 못하고 반복해서 피해를 입기도 한다. 당연히 고소율도 낮다. 피해자가 가해자를 고소하는 경우는 많지 않고, 고소를 하더라도 중간에 포기하는 경우가 많다. 가해자는 동의한 성관계라고 주장하면서 피해자를 무고죄나 명예훼손으로 역고소하는 일도 있다.

11 이유정, 〈비동의간음죄의 신설에 대한 논의〉, ≪한국성폭력상담소 발간 자료: 성폭력 관련 법적 쟁점 workshop≫, 한국성폭력상담소, 2005.

12 류병관, 〈데이트 폭력에 있어 피해자 보호방안〉, ≪법학연구≫, 제22권 제3호, 경상대학교 법학연구소, 2014.

13 미국의 경우 1990년 캘리포니아 주를 시작으로 1993년에는 50개 주 전역에서 스토킹을 처벌할 수 있도록 법을 제정했다. 미국은 대부분의 주에서 스토킹을 '평범한 사람이라면 합리적 공포를 일으키게 되는, 특정 사람을 겨냥한 행동의 과정'으로 정의하고 있다. 이에 따라 상대의 위협으로 공포를 느끼고 출퇴근 경로를 바꾸거나 이사를 하는 등 행동양식을 바꿨다면 이를 범죄피해로 인정하고 피해자를 보호하고 가해자를 처벌하는 절차를 밟는다. 스토킹이 상해나 주거침입, 살인 등으로 이어지지 않는 한 미온적인 대처에 그치는 우리와는 대조적이다.

14 지난해 12월 대구에서 한 남성이 전 여자친구를 수시로 찾아가 "다시 만나 주지 않으면 불을 지르겠다."며 난동을 부렸다. 6차례에 걸친 신고로 현장에 출동한 경찰관이 남성을 파출소로 임의 동행하고 설득 등을 통해 위험한 순간을 넘겼으나 며칠 뒤 남성은 또다시 여성을 찾아가 흉기로 살해했다. 또 30대의 한 여성은 1년 넘게 남자친구에게 욕설과 인신공격성 발언 등 심각한 언어폭력을 겪어 현재 우울증과 정신분열에 시달리고 있다.

15 2016년 2월 1일 경찰청 보도자료 참조.

16 악셀 호네트, 문성훈 외 역, ≪인정투쟁≫, 사월의책, 2011.

1 이 글은 ≪수사학≫ 제25집(2016년)에 실린 <레오나드 코헨의 <할렐루야>에 나타난 성경적 인유와 대중적 수용과정>을 몸문화연구소의 요청에 따라 수정·보완한 것이다.

2 가사를 읽어 보면, 낭만적 사랑의 외피를 쓰고 있는 이 대중적 곡 역시 코헨 특유의 아이러니와 외설적, 폭력적 요소가 명백하다. 가사 속의 그는 "당신이 다른 사랑을 원한다면(if you want another kind of love)" 역할 놀이를 위해 "마스크"를 쓰고, "화가 나 나를 쓰러뜨리기 원한다면/ 여기 서 있을 테고(if you want to strike me down in anger/ Here I stand)," "꼭 끼는 체인에 묶여(The chain's too tight)," "잠들지 못한 욕정을 지닌 야수(The beast won't go to sleep)"와 "발정난 개처럼(Like a dog in heat)," "그대의 심장을 할퀴고(I'd claw at your heart)," "침대보를 찢을 것(I'd tear at your sheet)"이라고 노래한다.

3 Alan Light, *The Holy or the Broken: Leonard Cohen, Jeff Buckley, and the Unlikely Ascent of "Hallelujah"*, New York: Atria Books, 2012, p. 1에서 재인용.

4 *Ibid.*, p. xvi에서 재인용.

5 락앤롤(Rock and Roll) 음악의 초기 개척자로서 리듬 앤 블루스(Rhythm and Blues) 음악을 세련화하고 정제시켜 락앤롤의 기초를 닦았으며 시대를 반영하는 가사와 특징적인 기타 솔로와 화려한 쇼맨십을 통해 이후의 락 음악에 지대한 영향을 끼쳤다.

6 "Leonard Cohen," Wikipedia.

7 케이블 TV 채널 VH1에서 9월 12일부터 매시간 되풀이해서 방영한 테러 현장을 찍은 영상의 배경음악으로 제프 버클리(Jeff Buckley) 버전이 쓰이면서 <할렐루야>는 그 사건에 대한 미국인의 감정을 대표하는 음악이 되었다. (Light, 106-114)

8 "Hallelujah," Wikipedia.

9 Alan Light, *op. cit.*, p. xxii.

10 *Ibid.*, p. xxi.

11 대표적인 예를 들자면, 2010년 케이 디 랭(k.d.lang)이 밴쿠버 동계 올림픽 개막식에서 불렀으며, 같은 해 일어난 아이티 지진 후 자선기금 방송의 주제가로 쓰이기도 했고(Light, xviii). 2013년 보스턴 마라톤 테러 사건 후 보스턴 레드 삭스의 첫 홈경기에서 희생자들을 추모할 때에 연주되었다. "Hallelujah," Wikipedia.

12 k.d. lang, Alan Light, *op. cit.*, p. xx에서 재인용.

13 Jake Shimbukuro, Alan Light, *op. cit.*, p. 27에서 재인용.

14 유대교의 랍비로서 자신이 주재하는 속죄일(Yom Kippur)예배에 <할렐루야>를 포함시킨 루스 간 케이건(Ruth Gan Kagan)의 표현이다. <할렐루야>는 인접하나 거의 적대적인 세 종교인 유대교, 가톨릭,

개신교의 예배의식에서 두루 사용되는데 이는 매우 희소한 형태의 사용이다. Alan Light, *op. cit.*, p. xxiv에서 재인용.

15 Janet Maslin, "Time passes, but a Song's Time Doesn't: 'The Holy or the Broken' by Alan Light," *New York Times*(http://www.nytimes.com/2012/12/10/books/the-holy-or-the-broken-by-alan-light.htm) (2012년 12월 9일; 2016년 1월 7일)

16 사실 이 버전은 1991년 존 케일이 최초로 이 곡을 커버하면서 오리지널의 네 절과는 다르게 재편성한 버전이므로 케일 버전으로 부르는 것이 타당하나, 1994년 제프 버클리가 그의 데뷔 앨범 ≪그레이스≫에 실음으로써 좀 더 대중화되는 계기가 되었으므로 본고에서는 편의상 버클리 버전으로 부르기로 한다.

17 Alan Light, *op. cit.*, p. 46.

18 조르주 바타이유, 조한경 옮김, ≪에로티즘≫, 서울: 민음사, 2009, 14쪽.

19 위의 책, 19쪽.

20 위의 책, 16쪽.

21 위의 책, 76쪽.

22 코언 가사의 의미를 논하는 온라인 포럼에서 한 이용자는 이 부분에서 연상되는 짙은 BDSM적 뉘앙스를 지적하며, 그럼에도 불구하고 이 노래가 별 이의 없이 주류에서 통용되는 것에 의문점을 표현하였다. 사용자 ID: Remote1(http://www.leonardcohenforum.com/viewtopic.php?t=20864) (2010년 2월 12일; 2015년 11월 1일)

23 비슷한 맥락에서 폴 M. 코언은 ≪자유의 순간≫에서 루소에서 푸코에 이르는 일련의 '성별된 이단자들'에게서 나타나는 프랑스적 자유의 개념을 성적 절정에 비유하며, "정의롭고 의미 깊은 일탈 행위 속에서 섬광처럼 나타[나]"지만, 언제나 비극적으로 퇴락한다고 지적한다. 폴 M. 코언, 최하영 옮김, ≪자유의 순간≫, 서울: 동문선, 2002, 191쪽.

24 조르주 바타이유, 앞의 책, 117쪽

25 예수가 공생애를 시작하기 전 요단강에서 세례 요한에게 세례를 받은 후 "성령이 비둘기같이" 내렸다고 묘사된다. (마태복음 3장 16절 KRV)

26 "ya"를 연인으로 해석하고 "somebody"를 연인의 마음을 뺏어 간 연적으로 해석하는 견해도 있다. 그 경우, 번역은 "내가 사랑에서 배운 거라곤/ 당신의 마음을 뺏어 간 사람을 이기는 것"이 된다. 그러나 필자는 이 부분의 "ya"를 일반적 청중으로 해석하여, 결과적으로 "somebody"가 연인이 되는 방향으로 번역하는 것이, (성적) 결합이 주는 환희와 그 후의 허무를 나타내기에 더 적합하다고 보았다.

27 성경적 인유를 통한 의미를 덧붙이자면, 이 부분은 어렸을 때부터 신의 소리를 직접 들었던 사무엘을 연상시킴으로써 '신과의 직접적인 소통, 교감'을 의미한다고도 볼 수 있다. (사무엘상 3장 1-19 KRV)

28 르네 지라르, 김진식 외 옮김, ≪폭력과 성스러움≫, 서울: 민음사, 1997, 327쪽.

29 조르주 바타이유, 앞의 책, 39쪽.

30 위의 책, 42쪽.

31 개역한글성경(KRV), 역대상 15:29.

32 위의 책, 사무엘상 16:13.

33 위의 책, 사무엘하 11:27.

34 선지자 나단은 다윗이 "원수로 크게 훼방할 거리를 얻게 [한]" 것으로 인해 마땅히 벌을 받아야 하겠지만 대신 밧세바가 그에게 낳은 아이가 죽을 것이라 예언하고, 예언대로 아이는 생후 7일 만에 죽는다(사무엘하 12:14 KRV). 이는 지라르적 관점에서 공동체에 찾아온 위기를 복수할 위험이 없는 희생양을 통해 해결, 봉합하는 전형적인 희생제의라 할 것이다.

35 조르주 바타이유, 앞의 책, 136쪽.

36 르네 지라르, 앞의 책, 399쪽.

37 성경에 나오는 유명한 나실인으로는 구약시대의 선지자 사무엘과 신약의 세례 요한을 들 수 있다. 스티븐 J. 랭, 남경태 옮김, ≪바이블 키워드≫ 서울: 들녘, 2007. 1930년대 발흥한 자메이카의 종교이자 민족운동인 라스타파리주의(Rastafarianism)의 중요한 상징인 꼬아서 내린 긴 머리인 드레드록(dreadlock)의 근원을 나실인에서 찾는 견해가 있다. "Nazirite," Wikipedia.

38 개역한글성경(KRV), 사사기 13:5.

39 "Nazirite," Wikipedia.

40 개역한글성경(KRV), 사사기 14:1-15:17.

41 위의 책, 사사기 16:1.

42 위의 책, 사사기 16:4.

43 위의 책, 사사기 16:19.

44 위의 책, 사사기 16:22.

45 예를 들어 시편 32편 5절의 "내가 이르기를 내 허물을 여호와께 자복하리라 하고 주께 내 죄를 아뢰고 내 죄악을 숨기지 아니하였더니 곧 주께서 내 죄의 악을 사하셨나이다."와 51편 7절의 "우슬초로 나를 정결케 하소서 내가 정하리이다. 나를 씻기소서 내가 눈보다 희리이다."가 그러하다(KRV).

46 위의 책, 사사기 16:28.

47 위의 책, 사사기 16:30.

48 Alan Light, *op. cit.*, p. 66에서 재인용.

49 Alan Light, *op. cit.*, p. xxiv에서 재인용.

50 살만 루시디(Salman Rushdie)는 "Hallelujah"와 "what's it to ya?"에서 감지되는 각운을 주목하면서, 성스러운 단어와 일상어의 "유희적" 어우러짐을 코언 가사의 특징으로 지적한다. Alan Light, *op. cit.*, p. xvi에서 재인용.

51 임옥희, 〈퇴행의 시절: 성, 사랑, 혐오〉, ≪여/성이론≫, 33호, 2015, 34쪽.

52 가장 가깝게는 2015년 6월 17일에 일어난 찰스톤(Charleston) 교회 총격 사건의 희생자를 기리는 예배에서 오바마(Obama) 대통령이 추모 연설 후 <어메이징 그레이스>를 불렀고, 회중은 "아멘(Amen)"과 함께 일어나, 합창으로 응답하였다.

53 출판된 가사는 "lips"이지만 코언은 이 부분을 거의 언제나 "tongue"으로 바꾸어 불렀다고 라이트는 지적한다. Alan Light, *op. cit.*, p. 25. "lips"라는 단어와 비교할 때, "tongue"은 모국어를 뜻하는 단어 "mother tongue"에서도 연상되듯, 좀 더 본능적이고 육체에 가까운 느낌을 준다.

54 임옥희, 앞의 책, 34쪽.

55 핵폭탄이나 대형폭탄의 폭발지점으로부터 가장 가까운 지표면을 이르는 말로 surface zero라고 불리기도 한다. 원래는 보통 명사로서 진주만 폭격의 주 대상이 된 미 해군기지나 원자폭탄이 투하된 히로시마나 나가사키의 피해지역을 이르는 데 쓰였으나, 9·11 테러 사건 이후에는 세계무역센터가 붕괴된 지점을 이르는 단어로 거의 고유 명사화되었다. "ground zero," Wikipedia.

56 이는 "그로테스크"를 설명하는 정현경의 표현으로, "극단적이고 양가적인 경험이나 사유"가 가져오는 깨달음에 대한 아이러니한 수사이다. 김지희, <영화 <박쥐>에서의 인식론적 한계와 신앙의 문제: 헤겔의 ≪정신현상학≫ 서문을 중심으로>, ≪수사학≫, 제23집, 2015, 76쪽에서 재인용.

57 Alan Light, *op. cit.*, p. xxiv에서 재인용.

## 낭만적 사랑의 딜레마와 '둘' 차이의 진리절차

1 뤽 페리, 이세진 옮김, ≪사랑에 관하여≫, 서울: 은행나무, 2015, 188쪽.

2 국제연맹(the League of Nations). 유엔(the United Nations)의 전신으로 1920년 창설하여 1946년 해체된 국가 간의 연합체.

3 알랭 바디우, 조재룡 옮김, ≪사랑 예찬≫, 서울: 도서출판 길, 2010, 44쪽.

4 위의 책, 43쪽.

5 위의 책, 43쪽.

6 마사 누스바움, 조형준 옮김, ≪감정의 격동≫, 서울: 새물결, 2015, 869쪽.

7 니클라스 루만, 정성훈·권기돈·조형준 옮김, ≪열정으로서의 사랑: 친밀성의 코드화≫, 서울: 새물결, 2009, 192쪽.

8 문성훈, ≪인정의 시대: 현대사회 변동과 5대 인정≫, 서울: 사월의책, 2014, 187쪽.

9 악셀 호네트, 문성훈·이현재 옮김, ≪인정투쟁: 사회적 갈등의 도덕적 형식론≫, 서울: 사월의책, 2011, 189쪽.

10 뤽 페리, 앞의 책, 69쪽.

11 알랭 바디우, 앞의 책, 20쪽.

12 니클라스 루만, 앞의 책, 184쪽.

13 알랭 바디우, 앞의 책, 27쪽.

14 줄리아 크리스테바, 김인환 옮김, ≪사랑의 역사≫, 서울: 민음사, 2008, 480쪽.

15 이성민, ≪사랑과 연합≫, 서울: 도서출판 b, 2011, 187쪽.

16 악셀 호네트, 문성훈·이현재·장은주·하주영 옮김, ≪정의의 타자≫, 파주: 나남, 2009, 290쪽.

17 Kate Chopin, *The Awakening and Selected Short Fiction*, New York: Barnes & Nobles Classics, 2003, p. 34(이하 소설 인용 쪽수는 밝히지 않음).

18 마사 누스바움, 앞의 책, 45쪽.

19 니클라스 루만, 앞의 책, 192쪽.

20 Rosemary F. Franklin, "Edna as Psyche: The Self and the Unconscious," Ed. Bernard Koloski, *Approaches to Teaching Chopin's The Awakening*, New York: The Modern Language Association of American, 1988, p. 147.

21 니클라스 루만, 앞의 책, 198쪽.

22 줄리아 크리스테바, 앞의 책, 378쪽.

23 저메인 그리어, 이미선 옮김, ≪여성, 거세당하다≫, 서울: 텍스트, 2012, 241쪽.

24 필리프 쥘리앵, 홍준기 옮김, ≪노아의 외투≫, 파주: 한길사, 2000, 54쪽.

25 니클라스 루만, 앞의 책, 197쪽.

26 합류적 사랑(confluent love)은 앤서니 기든스(Anthony Giddens)의 개념으로 각기 따로 흘러오던 두 개의 지류가 합쳐져 하나의 강물이 되어 흐르듯, 두 사람의 정체성이 과거에는 각기 달랐음을 인정하면서 다가오는 미래의 시간을 향해 사랑의 유대를 공유하고 새로운 정체성을 협상해 가는 사랑이다. 관능의 기술을 결혼 관계의 핵심에 도입한 최초의 사랑 형태이며, 그리하여 성적 쾌락의 상호적 성취를 결혼 관계의 유지 또는 해소를 좌우하는 핵심 요소로 만들었다. 성적인 테크닉의 배양과 성적 만족을 일으키고 느끼는 능력은, 다양한 성 정보와 충고와 훈련을 통해 남녀 양편 모두에서 성찰적으로 조직되었다. 앤소니 기든스, 배은경·황정미 옮김, ≪현대사회의 성, 사랑, 에로티시즘≫, 서울: 새물결, 2003, 108쪽.

27 악셀 호네트, ≪정의의 타자≫, 243쪽.

28 이종영, ≪사랑에서 악으로 — 권력의 원천에 대한 연구≫, 서울: 새물결, 2004, 82쪽.

29 이종영, 앞의 책, 83쪽.

30 니클라스 루만, 앞의 책, 210쪽.

31 악셀 호네트, ≪정의의 타자≫, 264쪽.

32 니클라스 루만, 앞의 책, 245쪽.

33 알랭 바디우, 앞의 책, 58쪽.

34 니클라스 루만, 앞의 책, 245쪽.

35 Rosemary F. Franklin, *op. cit.*, p. 516.

36 에바 일루즈, 박형신·권오현 옮김, ≪낭만적 유토피아 소비하기: 사랑과 자본주의의 문화적 모순≫, 서울: 이학사, 2014, 357쪽.

37 최은주, 〈케이트 쇼팬의 ≪각성≫에 나타난 가족서사와 사랑의 문제〉, ≪영미문화≫, 12.2, 2012, 244-252쪽.

38 문성훈, 앞의 책, 170쪽.

39 악셀 호네트, ≪정의의 타자≫, 265쪽.

40 저메인 그리어, 앞의 책, 239쪽.

## 성, 사랑, 폭력의 노래—*M. Butterfly*

1 이 글은 2015년 ≪현대영미드라마≫ 제 28권 3호에 실린 필자의 논문 〈성, 사랑, 폭력의 노래: *M. Butterfly*〉를 일부 수정, 보완한 글임을 밝힌다.

2 이 텍스트에 관한 연구를 살펴보면, 번역 제목을 ≪엠. 나비≫로 많이 쓰고 있으나, ≪M. 나비≫라는 이희원의 번역이 M의 의미를 함축하고 있다는 점에서 가장 적절하다고 여겨 이를 따르기로 한다.

3 ≪뉴욕타임즈≫에 실린 기사에 의하면, 브루시코는 북경오페라단 유명 배우인 쉬 페이 푸(Shi Pei Pu)와 20년간 밀애를 하였으나 '쉬'가 여자가 아닌 남자라고는 단 한 번도 생각해 본 적이 없었다고 했다. 둘 사이에는 아이까지 낳았는데, 쉬가 실상 남자였다는 사실이 법정에서 밝혀지면서 브루시코는 동양 여인의 수줍음과 중국의 관습으로 인해 이러한 어처구니없는 상황에까지 이르렀다고 한다. 이희원, 〈복장전환과 이분법 경계 지우기〉, ≪현대영미드라마≫, 7, 1997, 12쪽.

4 강태경, 〈누가 나비부인을 두려워하랴?–브로드웨이의 『엠.나비』 수용 연구〉, ≪한국영어영문학≫, 48.1, 2002, 26쪽.

5 Rich, "'Plow' and 'Butterfly': New Leads, New Light," *The New York Times*, Sept. 7, 1988, 26쪽.

6 김지혜, 〈*M. Butterfly* 한국 공연(2012)과 무대화(Staging)에 대한 비평적 분석〉, ≪현대영미드라마≫, 25.2, 2012, 27쪽.

7 정은숙, 〈데이비드 헨리 황의 『엠.나비』에 나타난 백인 이성애 미국인 정체성의 위기〉, ≪영어영문학≫,

56.2, 2010, 212쪽.

8 데이비드 황, 이희원 역, ≪M. 나비≫, 서울: 동문선, 1998, 153쪽.

9 줄리아 크리스테바, 김인환 역, ≪사랑의 역사≫, 서울: 민음사, 2008, 197쪽.

10 조르주 바타이유, 조한경 역, ≪에로티즘≫, 서울: 민음사, 2009, 23쪽.

11 위의 책, 148쪽.

12 울리히 벡, 엘리자베트 벡-게른스하임 공저, 강수영 외 역, ≪사랑은 지독한 혼란≫, 서울: 새물결, 1999, 21쪽.

13 데이비드 황, 앞의 책, 85쪽.

14 줄리아 크리스테바, 앞의 책, 442쪽.

15 위의 책, 172쪽.

16 위이 책, 173쪽.

17 데이비드 황, 앞의 책, 146쪽.

18 줄리아 크리스테바, 앞의 책, 199쪽.

19 위의 책, 440쪽.

20 데이비드 황, 앞의 책, 214쪽.

21 위의 책, 216쪽.

22 강태경, 앞의 논문, 46쪽.

23 줄리아 크리스테바, 앞의 책, 199쪽.

24 조르주 바타이유, 앞의 책, 44쪽.

25 성(gender)은 남성/여성이라는 생물학적 구분이 얼마나 무의미한가를 보여준다. 제국주의적 환상에 의한 눈멂의 상태를 보여주는 갈리마르는 '살(flesh)'로 존재하는 송을 향한 진정한 사랑에 의해 몸을 보지 못하는 무능의 상태가 되고 만다. 몸을 만지고, 성행위를 하면서도 몸을 전부 보지 못하는 상태에 이른 갈리마르는 물(Ding)에 대해 눈을 감고 인지하며 수용하는 것이라 할 수 있다. 이 점에서 사랑에 의해 가장 폭력적인 사태가 발생하게 되는 것이라 볼 수 있다.

26 슬라보예 지젝 외, 김영찬 외 역, ≪성관계는 없다≫, 도서출판 b, 2005, 172쪽.

27 5장에 묘사된 핑커튼의 이야기와 대비시키며 갈리마르의 상태를 암시적으로 드러내는데, 그가 연상의 여인 헬가와 결혼한 것도 사회적 성공에 대한 욕망과 관련되어 있다.

28 줄리아 크리스테바, 앞의 책, 181쪽.

29 Karen Shimakawa, "'Who's to Say?' or, Making Space for Gender and Ethnicity in '*M. Butterfly*'," *Theatre Journal*, 45.3, 1993, p. 351.

30 Homi K. Bhabha, *The Location of Culture*, New York: Routledge, 1994, p. 77.

# 찾아보기

ㅇ



ㅈ

ㅊ



ㅋ



ㅌ



ㅍ



ㅎ